politik.21

Nordrhein-Westfalen

Politik für Realschulen, Gesamtschulen
und Sekundarschulen

Band 2

für die Jahrgangsstufen 7/8

herausgegeben von:
Hartwig Riedel

bearbeitet von:
Dörthe Hecht, Alexandra Labusch,
Erik Müller, Stephan Podes,
Hartwig Riedel, Martina Tschirner,
Jan Weber

unter Beratung von:
Barbara Hansen, Guido Quint

2

C.C. Buchners Verlag

politik. 21

Politik für Realschulen, Gesamtschulen und Sekundarschulen in Nordrhein-Westfalen für die Jahrgangsstufen 7/8

herausgegeben von Hartwig Riedel

Bearbeiter: Dörthe Hecht, Alexandra Labusch, Erik Müller, Stephan Podes, Hartwig Riedel, Martina Tschirner, Jan Weber

Berater: Barbara Hansen, Guido Quint

Redaktion: Andreas Gerster, Meike Rademacher

1. Auflage $^{3\,2\,1}$ 2014 2013 2012
Die letzte Zahl bedeutet das Jahr dieses Druckes.
Alle Drucke dieser Auflage sind, weil untereinander unverändert, nebeneinander benutzbar.
Dieses Werk folgt der reformierten Rechtschreibung und Zeichensetzung.

www.ccbuchner.de

Grafische Gestaltung und Herstellung: Wildner + Designer GmbH, Fürth, www.wildner-designer.de
Druck- und Bindearbeiten: Stürtz GmbH, Würzburg

ISBN 978-3-7661-**8807**-6

Zur Arbeit mit dem Buch

Der Kernlehrplan Politik für Realschulen in Nordrhein-Westfalen stellt mit der Kompetenzorientierung die Ergebnisse von Lernprozessen in den Mittelpunkt. Wie können Schülerinnen und Schüler mit nachhaltigen Sachkompetenzen, Methodenkompetenzen, Urteilskompetenzen und Handlungskompetenzen so ausgestattet werden, dass sie „politische und wirtschaftliche Mündigkeit“ erlangen?

Die Konzeption des Unterrichtswerks politik.21 ermöglicht es Schülerinnen und Schülern, die zentralen Kompetenzen des Faches Politik / Wirtschaft zu erwerben. Für Lehrerinnen und Lehrer ist das Buch eine Hilfe, um einen modernen Unterricht zu verwirklichen.

Zum Aufbau des Buches

Die **Auftaktseiten** jedes Kapitels sind als ansprechende Bildcollage gestaltet. Die Aufgabenstellungen dienen der Lernstandserhebung und der Annäherung an das Thema. Die zu erwerbenden Kompetenzen werden für jedes Kapitel ausformuliert und machen den Schülerinnen und Schülern transparent, über welches Können sie am Ende des Kapitels verfügen sollten.

Im **Materialteil** werden die Sach-, Methoden-, Urteils- und Handlungskompetenzen schrittweise erworben und sinnvoll miteinander verknüpft. Die sorgfältig ausgewählten, authentischen Quellen (Zeitungsartikel, Bilder, Karikaturen, Grafiken ...) und Autorentexte können über differenzierte und abwechslungsreiche Aufgaben erschlossen werden. Die Fragestellungen sind bezogen auf konkrete Problemlösungen und Entscheidungssituationen und fördern so die Nachhaltigkeit des Lernens. Die **Aufgabenblöcke** schließen jeweils eine Unterrichtseinheit ab.

Da fachspezifische Methodenkompetenzen unabdingbar für die Erschließung des Sachwissens sind, werden sie in deutlich hervorgehobenen **Methodenkästen** ausführlich erklärt. Sie sind immer auf konkrete Inhalte bezogen.

Die Rubrik **„Was wir wissen – was wir können“** dient der Sicherung der Kompetenzen. Das grundlegende Sachwissen des Kapitels wird auf der Seite „Was wir wissen“ für Schülerinnen und Schüler übersichtlich und verständlich zusammengefasst.
Die Seite „Was wir können“ beinhaltet Angebote zur Überprüfung des Sachwissens. Darüber hinaus sollen Schülerinnen und Schüler zeigen, ob Sach-, Methoden-, Urteils- und Handlungskompetenzen in einer konkreten Entscheidungssituation sinnvoll angewendet werden können.

Ein **Glossar** zum Nachschlagen wichtiger Grundbegriffe und ein **Register** zum Auffinden von Querverweisen sind wichtige Hilfsmittel und erleichtern das selbständige Arbeiten mit dem Buch.
Hinweis: Materialien ohne Quellenangaben sind vom Bearbeiter verfasst.

Inhalt

Methoden

Stellt euch folgende Situation vor: Ihr seid Siedler einer neu gegründeten Kolonie. Die Schiffe, die euch in das neue Land gebracht haben, sind wieder zurückgefahren und ihr seid auf euch alleine gestellt. Die Unterkünfte sind errichtet und auch für das tägliche Leben ist vorerst gesorgt. Jetzt stellt sich die Frage, wie ihr eure Kolonie politisch organisieren wollt.

Welche sozialen und politischen Probleme könnten sich in eurer Kolonie ergeben?

Wie sollen diese Probleme gelöst werden?

Wie werden politische Entscheidungen getroffen?

Welche politischen Rechte sollten die Bewohner eurer Kolonie haben?

1

Unsere Demokratie – Grundlagen und Mitwirkungsmöglichkeiten

„Demokratie heißt, sich in seine eigenen Angelegenheiten einzumischen", so umschrieb es der Schriftsteller Max Frisch einst knapp und treffend. Doch wie soll die Demokratie organisiert sein und welche Möglichkeiten der Mitbestimmung bieten sich?

Kompetenzen

Am Ende dieses Kapitels solltest du Folgendes können:

- die unterschiedlichen Möglichkeiten, wie Herrschaft in einer Demokratie begründet werden kann, beschreiben
- verschiedene Formen der politischen Beteiligung unterscheiden
- die Bedeutung von Wahlen erläutern
- die rechtsstaatlichen Prinzipien des Grundgesetzes erklären
- die Rolle des Rechts als Grundlage des Zusammenlebens erläutern
- Erscheinungsformen und Ursachen von Jugendkriminalität analysieren

Was weißt du schon?
Setzt euch in Gruppen zusammen und diskutiert die angegebenen Fragen.
Entwerft dazu eine Verfassung und präsentiert sie auf einem Plakat.

1.1 Politik betrifft uns

Nach welchen Prinzipien ist Deutschland organisiert?

M 1 Demokratie bedeutet für mich ...

„Unter Demokratie verstehe ich, dass sie dem Schwächsten die gleiche Chance einräumt wie dem Starken."
Mahatma Gandhi (1869-1948), indischer Politiker und Philosoph

„Demokratie ist die Notwendigkeit, sich gelegentlich den Ansichten anderer Leute zu beugen."
Winston Churchill (1874-1965), britischer Politiker und Nobelpreisträger

„Demokratie lebt vom Streit, von der Diskussion um den richtigen Weg. Deshalb gehört zu ihr der Respekt vor der Meinung des anderen."
Richard von Weizsäcker (*1920), deutscher Bundespräsident

„Demokratie darf nicht so weit gehen, dass in der Familie darüber abgestimmt wird, wer der Vater ist."
Willy Brandt (1913-1992), deutscher Bundeskanzler 1969-1974

„Demokratie bedeutet für mich ..." 13-jährige(r) Schüler(in)

M 2 Formen politischer Herrschaft

Eine **Monarchie** ist eine Staatsform, in der eine einzelne Person die politische Herrschaft ausübt. Das Recht zu regieren wird meist in der Familie weitervererbt. Früher hatten die Monarchen die Alleinherrschaft über das Volk. Heute gibt es auch Monarchien, in denen der Monarch eine eher repräsentative Stellung hat – vergleichbar mit dem Bundespräsidenten in Deutschland.

Demokratie bedeutet Herrschaft des Volkes. Alle Bürger haben in einer Demokratie die gleichen Rechte. Über sie herrscht kein Kaiser oder König und auch kein Diktator. Die Bürger bestimmen in freien Wahlen, von wem sie regiert werden wollen. Auch der Staat muss sich an die geltenden Regeln halten, die in einer Verfassung niedergeschrieben sind.

Der **Diktator** ist in der Regel nicht frei gewählt, sondern hat sich selbst mit Gewalt an die Macht gebracht. Dies geschieht häufig mithilfe des Militärs. Man spricht dann von einer Militärdiktatur. In Diktaturen wird das Volk von der politischen Mitbestimmung ausgegrenzt und mit Gewalt unterdrückt.

M 3 Prinzipien der deutschen Staatsstruktur

Die Staatsstrukturprinzipien sind im Grundgesetz (GG) festgeschrieben:

- *Art. 20 GG (1): Die Bundesrepublik Deutschland ist ein demokratischer und sozialer Bundesstaat.*
- *Art. 20 GG (2): Alle Staatsgewalt geht vom Volke aus. Sie wird vom Volke in Wahlen und Abstimmungen und durch besondere Organe der Gesetzgebung, der vollziehenden Gewalt und der Rechtsprechung ausgeübt.*
- *Art. 20 GG (3): Die Gesetzgebung ist an die verfassungsmäßige Ordnung, die vollziehende Gewalt und die Rechtsprechung sind an Gesetz und Recht gebunden.*

Während im ersten Absatz die Staatsstrukturprinzipien *Republik, Demokratie, Sozial-* und *Bundesstaat* genannt werden, bezieht sich Absatz 3 auf den Rechtsstaat. Der zweite Absatz beinhaltet die Volkssouveränität und die Gewaltenteilung (siehe M 7, M 8). Art. 79 (3) GG garantiert, dass die Staatsstrukturprinzipien nicht auf dem Wege einer Verfassungsänderung beseitigt werden können. Man spricht daher von der sogenannten „Ewigkeitsklausel".

Grundgesetz
Verfassung der Bundesrepublik Deutschland. Das GG war 1949 vorläufig für Westdeutschland in Kraft getreten.
Seit dem Beitritt der DDR zur Bundesrepublik am 3.10.1990 gilt das Grundgesetz (GG) für Gesamtdeutschland.

Artikel 20 GG
Art. 20 GG enthält die „Verfassung in Kurzform". In ihm sind die zentralen Prinzipien des Staatsaufbaus genannt.

Staatsstrukturprinzipien

Republik →	Keine Monarchie, also kein gekröntes Staatsoberhaupt
Demokratie →	Alle Macht geht vom Volke aus, die Volksvertreter werden gewählt
Bundesstaat →	Föderativer Staatsaufbau, Bund und Bundesländer mit unterschiedlichen Kompetenzen
Sozialstaat →	Soziale Gerechtigkeit – die Lebensbedingungen der Staatsbürger sollen ähnlich sein
Rechtsstaat →	Rechtssicherheit, Gesetzlichkeit: Exekutive, Legislative und Judikative sind an Recht und Gesetz gebunden

Aufgaben

1. Sammle mit einem Partner Stichworte, was für euch Demokratie bedeutet, und tragt die Ergebnisse im Plenum zusammen (M 1).
2. Vergleiche die Zitate mit den Formen politischer Herrschaft (M 1, M 2): Welche Werte sind in Monarchien und Diktaturen in Gefahr?
3. a) Lege eine Tabelle an, in der du zu jedem Staatsstrukturprinzip Stichpunkte notierst, in welcher Form du mit dem Prinzip schon in Berührung gekommen bist oder was zu damit verbindest (M 3).
   b) Schlagt im Inhaltsverzeichnis dieses Buches nach um zu prüfen, wann ihr welche Prinzipien genauer betrachten werdet.

Welche Formen der Demokratie gibt es?

M 4 Zwei Formen der Demokratie

Namentliche Abstimmung im Deutschen Bundestag (rechte Abbildung) bzw. direkte Demokratie unter freiem Himmel: Volksabstimmung im Schweizer Kanton Appenzell-Innerrhoden (linke Abbildung)

repräsentativ
zur Vertretung eines Staates vor der Gesellschaft

Es gibt unterschiedliche Formen der Demokratie. Eine Form ist die **direkte Demokratie**, bei der das Volk (z. B. in Gestalt einer Volksversammlung) die Staatsgewalt unmittelbar (das heißt direkt) ausübt. Es entscheidet mit Volksabstimmungen („Plebiszit") über alle politisch wichtigen Anliegen, einschließlich der Wahl und Abwahl wichtiger Amtsträger in Staat und Gesellschaft.

Im Gegensatz zur direkten Demokratie wird die Herrschaft in der **repräsentativen Demokratie** mittelbar (das heißt indirekt) über vom Volk gewählte „Abgeordnete" ausgeübt. Diese sind „Repräsentanten" des Volkes und sollen für dieses in eigener Verantwortung zeitlich befristet handeln, wobei ihr Auftrag sich in regelmäßig stattfindenden Wahlen bewähren muss und erneuert werden kann.

direkte Demokratie in NRW
Auf kommunaler Ebene ist mit dem Bürgerbegehren und dem Bürgerentscheid eine direkte Beeinflussung der kommunalpolitischen Entscheidungen möglich. Mit der Volksinitiative, dem Volksbegehren und dem Volksentscheid können die Bürgerinnen und Bürger auf Landesebene Einfluss auf den demokratischen Willensbildungsprozess nehmen. In NRW gab es das letzte Volksbegehren 1978.
Informationen hierzu findest du unter: *www.mik.nrw.de*
→ Themen & Aufgaben
→ Bürgerbeteiligung & Wahlen sowie unter *http://nrw.mehr-demokratie.de*

M 5 Kontrovers diskutiert: mehr direkte Demokratie?

a) Bloß nicht!

Volksentscheide sind eine der gefährlichsten Mittel, die auch eine Demokratie, die ja vom Volke ausgeht, zugrunde richten kann.

Wir leben in einer Republik, und diese ist auch dadurch definiert, dass wir bestimmte Personen wählen, von denen wir glauben, dass sie uns am besten vertreten. Nun, wo liegt der Unterschied, ob ich nun selbst meine Meinung kundtue, indem ich zum Volksentscheid gehe, oder ob ich jemanden beauftrage, für mich zu reden und abzustimmen (im kleineren Kreis)? Der Unterschied liegt schlicht und ergreifend darin, dass Politiker [...] sich ständig mit der Politik auseinandersetzen, und Schlüsse aus der Vergangenheit ziehen. Als Normalbürger hat man diese Zeit schon gar nicht! Fehlentscheidungen, die auf unwissenschaftlicher Basis, Emotionalität, Unwissenheit und Populismus basieren [...] sind die Folge. Lassen Sie mich ein Beispiel nennen: Würden wir abstimmen, ob Kinderschänder, Terroristen oder sonstige in vielerlei Augen „Unpersonen" misshandelt, gefoltert oder mit der Todesstrafe bestraft werden sollten, so wären die Ergebnisse mehr als bedenklich [...].

Lucas Müller, Kennzeichen Digital, Das Blog, 18.7.2010 15:09

b) Eine super Idee

Es gibt ein Land, welches erfolgreich vom Volk regiert wird – die Schweiz. Wir haben unsere Rechte an das Parlament abgegeben, die Schweizer können von der Politik Gesetze verlangen und einfordern. Ist die Schweiz damit schlechter dran als Deutschland? Nein. In der Schweiz steht das Volk über allem und es regiert gut. Die Politiker sind nur Beauftragte des Volkes, denen notfalls die Gesetze diktiert werden. In Deutschland sind wir nur Stimmvieh, welches seine Rechte bei der Wahl abgibt und delegiert. Wir sollten uns die einzige vollendete Demokratie der Welt als Vorbild nehmen.

Demokrat, Kennzeichen Digital, Das Blog, 18.7.2010 15:47

Populismus
eine Politik, die durch Übertreibung und starke Vereinfachung versucht, die Unterstützung breiter Massen zu erlangen

Methode

M 6 Eine Pro-Kontra-Debatte führen

Vorbereitung

- Teilt die Klasse in zwei Hälften. Eine Hälfte liest den Pro-Standpunkt, die andere den Kontra-Standpunkt.
- In Partnerarbeit werden stichwortartig die Argumente herausgearbeitet und die Liste um eigene Argumente ergänzt.
- Bildet nun Vierergruppen, die sich aus einem Pro- und einem Kontra-Team zusammensetzen. Präsentiert euch wechselseitig die Positionen.

Durchführung im Klassenplenum

- Die Klasse wird in zwei etwa gleich große Parteien geteilt.
- Eine Partei verteidigt den Pro-Standpunkt, die andere den Kontra-Standpunkt.
- Ein Moderator wird festgelegt. Er ruft die Schüler auf, die sich melden.
- Der Moderator achtet darauf, dass die vereinbarte Sprechzeit (z. B. höchstens 2 Minuten) eingehalten und jede Stimme gehört wird.
- Am Ende der Debatte entscheidet der Moderator, welche Partei die überzeugenderen Argumente hatte.
- Manchmal entscheidet sich der Moderator für einen Kompromiss. Dann greift er die jeweils besten Argumente der beiden Parteien auf und verknüpft sie zu einer „gemeinsamen Lösung“.

Aufgaben

1. Untersucht, ob ihr Elemente direkter oder repräsentativer Demokratie in der Verfassung eurer Kolonie verankert habt (M 4).
2. Informiere dich im Internet, ob es in Nordrhein-Westfalen gerade aktuelle Bürger- oder Volksentscheide gibt, und stelle die Hintergründe dar.
3. Brauchen wir mehr direkte Demokratie in Deutschland? Arbeitet die Argumente für und gegen mehr direkte Demokratie heraus und führt eine Pro-Kontra-Debatte durch (M 4, M 5, M 6).

Wie funktioniert die Gewaltenteilung?

M 7 Wozu eine Teilung der Gewalt?

„Es gibt eigentlich nur zwei Staatsformen: Solche, in denen es möglich ist, die Regierung ohne Blutvergießen durch eine Abstimmung loszuwerden, und solche, in denen das nicht möglich ist. [...] Gewöhnlich nennt man die erste Form Demokratie und die zweite Form Diktatur oder Tyrannei."
Sir Karl Popper (1902-1994), politischer Philosoph

M 8 Das Prinzip der Gewaltenteilung

Lange Zeit haben die Menschen darunter gelitten, dass sie von Monarchen oder Diktatoren regiert wurden, die alle Macht im Staat einnahmen. Der französische König Ludwig der XIV. (1643-1715) zum Beispiel beanspruchte in der absoluten Monarchie alle drei Gewalten und damit die alleinige Macht. Er begründete das mit der Rechtfertigung „L'état c'est moi" („Der Staat bin ich").

In den heutigen demokratischen Staaten ist die Gewaltenteilung in den Verfassungen verankert. Bei uns ist das der Artikel 20 im Grundgesetz (vgl. M 3). Die Teilung der Macht ist ein Hauptmerkmal der Demokratie. Um Missbrauch der staatlichen Gewalt zu verhindern, wird die Macht des Staates auf drei verschiedene Ebenen aufgeteilt. Damit soll verhindert werden, dass eine einzelne Partei (wie z. B. zur Zeit der Nationalsozialisten, 1933-1945) oder eine einzelne Person (wie z. B. Ludwig XIV.) alles alleine bestimmen können.

Die drei Gewalten in der Demokratie sind:

Die **Legislative** ist die gesetzgebende Gewalt. Sie beschließt die Gesetze. In Deutschland besteht die Legislative aus dem vom Volk gewählten Bundestag und dem Bundesrat.

Die **Exekutive** ist die ausführende Gewalt. Hierfür sind die Regierung und die Verwaltung zuständig. Sie führen die von der Legislative beschlossenen Gesetze aus. Im Alltag ist das zum Beispiel die Polizei, die die Einhaltung der Gesetze überwacht.

Die **Judikative** ist die rechtsprechende Gewalt. Verstößt jemand gegen ein Gesetz, dann muss er sich vor dem Gericht verantworten. Die Richter bestrafen dann nach den geltenden Gesetzen die Straftäter. Das höchste Gericht, das Bundesverfassungsgericht, überprüft, ob die Gesetze und Entscheidungen der Legislative mit dem Grundgesetz übereinstimmen.

Verfassung
grundlegende Rechtsregeln für das Zusammenleben in einem Staat, meistens in einer Verfassungsurkunde festgeschrieben

M 9 Die Gewaltenteilung in der Bundesrepublik Deutschland

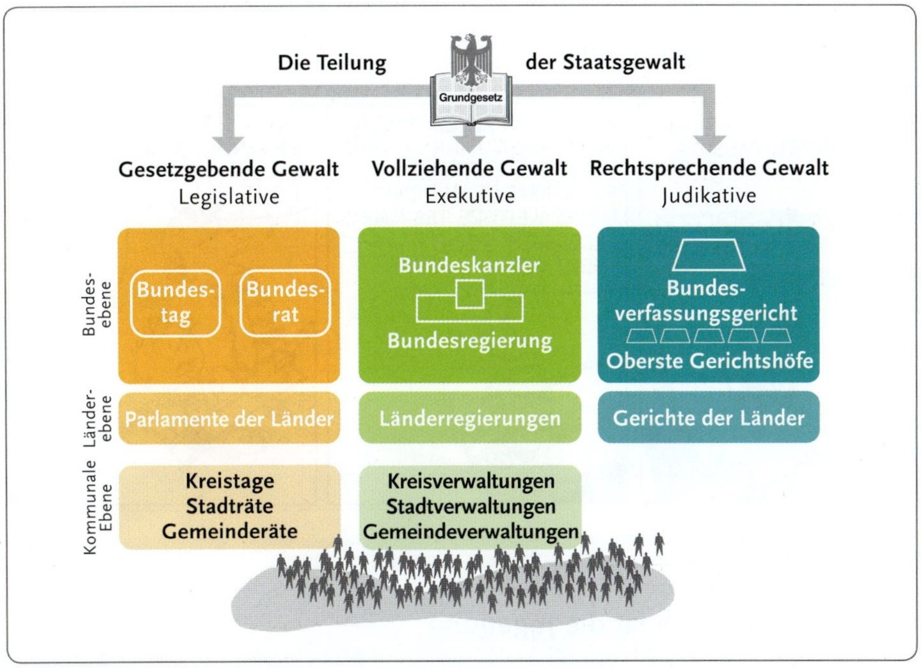

Bergmoser + Höller Verlag AG, Zahlenbilder 61 110

M 10 Alles Wichtige gesagt?

Erich Rauschenbach / Baaske Cartoons (verändert)

Aufgaben

1. Diskutiere mit deinem Partner über das Zitat von Karl Popper (M 7). Was kann er damit gemeint haben, wenn er sagt, dass es eigentlich nur zwei Staatsformen gibt?
2. Erkläre den Artikel 20 Grundgesetz (M 3) mithilfe des Schaubildes M 9.
3. Entwickelt Vorschläge, wie sich die drei Gewalten gegenseitig kontrollieren können.
4. Analysiere die Karikatur (M 10, vgl. Methode Karikaturanalyse).

Jugendliche und Politik

M 11 Wenn ich groß bin …

Calvin und Hobbes, Bill Watterson

M 12 Wie politisch ist die Jugend?

a) Mit der Demokratie, so wie diese in Deutschland besteht, sind …

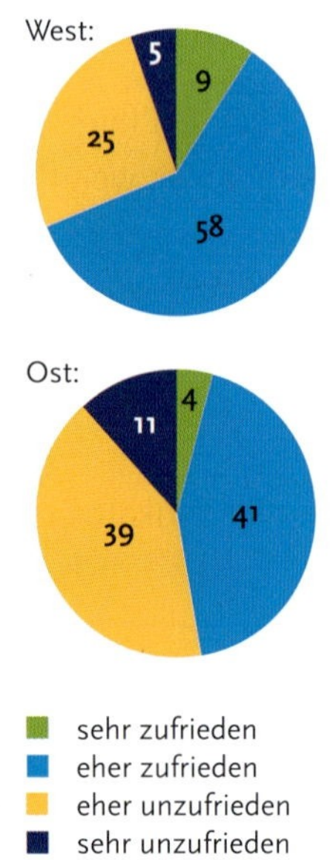

b) Interesse an Politik nach Alter

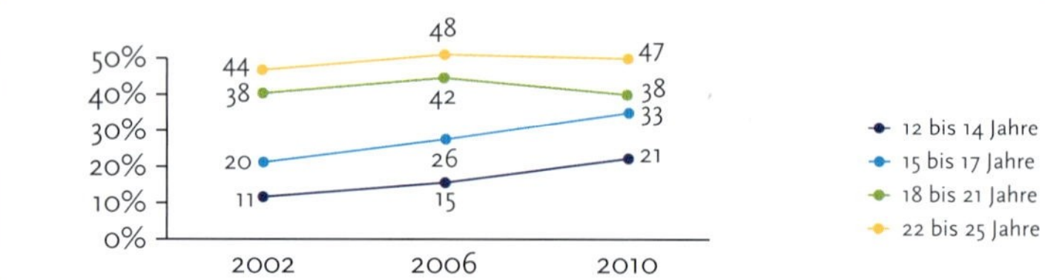

c) Wo man sich selber aktiv über Politik informiert
(Mehrfachnennungen möglich)

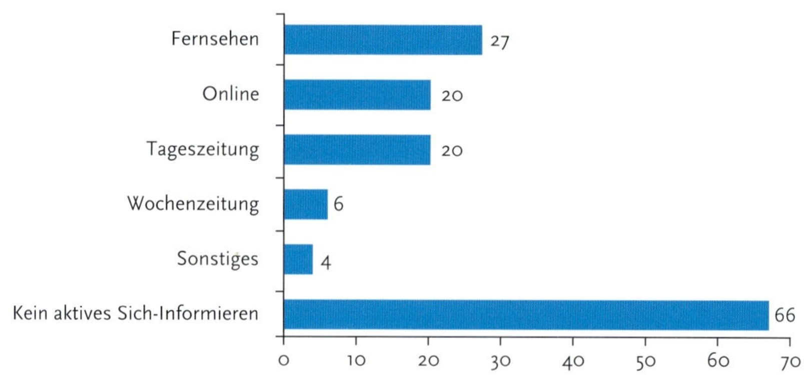

Zahlen: 16. Shell-Jugendstudie. Jugend 2010. Umfrage unter Jugendlichen im Alter von 12 bis 25 Jahren (alle Angaben in %)

Methode

M 13 Diagramme und Schaubilder analysieren

1. **Fragestellung / Thema bestimmen**
Was ist das Thema des Diagramms / Schaubilds? Lies genau die Überschrift der Darstellung.

2. **Darstellungsform bestimmen**
Um welche Darstellungsform (Schaubild, welche Art von Diagramm) handelt es sich? Diagramme sind gezeichnete Zahlenwerte. Es gibt verschiedene Arten von Diagrammen:
a) in **Balkendiagrammen** lassen sich verschiedene Zahlenwerte gut miteinander vergleichen,
b) durch **Kurvendiagramme** können zeitliche Entwicklungen gut dargestellt werden,
c) **Kreisdiagramme** lassen die jeweiligen Anteile an der Gesamtmenge gut erkennen.

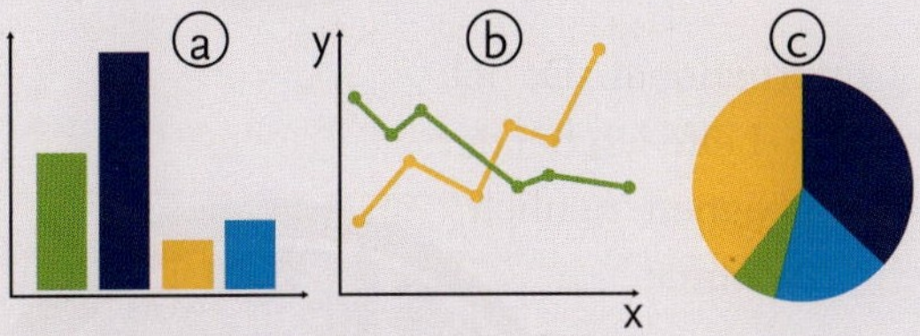

In **Schaubildern** sind die Zahlendiagramme mit grafischen Elementen und Bildern verbunden. Dadurch soll die Aussage der Zahlen deutlicher gemacht und veranschaulicht werden – damit sie sich besser und schneller einprägt.

3. **Diagramm/Schaubild beschreiben**
– In welcher Maßeinheit sind die Zahlenwerte angegeben? Handelt es sich um absolute Zahlen? Dann steht dort z. B. „in Tausend" oder „in Millionen". Oder sind relative Zahlen dargestellt? Diese Angaben erfolgen in Prozent (%) oder „von 100" und geben den Anteil der betrachteten Gruppe an.
– Welcher Zeitpunkt oder Zeitraum ist dargestellt?
– Woher kommen die Zahlen, was ist als Quelle der Darstellung angegeben?

4. **Analysieren und Aussagen formulieren**
– Was zeigen die Zahlen und Daten? Ist eine (zeitliche) Entwicklung zu erkennen?
– Gibt es Besonderheiten oder Auffälligkeiten? Können Höchst-, Tiefst- oder Durchschnittswerte abgelesen werden?
– Was ist die Gesamtaussage des Diagramms? Versuche diese in einem Satz zu formulieren.

5. **Schaubild kritisch beleuchten und erklären**
Ist die Form der Darstellung korrekt? Passen die Abstände im Koordinatensystem, sind die Einheiten nicht gestreckt oder gestaucht, sondern vergleichbar?
Wie ist die Aussage des Schaubilds / Diagramms in das Thema einzuordnen? Berücksichtige hierbei, was du schon alles zu dem Thema gelernt hast. Bestätigen sich deine Vorkenntnisse oder sind Widersprüche oder neue Aspekte zu erkennen?

Aufgaben

1. Gestalte das nächste Comic-Bild (M 11).
2. Vervollständige den Satz „Wenn ich groß bin ..." aus deiner Perspektive.
3. Arbeitet in Gruppen (à 3 - 4 Schüler): Jede Gruppe sucht sich ein Diagramm aus und bearbeitet dies mithilfe der Methode (M 12, M 13).
4. Stellt der Klasse das Diagramm vor. Am besten projiziert ihr die Darstellung mit dem Overheadprojektor oder Beamer. Einer aus eurer Gruppe präsentiert die Ergebnisse. Die Mitschüler sollen natürlich Fragen stellen.

Was ist politische Beteiligung?

M 14 Wie sich Jugendliche engagieren

Ich bin vor einem Jahr der Jugendorganisation von Greenpeace beigetreten. Mit unserer Ortsgruppe haben wir schon an einigen Aktionen teilgenommen, z.B. zum Klimaschutz.

Bianca, 13 Jahre

Zusammen mit Freundinnen besuche ich regelmäßig ein Altersheim. Dort spielen wir dann mit den alten Menschen oder lesen ihnen etwas vor.

Maike, 15 Jahre

Ich bin Mitglied bei amnesty international. Da ich gut mit Computern umgehen kann, helfe ich bei der Programmierung von Internetkampagnen, neulich z. B. für die Menschenrechte in Myanmar.

Umut, 16 Jahre

Ich habe schon an vielen Demonstrationen teilgenommen, z. B. gegen den Krieg und gegen Atomkraft.

Oliver, 14 Jahre

Ich bin seit drei Jahren Trainer der Jüngeren in meinem Radsportverein.

Jonas, 16 Jahre

Ich bin vor ein paar Monaten der Jungen Union beigetreten. Am Wochenende informieren wir in der Innenstadt interessierte Bürger.

Maja, 17 Jahre

M 15 Engagement ist die Lebenskraft der Gesellschaft

Herr Keupp ist Professor für Psychologie und forscht viel zur Bedeutung von sozialen Netzwerken und freiwilligem Engagement.

fluter: Herr Keupp, was genau ist Partizipation?
Teilhabe und Teilnahme an den Prozessen, die die Gesellschaft beeinflussen und verändern. Man kann das auch bürgerschaftliches Engagement nennen.

fluter: Ich bin Mitglied bei Bayern München. Bin ich damit schon engagiert?
Natürlich nehmen Sie an etwas teil, aber das ist nicht das, was man unter Partizipation versteht. Sie interessieren sich für die Mannschaft, gehen ins Stadion, feuern sie an, aber Sie spüren dabei sicher auch die Ohnmacht. Sie können ja nichts verändern. Etwas anderes wäre es, wenn Sie selbst zum Beispiel ein Jugendfußballteam betreuen oder sich zum Kassenwart wählen lassen. Das wäre dann Teilnahme und Teilhabe im Sinne einer Partizipation. Teilhaben kann man aber natürlich auch außerhalb von Vereinen, zum Beispiel bei einer Schülerzeitung, in der Schülermitverwaltung, in seiner Kommune, im Jugendzentrum. Und natürlich durch etwas, woran man bei Partizipation oft zuerst denkt: indem man wählen geht, sich politisch engagiert.

fluter: Gerade beim politischen Engagement wird Jugendlichen oft mangelndes Interesse vorgeworfen.
Ja, das hört man manchmal. Es herrscht aber gar kein Mangel an politischer Interessiertheit. Das Interesse ist allgemein möglicherweise nicht mehr so groß, wie es zur Zeit der Studentenproteste in den 60er Jahren war, aber von einem Mangel kann man nicht sprechen. [...]

fluter: Und wofür engagieren [die Jugendlichen] sich dann?
Es muss mit ihrer eigenen Lebenswelt zu tun haben, es muss greifbar sein, losgelöst von einem abstrakten Zusammenhang. Es muss ihren Alltag betreffen, ihre eigenen Wünsche. [...]

fluter: Was würde der Gesellschaft passieren, ohne Engagement?
Sie wäre langweilig, vieles, was uns Freude macht, würde nicht mehr stattfinden, ob das Sommerfeste sind oder gemeinsame Wochenendausflüge. Es gäbe keine neuen Ideen mehr, die Institutionen würden endgültig in ihrem eigenen Saft eintrocknen. [...] Die Zivilgesellschaft ist all das, was unter Teilhabe, Teilnahme, bürgerlichem Engagement zu verstehen ist. Große Teile der Gesellschaft funktionieren nur und leben von dem oft gar nicht erkannten Teil der Beteiligung der Bürger. Ohne dieses Engagement hätte eine Gesellschaft gar keine echte Lebenskraft.

Interview: Dirk Schönlebe, fluter Nr. 11, Juni 2004, S. 7 ff.

Ehrenamt
Das Ehrenamt ist eine meist freiwillige, am Gemeinwohl orientierte, unbezahlte Tätigkeit für die Gesellschaft. Ehrenämter kann man in Vereinen, sozialen Diensten oder auch in der Gemeinde übernehmen.

M 16 Jugendliches Engagement in der Gemeinde

Simona Kohl (15):

„Ich treffe mich oft mit meinen Freunden im Jugendraum im alten Schulhaus. Das ist ein von den Jugendlichen selbst verwalteter Raum, in dem man Billard, Tischfußball oder Brettspiele spielen oder auch einfach nur rumhängen kann. Am Montag findet dort eine Jugendversammlung statt, bei der mit dem Gemeindevorstand über die Öffnungszeiten diskutiert wird. Alle Kinder, Jugendlichen und Eltern, die sich für den Jugendraum interessieren, sind eingeladen. Ich werde wohl auch hingehen, weil ich die jetzige Regelung nicht so toll finde. Am Wochenende könnte die Öffnungszeit von 22 Uhr auf 24 Uhr verlängert werden, finde ich."

Abbas Güven (13):

„In den letzten Sommerferien habe ich zusammen mit anderen Kindern und einer Mitarbeiterin der Stadt einen Kinderstadtplan erstellt. Wir sind durch unseren Ort gelaufen und haben die Plätze gesucht, an denen Kinder und Jugendliche ihre Freizeit verbringen können. Wir haben dann die Spielplätze, Sportanlagen, das Jugendhaus, den Zoo und noch viele andere Orte auf einem Stadtplan eingezeichnet und noch viele Tipps dazugeschrieben, was man so alles machen und wo man hingehen kann. Den Stadtplan kann man jetzt für 1 Euro im Rathaus kaufen. Nächstes Jahr in den Sommerferien planen und bauen wir zusammen einen Abenteuerspielplatz."

Jessica Todd (17):

„Ich finde Politik interessant. Deshalb engagiere ich mich im Jugendgemeinderat. Ich überlege gerne, was es für Möglichkeiten geben könnte, und diskutiere mit anderen darüber. Seit zwei Jahren bin ich Mitglied im Jugendgemeinderat. Wir wollen was Interessantes für die Jugendlichen in unserer Stadt hier machen, Konzerte zum Beispiel. Unser größter Erfolg ist wahrscheinlich der Partybus. Er sammelt die Jugendlichen aus unserer Gemeinde und der Umgebung zu verschiedenen Uhrzeiten ein, um sie auf Veranstaltungen in die größeren Städte zu bringen."

M 17 Wie kann ich mich einbringen?

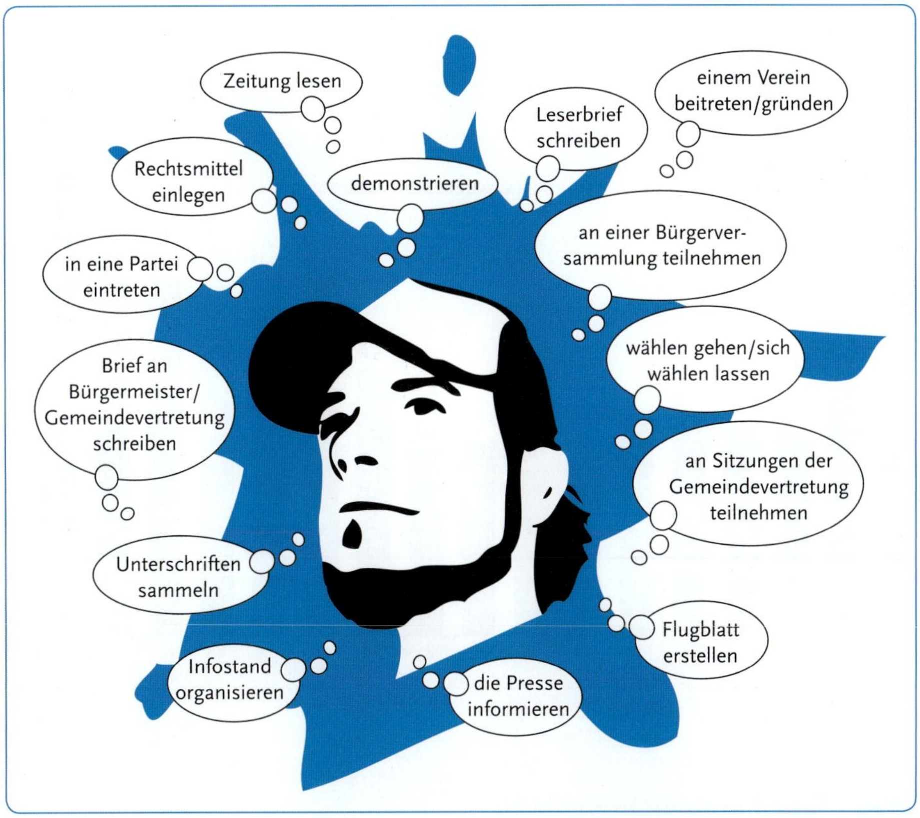

Aufgaben

1. Betrachte die Beispiele in M 14 und entscheide, ob es sich deiner Auffassung nach um politisches Engagement oder eine andere Form des Engagements handelt. Begründe deine Entscheidung (M 15).
2. Erkundige dich bei der Verwaltung, wie Jugendliche in deiner Gemeinde in politische Entscheidungen mit einbezogen werden (M 16).
3. Lege eine Tabelle an und ordne die Formen der Beteiligung (M 17) folgenden Kategorien zu:
   a) sich informieren
   b) seine eigene Meinung zum Ausdruck bringen
   c) sich organisieren und aktiv werden
4. Welche Formen der Beteiligung eignen sich für dich als Jugendliche(n) besonders? Begründe (M 8 - M 11).
5. Erstellt eine Liste von Möglichkeiten, wie man sich in der Schule engagieren kann. Diskutiert dann, ob es sich um politisches Engagement handelt.

„Demokratie heißt, sich in die eigenen Angelegenheiten einzumischen." (Max Frisch)

Kannst du diese Aussage mit einem selbst gewählten Beispiel erläutern?

Wählen – warum eigentlich?

M 18 Die Wahlbeteiligung in der Bundesrepublik Deutschland

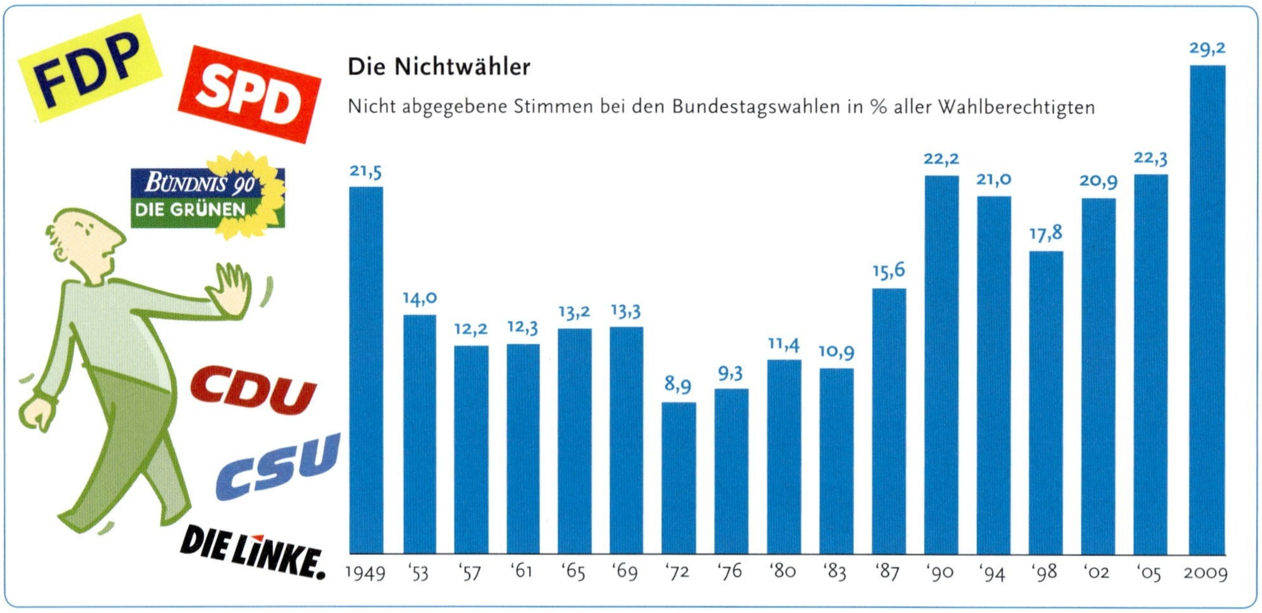

Bergmoser + Höller Verlag AG, Zahlenbilder 88607

M 19 Typen von Nichtwählern

Oskar Niedermayer von der Freien Universität in Berlin forscht zu Wahlbeteiligung. Er unterscheidet vier Typen von Nichtwählern:

der unechte Nichtwähler
wählt unfreiwillig nicht, weil er etwa plötzlich im Urlaub oder krank ist, oder wegen Umzugs seine Wahlbenachrichtigung nicht erhalten hat, hätte aber gerne gewählt

der protestierende Nichtwähler
interessiert sich für Politik, ist aber grundsätzlich unzufrieden mit dem politischen Personal, den Politik-Angeboten der Parteien oder auch dem politischen System; will den Politikern durch die Wahlenthaltung einen Denkzettel verpassen

der politikferne Nichtwähler
interessiert sich einfach nicht für Politik und Wahlen

der abwägende Nichtwähler
entscheidet von Wahl zu Wahl, ob er seine Stimme gibt, geht eher zur Wahl, wenn
- er einen knappen Wahlausgang erwartet,
- er sich für einen Kandidaten besonders begeistern kann
- ein aktuelles Thema besonders wichtig ist

M 20 Kontrovers diskutiert: Wählen gehen?

Mirjam (28) hat noch nie eine Wahl verpasst. Warum denn?

„In einer Gesellschaft wie der unsrigen müssen sich alle Menschen an die geltenden Gesetze halten. Gesetze bestimmen unser Leben, geben uns Freiheiten, schränken uns aber auch ein. Die Abgeordneten im Parlament machen diese Gesetze und deshalb möchte ich die Menschen, die im Parlament sitzen, und die Politik, die sie vertreten, mitbestimmen. Das tue ich, indem ich zur Wahl gehe. Die Politiker sind dann zwar auf vier Jahre gewählt, aber wenn es mir nicht gefällt, was sie tun, dann wähle ich sie nach vier Jahren wieder ab und gebe meine Stimme einer anderen Partei oder einem anderen Kandidaten. Und weil wir Wähler alle so denken, richten sich die Politiker nach uns. Ginge ich nicht mehr zur Wahl, dann wäre mein Einfluss auf die Politik dahin."

Klaus (34) hat sich die letzten vier Jahre an keiner Wahl beteiligt.

„Früher bin ich auch immer zum Wählen gegangen, aber irgendwann hatte ich den Eindruck, dass sich die Politiker und die Parteien immer ähnlicher werden. Es gibt nur noch geringe inhaltliche Unterschiede und jeder kann mit jedem zusammenarbeiten. Ich bin nicht unzufrieden mit unserer Gesellschaft und unserem Staat. Auch wehre ich mich gegen Vorwürfe, ich wäre nicht politisch. Ich engagiere mich durchaus für unsere Gesellschaft und arbeite als Jugendtrainer auch ehrenamtlich. Es ist nicht so, dass politisches Engagement sich nur auf das Wählen bezieht. Ich würde auch gerne über politische Streitfragen direkt abstimmen, so wie die Schweizer Bürger das dürfen. Könnte ich das, dann ginge ich auch wieder ins Wahllokal."

M 21 Und sich danach beschweren ...

„Schlechte Kandidaten werden gewählt von guten Bürgern, die nicht zur Wahl gehen."

Thomas Jefferson, 3. Präsident der Vereinigten Staaten von Amerika (1743 - 1826)

Aufgaben

1. Formuliert zuerst Hypothesen, weshalb wahlberechtigte Bürger nicht mehr wählen gehen. So könnt ihr beginnen: „Menschen bleiben der Wahl fern, weil ..." Überprüft dann eure Hypothesen mithilfe von M 19.
2. Simuliert ein Streitgespräch zwischen Mirjam und Klaus.
   a) Arbeitet aus den Texten (M 20) Argumente für und gegen das Wählengehen heraus.
   b) Ergänzt eigene Argumente und nehmt abschließend persönlich Stellung.
3. Erläutere das Zitat von Thomas Jefferson (M 21).

Hypothesen
Vermutungen über Zusammenhänge werden in der Wissenschaft als Hypothesen bezeichnet. Eine Hypothese ist also eine unbewiesene Annahme, die erst noch überprüft werden muss.

Wahlrecht ab 16?

M 22 Juniorwahl Nordrhein-Westfalen 2010

Parallel zur Landtagswahl 2010 gab es in Nordrhein-Westfalen eine Juniorwahl. Hier ist das Endergebnis der offiziellen Landtagswahl im Vergleich:

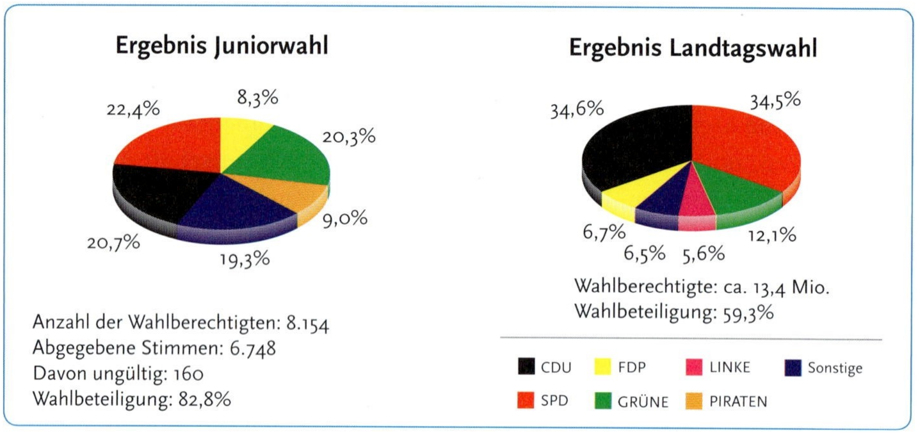

M 23 Die Entwicklung des Wahlrechts in Deutschland

Es war der 31. Juli des Jahres 1970, als die Abgeordneten des Deutschen Bundestages entschieden, das Mindestwahlalter, das bis dahin bei 21 Jahren lag, zu senken. Seitdem steht in Artikel 38 des Grundgesetzes: „Wahlberechtigt ist, wer das achtzehnte Lebensjahr vollendet hat." Die Geschichte der Demokratie ist auch eine Geschichte um die Auseinandersetzung über das „richtige" Wahlalter. Trotz der Senkung des Wahlalters auf 18 Jahre blieb die Frage auf der politischen Tagesordnung und ist bis heute unterschiedlich geregelt. In einigen Bundesländern gibt es das Wahlrecht ab 16 auf kommunaler Ebene. Es wurde in Niedersachsen 1995 erstmals eingeführt, anschließend in weiteren fünf der 16 Bundesländer, u. a. auch in Nordrhein-Westfalen. Hier dürfen 16-Jährige über die Zusammensetzung der Gemeindevertretungen, Stadtverordnetenversammlungen und Bürgerschaften abstimmen und bei Direktwahlen mitentscheiden, wer neuer Bürgermeister wird. Bei Landtags-, Bundestags- und Europawahlen gilt aber nach wie vor das Wahlrecht ab 18 Jahren, mit einer Ausnahme: In Bremen dürfen ab 2011 16- und 17-Jährige die Bürgerschaft (vergleichbar mit einer Landtagswahl) mitwählen. Immer wieder wird diskutiert, das Wahlalter generell für alle Wahlen auf 16 Jahre zu senken.

Wahlalter international

ab 16	Österreich, Brasilien, Nicaragua, Kuba, in Bosnien-Herzegowina, Slowenien, Kroatien bei Berufstätigkeit
ab 17	Seychellen, Indonesien
ab 18	fast weltweit
ab 20	Japan, Südkorea
ab 21	Fidschi, Gabun, Kuwait

M 24 Das Jugendwahlrecht in der Diskussion

Auch viele Erwachsene sind „politische Analphabeten“ und leicht beeinflussbar. Warum sollte man von Jugendlichen höhere Qualifikationen fordern? Sie müssen heute schon sehr früh Entscheidungen treffen und Verantwortung übernehmen.

16-Jährige sind politisch unreif. Auch wenn sie heute einen höheren Bildungsstand haben als früher, sind sie noch nicht fähig, sich ein vernünftiges Urteil in einer Welt zu bilden, die immer komplizierter wird. Deshalb sind sie leicht manipulierbar.

Demokratie darf Jugendliche nicht ausschließen. Repräsentative Wahlstatistiken zeigen: Das Wahlverhalten von Erstwählern weicht nicht stark von dem anderer Bevölkerungsteile ab. Die Ausgrenzung fördert erst die Neigung zur Radikalität.

Jugendliche haben eine Abneigung gegen Parteien und Mandatsträger. Deshalb neigen sie zu politischem Extremismus. Das ist eine Gefahr für die Stabilität der Demokratie.

16- und 17-Jährige haben existenzielle Interessen, die von Erwachsenen wenig oder gar nicht vertreten werden. Außerdem erhalten Jugendliche ab dem 16. Lebensjahr eine Reihe von Rechten zugesprochen wie zum Beispiel Ehefähigkeit, Eidesfähigkeit usw.

Wer wählen will, der muss auch volljährig und strafmündig sein. Wer strafrechtlich nicht voll verantwortlich ist für sein Verhalten, kann auch nicht verantwortlich sein für das Schicksal des Staates.

Jugendliche stehen Parteien, Mandatsträgern und Wahlen ablehnend gegenüber. Ein früherer Zugang zu Wahlen trifft deshalb die Interessen der Jugendlichen nicht. Es ist sinnvoller, die von Jugendlichen favorisierten Elemente direkter Politik auszubauen und ihnen die Chance zu geben, in Jugendparlamenten oder Anhörungen etc. zu Wort zu kommen.

Jugendliche haben das Gefühl, nicht ernst genommen zu werden. Die Politikverdrossenheit unter jungen Menschen wird abnehmen, wenn sie durch das aktive Wahlrecht in die politische Entscheidungsfindung einbezogen werden: Wer weiß, dass er etwas bewirken kann, hat auch mehr Interesse an Politik.

Valentin Nann, Der Streit ums Wahlalter, fluter, 28.5.2002

Mandat
Amt eines gewählten Abgeordneten

Aufgaben

1. Wann ist ein Mensch „reif“ für die Demokratie? Verwendet im Klassenraum eine Strecke von 0-18 Jahren (z. B. vom Fenster bis zur Tür). Jeder von euch platziert sich dort, wo dieser Zustand seiner persönlichen Meinung nach erreicht ist. Begründet euren Standpunkt.
2. Vergleicht das Ergebnis der Juniorwahl 2010 zum Landtag mit dem tatsächlichen Wahlergebnis (M 22). Stellt Vermutungen an, weshalb sich das Wahlverhalten junger Menschen von dem der Gesamtbevölkerung unterscheidet.
3. Diskutiert in Form einer Fishbowl-Diskussion, ob das Wahlalter generell auf 16 Jahre gesenkt werden sollte (M 22 - M 25).

Tipp:
In Monheim haben 1999 18-Jährige eine Jugendpartei (PETO) gegründet und sind gleich in den Stadtrat gewählt worden.
Auf *www.wahlkommunal.de* (→ Mediathek) berichten sie von ihren Erfahrungen.

Methode

M 25 Eine Fishbowl-Diskussion führen: das Wahlrecht ab 16

Heute sind im Rathaus sowohl Befürworter als auch Gegner des Jugendwahlrechts ab 16 bei Kommunal- und Landtagswahlen zu einer Gesprächsrunde zusammengekommen, um über die Frage **„Wahlrecht ab 16 – ein Fortschritt der Demokratie?"** zu diskutieren. Die Gesprächsrunde erfolgt als Fishbowl-Diskussion, d. h. jeweils drei Befürworter und Gegner des Wahlrechts ab 16 wie auch die beiden Moderatoren haben feste Plätze am Diskutantentisch. Ein weiterer Platz kann zur Diskussion einzelner Aspekte vom fachkundigen Publikum zeitweise besetzt werden, um neue Gesichtspunkte einzubringen oder konkrete Fragen an einen der Teilnehmer zu stellen. Danach muss man seinen Platz wieder räumen. Es ist möglich, sich mehrfach in die Diskussion einzuschalten.

Ablauf einer Fishbowl-Diskussion

1. **Thema erfassen**
   Im ersten Schritt macht ihr euch mit dem Thema und der Problemstellung vertraut: Worum geht es genau? Führt in einer Abstimmung ein erstes Meinungsbild herbei und haltet es fest.
2. **Gruppenarbeit**
   Bildet Gruppen für die kontroversen Positionen. Es empfiehlt sich, diese Gruppen per Los oder nach dem Zufallsprinzip zusammenzustellen. Ihr sollt nämlich nicht eure persönliche Meinung weiter ausführen, sondern euch in unterschiedliche Standpunkte einarbeiten und diese argumentativ vertreten. Mithilfe geeigneter Materialien setzen sich die Gruppen mit „ihren" Positionen (und Gegenargumenten) auseinander. Anschließend verständigen sich die Gruppen auf ihre Vertreter in der Fishbowl-Diskussion. Die anderen sind Beobachter, die sich aber in die Diskussion einschalten können.
3. **Diskussionsanordnung**
   Zwei bereiten sich auf ihre Aufgabe als Moderatoren (Diskussionsleiter) vor. Für die Durchführung ist es notwendig, eine geeignete Sitzordnung herzustellen (s. Schaubild).
4. **Diskussionsverlauf**
   Die Moderatoren führen in das Thema ein, stellen die Vertreter vor und begrüßen die Zuschauer, erklären den Ablauf, eröffnen die Diskussion, erteilen und entziehen das Wort, achten auf die Zeit und beenden die Diskussion. Daraufhin halten die Gruppensprecher jeweils ein kurzes Eingangsstatement (max. 1 Minute). Anschließend erfolgt in Rede und Gegenrede der Austausch der Argumente und Gegenargumente (ca. 20 min, Beobachter können sich über den freien Stuhl einbringen).
5. **Auswertung**
   In der Auswertung fordern die Moderatoren die Beobachter auf mitzuteilen, welche Argumente sie überzeugt haben und welche nicht. Auch den Ablauf der Veranstaltung sollen sie bewerten. Abschließend lösen sich alle von ihren Rollen, und es wird eine zweite Abstimmung durchgeführt. Das Ergebnis wird mit dem ersten Meinungsbild verglichen, Unterschiede werden hinterfragt.

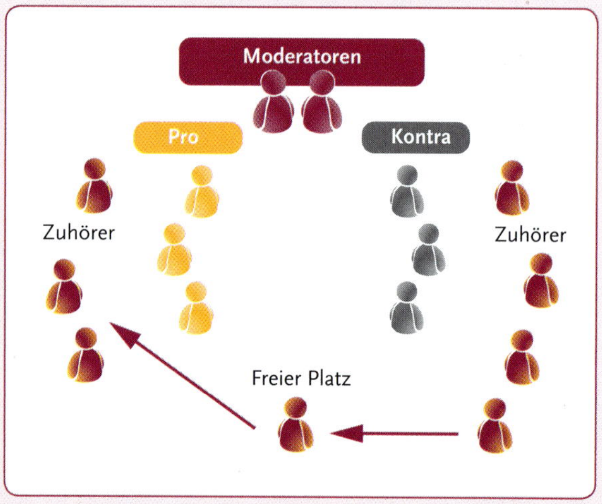

Rollenkarten für Diskussionsteilnehmer

JUGENDFORSCHER

Du hast an der Durchführung und Ausarbeitung der Shell-Jugendstudie mitgewirkt, die in ca. dreijährigen Abständen das Verhältnis von Jugend und Politik untersucht. Nach eurer repräsentativen Umfrage mit 2.500 Befragten haben Jugendliche heute ein hohes Bewusstsein für die großen Fragen der Zeit wie Überalterung der Gesellschaft, Umwelt und Bildung. Heute sind die Menschen früher reif, ab 12 Jahren sprechen wir von Jugendlichen. 14- bis 17-Jährige zeigen schon Sympathien für eine Partei und sind entwicklungspsychologisch vergleichbar entscheidungsfähig wie 18-Jährige.

CDU-MITGLIED

Du bist der Meinung, dass Jugendliche erst mit 18 wählen sollen. Bis dahin können sie die Zeit nutzen, um Demokratie an der Schule oder im Jugendparlament einzuüben. Schließlich gehört neben der Kenntnis von politischen Programmen auch eine Orientierung im richtigen Leben dazu. Die weitaus meisten Jugendlichen leben aber noch im Elternhaus. Außerdem sind Jugendliche noch nicht geschäftsfähig. So müssen sie z. B. beim Handykauf noch von einem Erwachsenen an die Hand genommen werden. Daher findest du, dass das Gleichgewicht zwischen Rechten und Pflichten bei einem Wahlrecht ab 16 gestört ist.

BÜNDNIS 90 / DIE GRÜNEN, JUGENDPOLITISCHE SPRECHERIN

Du betrachtest das Wahlrecht ab 16 als Herausforderung für die politischen Parteien und als Chance, Jugendliche für Politik zu interessieren. Schließlich geht es dabei um ihre Zukunft, z. B. bei Entscheidungen über Energiefragen oder der sozialen Grundsicherung. Mit einer echten Beteiligung an Wahlen würde das Interesse Jugendlicher an Politik gestärkt und die Identifikation mit der Demokratie erhöht. Deine Partei kann auf einen höheren politischen Zuspruch hoffen, da die Zustimmung für grüne Positionen unter Jugendlichen besonders hoch ist.

FDP-LANDTAGSABGEORDNETER

Die Diskussion um das Wahlalter zeigt, wie wertvoll das Wahlrecht ist, aber auch, mit wie viel Verantwortung das Wahlrecht verbunden ist. Es ist nicht verständlich, warum jemand zwar ein Gesetzgebungsorgan mitwählen, aber nicht frei entscheiden darf, ob er bei seinen Eltern wohnen will oder einen Kreditvertrag unterschreibt. Wer nicht volljährig ist, unterliegt grundsätzlich dem Jugendstrafrecht. Dieses geht mit Heranwachsenden und Jugendlichen in anderer Art und Weise um als das Erwachsenenstrafrecht. Dies geschieht gerade auch deswegen, weil sich Minderjährige der Auswirkungen ihres Tuns nicht immer voll bewusst sind.

JUNGWÄHLER

Bereits mit 14 müssen sich Jugendliche strafrechtlich verantworten, auch entscheiden sie über ihre Religionszugehörigkeit. In Vereinen und Feuerwehren übernehmen sie verantwortungsvolle Aufgaben. Mit 16 Jahren kann man mit Zustimmung der Eltern heiraten. Jugendliche suchen sich einen Ausbildungsbetrieb und tragen zur Altersversorgung der Rentner bei. Sie zahlen Steuern und sie dürfen ein Testament machen. Und Vertreter in der Schule wählen sie schon lange. Wer Jugendliche nicht mit 16 wählen lässt, macht sich politisch unglaubwürdig, weil er sie und ihre Interessen nicht ernst nimmt. Umfragen zeigen, dass Jugendliche keineswegs radikale Parteien mit einfachen Lösungen bevorzugen. Außerdem müssen Erwachsene vor dem Wahltag auch nicht zum Intelligenztest.

FACHARBEITERIN, 47 JAHRE

Jugendliche sind noch gar nicht in der Lage, die Wirkung von politischen Entscheidungen zu begreifen. Nehmen wir die Rente mit 67: Die tritt doch erst 2029 vollständig in Kraft. Untersuchungen zum Medienkonsum belegen, dass Jugendliche überwiegend Privatfernsehen konsumieren und kaum einer täglich eine seriöse Nachrichtensendung schaut.

Die Zurückhaltung ist auch in Ordnung, schließlich kommt der Ernst des Erwachsenenlebens früh genug. Aber Rechte und Pflichten müssen sich die Waage halten. Nur wer für sich selbst die volle Verantwortung trägt, darf auch über öffentliche Angelegenheiten mitbestimmen. Und: Gegen Politikverdrossenheit hilft nur eine Politik, die nicht abschreckend ist. Ein Jugendwahlrecht wäre da nur eine billige Lösung.

Warum gibt es Bundesländer?

M 26 Wer soll regeln ...

a) ob in eurer Stadt eine neue Sporthalle gebaut werden soll?

b) ob das Wahlalter von 18 auf 16 Jahre herabgesetzt wird?

c) welche Lehrpläne z. B. in NRW gelten sollen.

d) wie die Müllabfuhr in Köln organisiert ist?

e) ob das Jugendstrafrecht verschärft werden soll?

f) ob der Schulbus alle 5 oder doch nur alle 15 Minuten fährt?

g) ob die Bundeswehr in Afghanistan bleiben soll?

h) ob die Steuern erhöht werden sollen?

M 27 Sechzehnmal Deutschland

Deutschland ist eine „Bundesrepublik", was heißt: das Land „Deutschland" ist ein Bund (eine Gemeinschaft) verschiedener Deutschländer. Denn Deutschland ist ja unterteilt in insgesamt 16 Bundesländer, zum Beispiel Bayern, Nordrhein-Westfalen, Hessen, Sachsen usw. Drei Bundesländer sind sogenannte „Stadtstaaten", weil sie nur aus je einer Stadt bestehen: Berlin, Hamburg und Bremen. Jedes Bundesland darf und soll möglichst viel selbst regeln und beschließen. Dafür gibt es eine Landesregierung (Chef ist der jeweilige Ministerpräsident, in Stadtstaaten der Erste Bürgermeister) und Landesparlamente. Alle Bundesländer sind wiederum in weitere kleinere Einheiten geteilt: Bezirke, Kreise, Gemeinden. Da Probleme, wenn möglich, vor Ort gelöst werden sollen, gibt es dort sozusagen Mini-Parlamente. [...]

Wenn es nicht nur eine zentrale Regierung gibt, sondern Bundesländer mit einer eigenen Verwaltung, nennt man das Föderalismus.

Im Gemeinderat, Kreistag oder Landtag haben zudem Nachwuchspolitiker die Möglichkeit zu zeigen, was sie können. Wichtig daran ist, dass im Grunde alles erst mal auf der niedrigsten möglichen Ebene behandelt werden soll. Denn warum sollte man in Berlin wissen, was gut für Köln ist? [...]

Dass der Föderalismus eingeführt wurde, als 1949 die Bundesrepublik gegründet wurde, hat [...] historische Gründe. Man wollte nach den Erfahrungen mit Adolf Hitler sichergehen, dass nie wieder so viel Macht in einer Hand konzentriert sein kann. Viele Bundesländer mit eigenen Landesregierungen und Landtagswahlen schienen ideal, um die demokratische

Kontrolle innerhalb Deutschlands zu garantieren. [...] Der Bundestag soll vor sich hin arbeiten, der Bundesrat hat eine Kontrollfunktion. Diese ist im Grundgesetz durch die sogenannte „Ewigkeitsklausel" vor einer Abschaffung geschützt. [...] Bundespolitik ist das, was Kanzler machen. Landespolitik wird in Deutschland von Ministerpräsidenten gemacht.

Marietta Slomka, Daniel Westland, Kanzler lieben Gummistiefel, München 2009, S. 64 f.

Bundesrepublik Deutschland:
Brandenburg
Hessen
Niedersachsen
Schleswig-Holstein
Berlin
Sachsen-Anhalt
Bremen
Bayern
Rheinland-Pfalz
Mecklenburg-Vorpommern
Thüringen
Nordrhein-Westfalen
Saarland
Baden-Württemberg
Hamburg
Sachsen

Kannst du alle Bundesländer richtig verorten?

M 28 Föderalismus = Machtbegrenzung

Der Föderalismus stärkt das Gefühl von Orientierung und Zugehörigkeit bei den Menschen. Und so trägt er zu einer höheren Funktionsfähigkeit und Stabilität politischer Systeme bei. [...]

Föderalismus fördert die politische Partizipation: Die Bürger haben durch die verschiedenen Wahlen auf Bundes-, Landes- und kommunaler Ebene mehr Möglichkeiten, sich politisch zu beteiligen und ihre Interessen durchzusetzen. Sie können sich auch besser mit dem politischen System identifizieren. Die Menschen bringen sich auch dort eher ein, wo sie sich unmittelbar angesprochen und betroffen fühlen.

Der Bundesstaat trägt regionalen Unterschieden Rechnung. Damit ist er effizienter als der Einheitsstaat, der mit gleichförmigen Regelungen nach dem Rasenmäher- oder Gießkannenprinzip eingreift. [...]

Ein föderales System wirkt der Machtkonzentration entgegen. Es wird oft geklagt, dass alles so schwerfällig sei mit unserem politischen System. Die Kritiker verkennen, dass das gewollt ist. Denn die Verfassungsgeschichte des Abendlandes, der europäischen Tradition ist eher auf Machtbegrenzung als auf die Stärkung von Machteffizienz ausgerichtet. Mit der Übertreibung von Machteffizienz haben wir nicht die besten Erfahrungen gemacht. Die Ergebnisse bei politisch entscheidungsfähigeren Systemen in Deutschland waren desaströs – in der DDR, aber noch schlimmer zu Zeiten der Nazi-Diktatur.

Aus einer Rede vom Bundesminister Wolfgang Schäuble am 19.10.06 in Berlin, auf: www.bmi.bund.de

Aufgaben

1. Welche Entscheidungsinstanz soll die Themen regeln?
   a) Nimm zuerst eine eigene Zuordnung vor (M 26).
   b) Tauscht euch in der Klasse aus und begründet euren Vorschlag.
2. Beschreibe die Funktionen eines föderalen Staatsaufbaues (M 27, M 28).

Bund	
Land	
Kommune	

3. Entwerft ein Schaubild, das die föderale Struktur der Bundesrepublik darstellt.

Unser Bundesland Nordrhein-Westfalen

M 29 Die Verfassung des Landes Nordrhein-Westfalen

Auf dem Wappen von Nordrhein-Westfalen sind die verschiedenen Landesteile zu sehen: Der Fluss links stellt den Rhein und damit das Rheinland dar. Das westfälische Pferd steht für Westfalen. Und die lippische Rose ist das Zeichen des Landesteils Lippe.

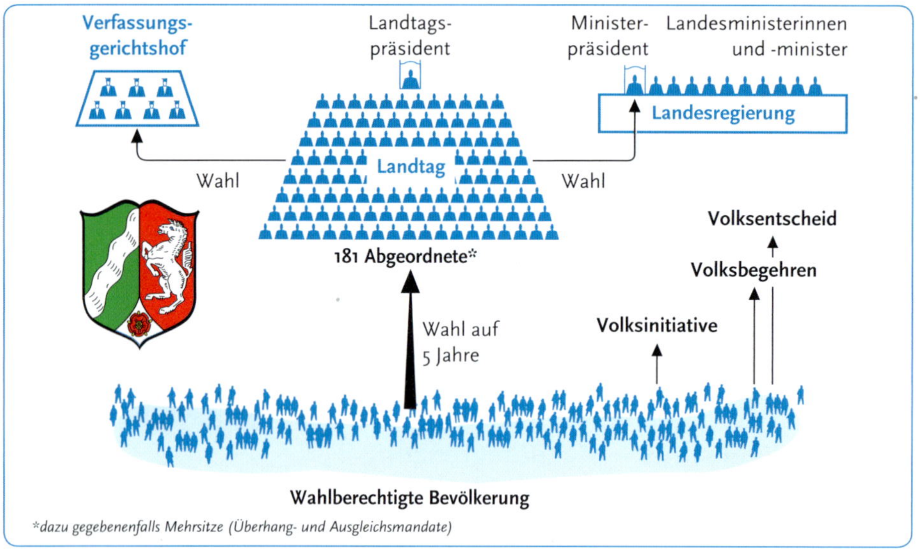

© Bergmoser + Höller Verlag AG; Zahlenbilder 71110

M 30 Wie wird der Landtag gewählt?

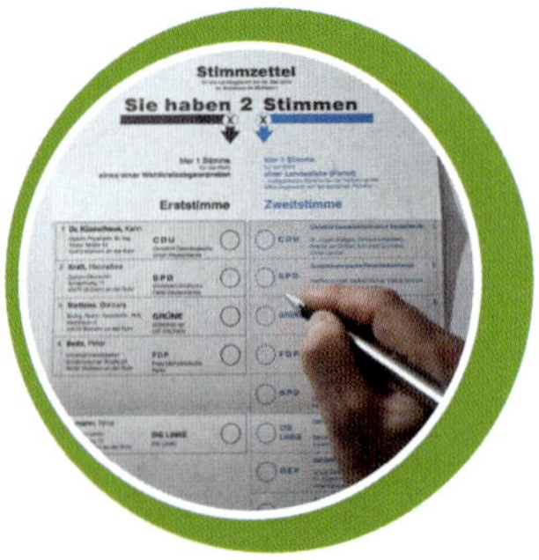

Stimmzettel für die Landtagswahl in NRW vom 9. Mai 2010

In der Regel dürfen die Wahlberechtigten alle fünf Jahre bestimmen, wer für sie im Parlament, dem Landtag, sitzt. Der Landtag kann aber auch mit den Stimmen der Mehrheit der Mitglieder beschließen, sich vorzeitig aufzulösen – so wie im März 2012 geschehen.

Wahlberechtigt bei den Landtagswahlen ist, wer 18 Jahre alt ist, mindestens 16 Tage in Nordrhein-Westfalen wohnt und die deutsche Staatsbürgerschaft besitzt. Bei der Landtagswahl gibt es – wie bei der Bundestagswahl – zwei Stimmen: eine für eine Person, die direkt im Wahlkreis kandidiert, und eine für eine Partei.

Die gewählten Abgeordneten bilden sogenannte Fraktionen im Landtag. Das sind Gemeinschaften von Abgeordneten mit der gleichen politischen Haltung.

Nach der Wahl 2010 bildeten SPD und Grüne eine „Minderheitsregierung". Im Mai 2012 kämpften die Parteien wieder um die Stimmen der Wähler. Wahrscheinlich wird sich eine Regierung, die mehr als die Hälfte der Landtagssitze anstrebt, aus mehreren Parteien zusammensetzen. Die Fraktionen müssen also eine Koalition (= Zusammenschluss, Verbindung) bilden.

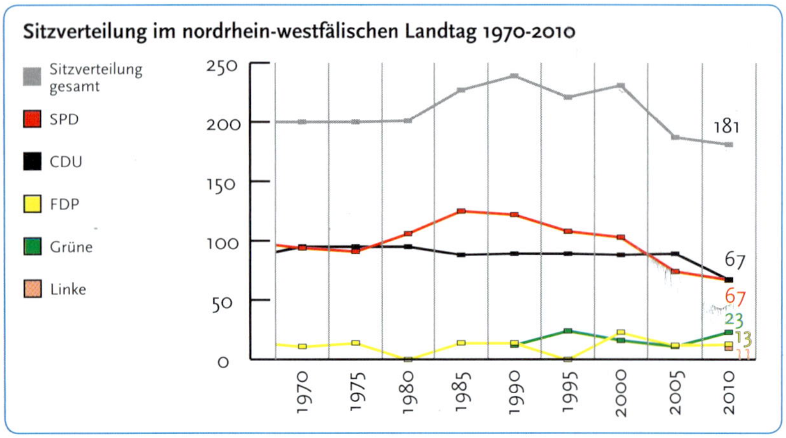

M 31 Was macht der Landtag?

1. Wählen

Die Abgeordneten werden gewählt – sie wählen im Landtag aber auch selbst, zum Beispiel den Landtagspräsidenten und die Ministerpräsidentin.

2. Gesetze machen

Ob es um die Schule, die Polizei oder die Kindergärten geht: Viele Entscheidungen, die die Bürger speziell in NRW etwas angehen, werden hier getroffen und in Gesetzen formuliert. Die Abgeordneten entscheiden meistens per Handzeichen.

Der Landtag kümmert sich besonders um die Bereiche Polizei, Schule, Universitäten, Verkehr und Hörfunk/Fernsehen. So hat der Landtag zum Beispiel Ende 2011 eine Änderung des Schulgesetzes beschlossen: Eine zusätzliche Schulform, die Sekundarschule, kann von den Kommunen eingeführt werden.

Bevor ein Gesetz fertig ist, dauert es übrigens in der Regel mehrere Monate. Denn es wird erst einmal gründlich beraten: in den Fachausschüssen und im Plenum, in den Fraktionen und in deren Arbeitskreisen. Auch außerhalb des Landtags beschäftigen sich Parteien, Verbände, Organisationen und Vereine mit Gesetzesvorhaben. Das Plenum im Parlament ist dann der Ort, an dem die Meinungen zusammengefügt werden und an dem letztendlich entschieden wird.

3. Kontrollieren

Die Abgeordneten kontrollieren die Landesregierung und die Landesverwaltung, zum Beispiel durch Anfragen oder Untersuchungsausschüsse.

4. Debattieren

Debattieren, beraten, entscheiden: Die Abgeordneten müssen sich dabei wie in der Schule melden, wenn sie im Landtag etwas sagen wollen. Wer im Landtag etwas sagen und ans Rednerpult möchte, muss warten, bis der Präsident sie oder ihn aufruft. Wird geschimpft oder ruft jemand ständig dazwischen, läutet der Präsident mit der Glocke und sorgt für Ruhe.

Nach: Doro Dietsch, Der Landtag Nordrhein-Westfalen, auf: www.landtag.nrw.de

Hannelore Kraft (Ministerpräsidentin, SPD) stimmt der Auflösung des Landtags zu, März 2012.

M 32 Wie arbeitet der Landtag?

LANDTAG NORDRHEIN-WESTFALEN Drucksache **15/2767**
15. Wahlperiode

06.09.2011

Gesetzentwurf

der Fraktion der CDU,
der Fraktion der SPD und
der Fraktion BÜNDNIS 90/DIE GRÜNEN

Gesetz zur Weiterentwicklung der Schulstruktur in Nordrhein-Westfalen (6. Schulrechtsänderungsgesetz)

Lesungen im Plenum

Anhörungen

Fachausschüsse

www.landtag.nrw.de
→ Parlament & Wahlen
→ Parlamentsarbeit
oder
→ Dokumente & Recherche
→ Gesetzgebungsportal

Kölner Dom und Rheinbrücke

Karneval in Aachen

Düsseldorfer Hafen

M 33 Regierungsbezirke und Kreise in Nordrhein-Westfalen

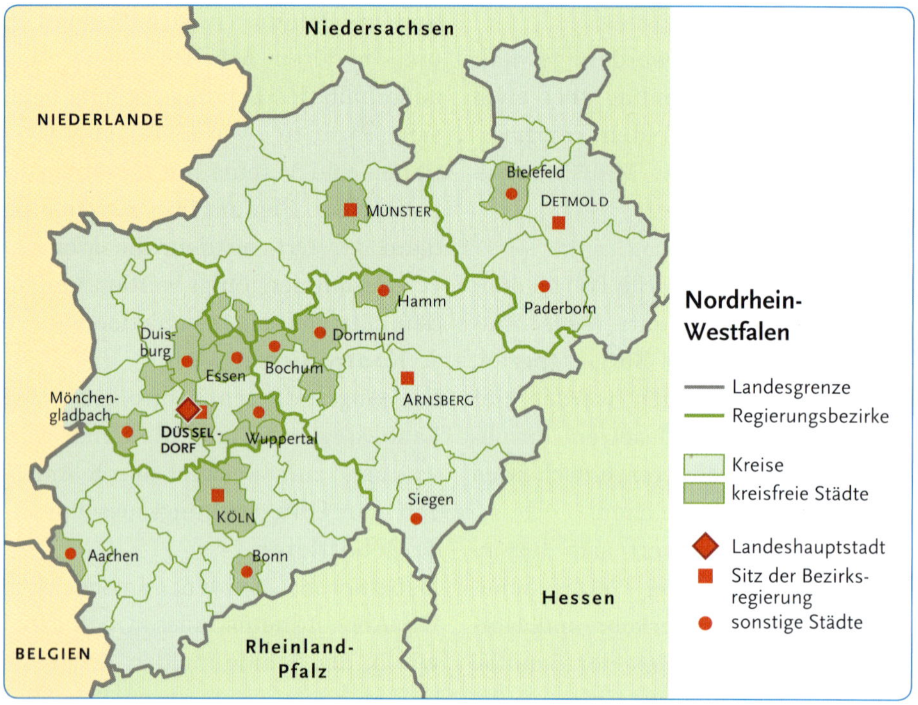

Aufgaben

1. Analysiere das Schaubild und ordne die drei Gewalten (Legislative, Exekutive, Judikative) zu (M 29, vgl. Gewaltenteilung).
2. Bei den Wahlen zum NRW-Landtag 2010 lag die Wahlbeteiligung bei 59,3 %, bei den Wahlen zum Bundestag 2009 lag sie immerhin bei 70,8 % (M 30).
   a) Überlege, welche Wahl für dich die wichtigere wäre.
   b) Tausche dich mit einem Partner aus und begründet euren Standpunkt.
3. Beschreibe, wer in welcher Form an der Entstehung eines Landesgesetzes beteiligt ist (M 31).
4. a) Recherchiere auf den Internetseiten des Landtags den Gang der Gesetzgebung, z. B. am Gesetz zur Sekundarschule.
   b) Bereite einen Kurzvortrag vor, in dem du den Gang der Gesetzgebung anschaulich darstellt und deinen Mitschülern präsentierst (M 32, M 34).

Methode

M 34 Präsentationen gestalten

Präsentationen können schrecklich langweilig sein – oder ein Thema gerade besonders attraktiv vermitteln. Dabei ist auch die Gestaltung (Visualisierung) wichtig.

KISS (keep it small and simple): Beschränke dich auf die wesentlichen Punkte und halte deine Visualisierung möglichst knapp.

ICH: Du stehst im Zentrum, denn der Präsentierende ist wichtiger als seine Visualisierung. Du überzeugst das Publikum und nicht deine Folien.

PUBLIKUM: Alle Elemente deiner Visualisierung müssen von jedem gesehen werden können.

L	Lesbarkeit	Druckbuchstaben in Groß- und Kleinschreibung verwenden Stichworte, keine ganzen Sätze PC: Schriftgröße nicht unter 18 Punkt; Arial Handschrift: Schriftstärke bei Filzstift 1 cm
A	Anordnung	logische Struktur (vergleichend / kontrastierend – chronologisch – reihend – hierarchisierend) Übersichtlichkeit, möglichst einfache Darstellung Leserichtung: links → rechts / oben → unten
G	Gestaltung	sinnvoller Farbeinsatz: dunkle Töne (schwarz und blau) für die Schrift; max. drei Farben, Symbolcharakter der Farben beachten Blattaufteilung vornehmen Gestaltungselemente (Pfeile, Symbole, Diagramme, Karten, Grafiken, Bilder ...) sinnvoll einsetzen ausgewogenes Verhältnis zwischen Schrift und Bild
O	Organisation	Dauer der Präsentation einzelner Darstellungen vorher überlegen; eigenen Standort festlegen

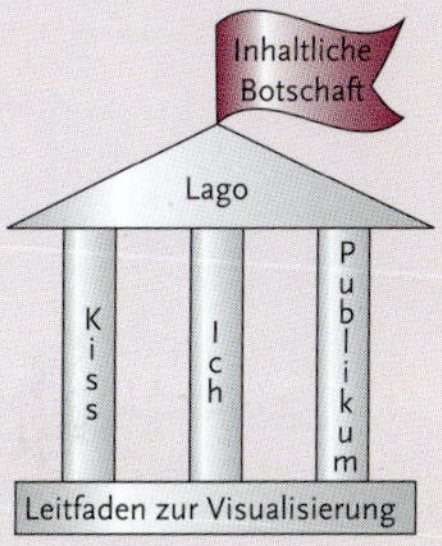

Volker Herrmann, Visualisierung, in: Selbstständig arbeiten, überzeugend präsentieren, Bamberg 2007, S. 86 f.

1. Auf dem Weg zum eigenen Thema

Überlege zum Thema: Worum geht es? Habe ich schon Vorkenntnisse? Welche unterschiedlichen Auffassungen zum Thema gibt es? In welchem Zusammenhang mit dem Unterricht steht mein Thema?

Daraus folgen Überlegungen zum Publikum: Was wissen meine Mitschüler schon über das Thema? Wo kann ich anknüpfen? Wie kann ich ihr Interesse wecken?

2. Wer sucht, der findet: Recherche

(vgl. Methode: Internetrecherche)

3. Wie sag ich's dir?

Formuliere einfache und klare Sätze. Übe deine Präsentation und sprich frei, also ohne abzulesen, damit du dein Publikum anschauen kannst.

4. Das will ich sehen!

Beachte die Grundregeln der Visualisierung. Setze Medien und Anschauungsmaterial ein, um deine Präsentation zu unterstützen. Überlege dir, welche Medien für deinen Vortrag sinnvoll sind, und übertreibe nicht mit dem Medieneinsatz.

Was wir wissen

Demokratie, Volkssouveränität und Gewaltenteilung
M 2, M 3

Politische Herrschaft kann auf unterschiedliche Weise ausgeübt werden. Demokratie ist eine politische Ordnung, die von Freiheit, Gleichheit und Menschenwürde ausgeht und versucht, den Anspruch der „Regierung des Volkes durch das Volk und für das Volk“ (Abraham Lincoln) zu verwirklichen. Zentrales Wesensmerkmal der Demokratie ist die Volkssouveränität. Das bedeutet, dass alle politische Herrschaft vom Volk ausgeht. Zur Ausübung der Volkssouveränität ist die Partizipation, d. h. die Teilnahme der Bürger am politischen Leben, notwendig. Ein weiteres wichtiges Merkmal ist die Gewaltenteilung. Die Macht des Staates wird in Bund, Land und Kommune und auf verschiedene Organe verteilt: das Parlament, die Regierung und die Gerichte.

Direkte und repräsentative Demokratie
M 4, M 5

Durch direkte Bürgerbeteiligung – z. B. in den Gemeinden – kann unmittelbar auf die politischen Entscheidungsprozesse Einfluss genommen werden. In Deutschland sind die Möglichkeiten direkter Demokratie auf Bundesebene allerdings äußerst begrenzt. Deshalb wird immer wieder gefordert, auch hier direktdemokratische Elemente einzuführen.
Im Gegensatz zur direkten oder plebiszitären Demokratie werden in der repräsentativen Demokratie die politischen Entscheidungen nicht direkt von den Bürgern, sondern von gewählten Politikern, den Repräsentanten, im Parlament getroffen. Die Abgeordneten werden in freien Wahlen bestimmt und können bei der nächsten Wahl auch wieder abgewählt werden.

Politische Beteiligung
M 15, M 17, M 20

Die Bürgerinnen und Bürger der Bundesrepublik Deutschland können sich auf vielfältige Weise politisch engagieren. Der informierte Bürger kann sich an der öffentlichen Debatte beteiligen (Leserbriefe, Internetforen, Podiumsdiskussionen etc.), Vereine und Bürgerinitiativen gründen oder ihnen beitreten und sich in Parteien engagieren. Die wichtigste Beteiligungsform bleibt jedoch die Teilnahme an Wahlen. Auch zivilgesellschaftliches Engagement stellt eine Form der politischen Beteiligung dar.

Föderalismus und Nordrhein-Westfalen
M 27, M 28

Einen Staat, der sich wie Deutschland aus mehreren Ländern zusammensetzt, nennt man föderalistisch oder Bundesstaat. In der Gesetzgebung gilt: Erst wenn die kleinere Einheit (Gemeinde, Kreis, Land) die Aufgabe nicht mehr erfüllen kann, ist die nächste Ebene zuständig.

Verfassungsquiz

Ordnet die folgenden Überschriften den nachfolgenden Beschreibungen zu. Bei richtiger Zuordnung ergeben die Buchstaben in den Klammern den Begriff für das Verfahren, mit dem politische Macht übertragen wird.

Demokratie (A) – **Grundgesetz** (W) – **Engagement** (E) – **Bundesstaat** (L) – **Rechtsstaat** (N) – **Gewaltenteilung** (H)

1. ______________________

ist die Verfassung der Bundesrepublik Deutschland. In ihm stehen die wichtigsten „Spielregeln" für das Zusammenleben.

2. ______________________

heißt, dass die Staatsgewalt vom Volke ausgehen soll. Durch Wahlen und Abstimmungen wird diese Staatsgewalt ausgeübt bzw. Repräsentanten auf Zeit übertragen, die im Auftrag des Volkes politische Entscheidungen treffen sollen.

3. ______________________

bedeutet, dass die Gesetzgebung (Parlamente), die Ausführung der Gesetze (Regierung und Verwaltung) und Rechtsprechung (Gerichte) von verschiedenen, voneinander unabhängigen Personen und Personengruppen durchgeführt werden soll.

4. ______________________

bezeichnet allgemein die Vereinigung souveräner (selbständiger) Staaten zu einem Bund, auf den bestimmte Rechte und Aufgaben übertragen werden. In der Bundesrepublik Deutschland haben deshalb die Bundesländer einerseits eigene Länderparlamente, -regierungen und -gerichte, andererseits wirken sie über den Bundesrat an der Bundespolitik mit. Man nennt dieses staatliche Organisationsprinzip auch Föderalismus.

5. ______________________

ist die „Lebenskraft" einer jeden Gesellschaft. Ohne funktioniert ein Gemeinwesen oder Staat nicht, jeder Bürger ist hier gefragt.

6. ______________________

besagt, dass die staatliche Gewalt an die Verfassung und die Rechtsprechung gebunden ist. Alle Maßnahmen der Staatsorgane können von unabhängigen Richtern überprüft werden. Voraussetzungen für dieses Prinzip sind die in der Verfassung zugesicherten Grundrechte (Freiheitsrechte), die Gewaltenteilung und die Gesetzmäßigkeit der Verwaltung.

Lösungswort: ☐ ☐ ☐ ☐ ☐ ☐

Nach: Lothar Scholz, Grundgesetz für Einsteiger und Fortgeschrittene, bpb, Thema: Unterricht, 2010, S. 10

Lösung am Ende des Buches

1.2 Recht und Gesetz als Grundlage des Zusammenlebens

Wozu brauchen wir Recht und Gesetz?

M 1 Es ist schon nicht so schlimm ...

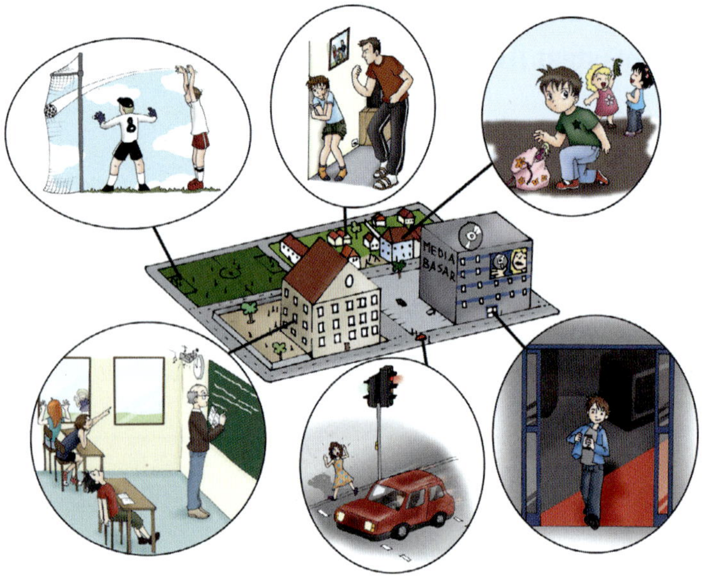

M 2 Alles, was Recht ist ...

In jedem Land gibt es Regeln, an die sich alle Menschen halten müssen. Diese Regeln heißen Gesetze. Wer sich nicht an Gesetze hält, wird bestraft. Eine Strafe verhängen darf grundsätzlich nur der Staat, also die Bundesrepublik Deutschland. Da die Bundesrepublik Deutschland ein Rechtsstaat ist, müssen dabei allerdings die Rechte der Bürger, die sogenannten Grundrechte, beachtet werden. Mit den Grundrechten werden die Bürger davor geschützt, dass der Staat macht, was er will.

Das allerwichtigste Gesetz für Deutschland ist das Grundgesetz. Darin stehen Regeln, die bestimmen, wie die Menschen miteinander leben sollen und wie sich der Staat gegenüber den Menschen verhalten soll – also was zum Beispiel die Polizei darf, was Politiker dürfen und wie Richter sich verhalten sollen. Diese Leute gehören nämlich zum Staat. Das Grundgesetz ist unterteilt in 146 Artikel. Eines der wichtigsten Grundrechte steht in Artikel 1 des Grundgesetzes: „Die Würde des Menschen ist unantastbar". Damit ist gemeint, dass alle Menschen wertvoll sind und Rechte haben.

ZDF, HR Kinder und Jugend, Redaktion Information/logo!

M 3 Rechtsstaat – was ist das?

Der deutsche Rechtsstaat garantiert die Grundrechte seiner Bürger (Artikel 1 bis 20 des Grundgesetzes) und schützt sie vor staatlicher Willkür. Er gewährt allen Bürgerinnen und Bürgern neben unbedingter Rechtssicherheit (d. h. Klarheit, Bestimmtheit und Beständigkeit staatlicher Entscheidungen) auch Rechtsgleichheit (d. h. vor dem Gesetz sind alle gleich – unabhängig davon, aus welcher Familie sie stammen, wie viel Geld sie besitzen oder wie berühmt sie sind). Alle staatlichen Eingriffe bedürfen einer gesetzlichen Grundlage (Gesetzesvorbehalt) und sämtliche Entscheidungen müssen von unabhängigen Gerichten überprüft werden können. Das nennt man Rechtsgebundenheit von Regierung, Verwaltung und Justiz.

Die Grundrechte
Grundgesetz für die Bundesrepublik Deutschland, Artikel 1 bis 19

- 1 Schutz der Menschenwürde
- 2 Freiheit der Person
- 3 Gleichheit vor dem Gesetz
- 4 Glaubens- und Gewissensfreiheit
- 5 Freie Meinungsäußerung
- 6 Schutz von Ehe und Familie
- 7 Elternrechte, staatliche Schulaufsicht
- 8 Versammlungsfreiheit
- 9 Vereinigungsfreiheit
- 10 Brief- und Telefongeheimnis
- 11 Recht der Freizügigkeit
- 12 Freie Berufswahl
- 12a Wehrdienst / Zivildienst
- 13 Unverletzlichkeit der Wohnung
- 14 Eigentumsgarantie
- 15 Überführung in Gemeineigentum
- 16 Staatsangehörigkeit, Auslieferung
- 16a Asylrecht
- 17 Petitionsrecht
- 18 Aberkennung von Grundrechten
- 19 Rechtsweggarantie

- 20 Volkssouveränität, Widerstandsrecht
- 33 Gleicher Zugang zu öffentlichen Ämtern
- 38 Wahlrecht
- 101 Anspruch auf den gesetzlichen Richter
- 103 Anspruch auf rechtliches Gehör vor Gericht
- 104 Schutz vor willkürlicher Verhaftung

Bergmoser + Höller Verlag AG, Zahlenbilder 60 110

Aufgaben

1. Schau dir das Bild genau an. Benenne Situationen, die aus deiner Sicht einen Regelverstoß darstellen (M 1).
2. Formuliere eine Aussage, die die Frage „Warum darf man nicht einfach machen, was man will?“ beantwortet.
3. Arbeite aus M 2 heraus, weshalb die Bundesrepublik Deutschland ein Rechtsstaat ist.
4. a) Arbeitet aus M 3 die Prinzipien des deutschen Rechtsstaates heraus.
   b) Erkläre ein Prinzip in eigenen Worten so, dass es auch deine kleine Schwester oder dein kleiner Bruder verstehen würde.

Grundrechte in Gefahr?

M 4 Online-Durchsuchung – geht sie zu weit oder ist sie nötig?

PRO KONTRA

Die Anschläge vom 11. September 2001 in den USA kosteten fast 3.000 Menschen das Leben und waren langfristig und über mehrere Länder hinweg geplant. Hätte man von den Planungen vorher gewusst, hätte der Anschlag vielleicht verhindert werden können.

Vor allem im Zuge der Bekämpfung des Terrorismus wurde in Deutschland auch das Instrument der Online-Durchsuchung diskutiert. Eine Online-Durchsuchung ist so etwas wie eine Hausdurchsuchung im Computer eines Verdächtigten. Allerdings weiß der Betroffene darüber nicht Bescheid und die Durchsuchung erfolgt über das Internet. Die Ermittlungsbehörde verschafft sich Zugriff auf seine Computerdateien und seinen E-Mail-Verkehr.

M 5 Pro: Nötiges Mittel gegen Kriminalität im 21.Jahrhundert

Inzwischen gibt es kaum noch einen Bereich der Kriminalität, in dem sich die Täter nicht der modernsten Technik bedienen und das Internet als Tatmittel nutzen: Betrugsdelikte, die Verbreitung von Kinderpornografie, Organisierte Kriminalität, Wirtschaftskriminalität und Wirtschaftsspionage bis hin zur Planung terroristischer Anschläge. [...]

Die Täter legen längst nicht mehr alle Informationen mit Beweiswert auf ihrem Computer oder anderen Speichermedien ab. [Daten werden z. B. anonym auf Servern im Internet abgelegt.] Immer häufiger werden auch offene WLAN-Zugänge unbeteiligter Dritter genutzt. [...] Das Strafrecht wird zunehmend an seine [...] Grenzen geführt. [...] Die Online-Durchsuchung ist kein Standardverfahren, sondern das letzte Mittel. Sie dient ausschließlich der Abwehr von Gefahren des internationalen Terrorismus [...]. Die Online-Durchsuchung ermöglicht den Strafverfolgungsbehörden eine [angemessene] Reaktion auf das veränderte Verhalten von Terrorverdächtigen bei der Kommunikation, der Zusammenarbeit und der Datenspeicherung ausschließlich zur Gefahrenabwehr.

Nach: Jörg Ziercke, Freiheit und Sicherheit im digitalen Zeitalter, auf: www.bpb.de vom 22.11.2010

M 6 Kontra: Staat muss vor Eingriffen in die Privatsphäre schützen

Heute können staatliche und nichtstaatliche Stellen in einem noch nie dagewesenen Maß riesige Datenmengen anhäufen und zu Profilen zusammenführen, die genaue Rückschlüsse auf unsere Lebensgewohnheiten zulassen. Aus Verkehrsdaten von Mobiltelefonen lassen sich detaillierte Bewegungsprofile gewinnen, aus den von uns besuchten Webseiten Interessenprofile. Der Abgleich von E-Mail-Adressen und von „Freundeslisten" durch Anbieter sozialer Netzwerke ermöglicht aussagekräftige Profile über unsere sozialen Kontakte. [...]

Weder der gläserne Kunde noch der gläserne Bürger sind mit dem Menschenbild des Grundgesetzes vereinbar. Bereits 1983 hat das Bundesverfassungsgericht [betont], dass jeder Bürger die Kontrolle über seine Daten haben muss. Aus diesem Grundrecht auf informationelle Selbstbestimmung erwächst dem Staat zugleich die Schutzpflicht, seine Bürger vor rechtswidrigen Eingriffen in die Privatsphäre zu schützen.

Peter Schaar, Sicherheit und Freiheit brauchen Datenschutz, auf: www.bpb.de vom 22.11.2010

M 7 Das Bundesverfassungsgericht setzt Grenzen

Das Bundesverfassungsgericht hat heimliche Online-Durchsuchungen privater Computer unter strengen Auflagen für zulässig erklärt. Diese verdeckte Fahndungsmethode dürfe nur dann angewandt werden, wenn es „Anhaltspunkte einer konkreten Gefahr für ein überragend wichtiges Rechtsgut" gebe, entschieden die Richter. Dazu gehörten „Leib, Leben und Freiheit der Person". Das gleiche gelte, wenn die Grundlagen oder der Bestand des Staates oder die Grundlagen der Existenz der Menschen bedroht seien. Zudem sei eine vorherige richterliche Anordnung grundsätzlich notwendig.

Das Verfassungsgericht erklärte zugleich die konkret angegriffene Regelung zur Online-Durchsuchung im Verfassungsschutzgesetz des Landes Nordrhein-Westfalen für verfassungswidrig. Die heimliche Online-Durchsuchung verletze das Persönlichkeitsrecht, hieß es zur Begründung.

Auf: www.tagesschau.de vom 27.2.2008

Im Dezember 2006 hatte der Landtag in NRW mit den Stimmen von CDU und FDP eine Änderung des Verfassungsschutzgesetzes beschlossen und damit die sogenannte „Online-Durchsuchung" erlaubt. Dagegen waren verschiedene Verfassungsbeschwerden eingereicht worden.

Aufgaben

1. Soll der Staat angesichts der Gefahren durch terroristische Aktivitäten mehr Rechte für die Online-Durchsuchung privater Computer bekommen? Stellt euch zu dieser Streitfrage auf einer Streitlinie im Klassenzimmer auf.
2. a) Arbeite Argumente für und gegen die Online-Durchsuchung heraus (M 5, M 6). Fertige dazu eine Tabelle an.
   b) Stellt euch noch einmal auf der Streitlinie auf und tauscht euch aus.

Das Jugendschutzgesetz – ein besonderer Rechtsrahmen für Jugendliche?

M 8 Was dürfen Jugendliche?

1. Der Aufenthalt von Kindern in Gaststätten ist grundsätzlich verboten.	stimmt	stimmt nicht
2. Videoshops dürfen im Schaufenster Kassetten/DVDs ausstellen, die ab 18 freigegeben sind.	stimmt	stimmt nicht
3. Kinder und Jugendliche dürfen sich in Begleitung ihrer Erziehungsberechtigten in öffentlichen Spielhallen aufhalten.	stimmt	stimmt nicht
4. Jugendlicher ist, wer 14, aber noch nicht 18 Jahre alt ist.	stimmt	stimmt nicht
5. Jugendlichen ist das Rauchen in der Öffentlichkeit erlaubt.	stimmt	stimmt nicht
6. Werbefilme oder Werbeprogramme für Tabakwaren dürfen nur nach 18 Uhr vorgeführt werden.	stimmt	stimmt nicht

M 9 Der Sinn des Jugendschutzes

Pflege und Erziehung der Kinder und Jugendlichen gehören zu den wichtigsten Aufgaben und Pflichten der Eltern oder erziehungsberechtigten Personen. Gesetzliche Bestimmungen zum Jugendschutz machen den Auftrag des Staates und der Gesellschaft deutlich, Eltern und Erzieher in der Erfüllung ihrer Aufgaben zu unterstützen und das Anrecht des Kindes auf Erziehung zu sichern. Kinder und Jugendliche sind vor finanzieller Ausbeutung, seelischen Zwängen und Gefährdungen durch Abhängigkeiten zu schützen. Bestimmungen zum Jugendschutz sind keine Strafinstrumente gegen junge Menschen, sondern wenden sich zunächst an den Erwachsenen, um ihn anzuhalten, nachteilige Einflüsse auf die Entwicklung der Kinder und Jugendlichen abzuwenden. Dabei müssen die Gesetzgeber zwei Erziehungsziele gegeneinander abwägen. Einerseits hat jeder Mensch auch schon früh ein Recht auf freie Entfaltung seiner Persönlichkeit. Andererseits sind die Eltern und letztlich auch der Staat verpflichtet, Schaden von Kindern und Jugendlichen abzuwenden.

nach: Broschüre der Jugendämter, Stand: 1.11.2008, 13. Aufl. 2009

M 10 Bestimmungen zum Schutz Jugendlicher

Darstellung der Vorschriften des Jugendschutzgesetzes vom 23.07.2002 (gültig ab 01.09.2007)
Auszug: Abschnitt 2: Jugendschutz in der Öffentlichkeit, Abschnitt 3: Jugendschutz im Bereich der Medien

Geschützte Altersgruppen		**Kinder** unter 14 Jahre		**Jugendliche** ab 14 Jahre		ab 16 Jahre		**Kinder:** Personen unter 14 Jahren **Jugendliche:** Personen unter 18 Jahren
Gefährdungsbereiche		**ohne** Begleitung einer erziehungsbeauftragten Person	**in** Begleitung einer erziehungsbeauftragten Person	**ohne** Begleitung einer erziehungsbeauftragten Person	**in** Begleitung einer erziehungsbeauftragten Person	**ohne** Begleitung einer erziehungsbeauftragten Person	**in** Begleitung einer erziehungsbeauftragten Person	**ausnahmsweise erlaubt**
§ 4 Abs. 1 + 2	**Aufenthalt in Gaststätten**	☹ nicht erlaubt	☺ erlaubt	☹	☺	☺ bis 24 Uhr	☺	In der Zeit zwischen 5 und 23 Uhr, um eine Mahlzeit oder ein Getränk einzunehmen (§ 4 Abs. 1). Ausnahmen kann die zuständige Behörde genehmigen (§ 4 Abs. 4).
§ 4 Abs. 3	**Aufenthalt in Nachtbars und Nachtclubs**	☹	☹	☹	☹	☹	☹	
§ 5 Abs. 1	**Anwesenheit bei öffentlichen Tanzveranstaltungen** z. B. Disco	☹	☺	☹	☺	☺ bis 24 Uhr	☺	Ausnahmen kann die zuständige Behörde genehmigen (§ 5 Abs. 3).
§ 5 Abs. 2	**Tanzveranstaltungen anerkannter Träger der Jugendhilfe** oder bei künstl. Betätigung oder zur Brauchtumspflege	☺ bis 22 Uhr	☺	☺ bis 24 Uhr	☺	☺ bis 24 Uhr	☺	
§ 6	**Anwesenheit in Spielhallen Teilnahme an Glücksspielen**	☹	☹	☹	☹	☹	☹	Bei Volks- und Schützenfesten, Jahrmärkten u. Ä., sofern Gewinne nur in Waren von geringerem Wert bestehen (§ 6 Abs. 2).
§ 9 Abs. 1.1	**Abgabe und Verzehr branntweinhaltiger Getränke** (auch alkoh. Mixgetränke o. überwiegend branntweinhaltige Lebensmittel)	☹	☹	☹	☹	☹	☹	
§ 9 Abs. 1.2	**Abgabe und Verzehr anderer alkoholischer Getränke** z. B. Bier, Wein u. Ä.	☹	☹	☹	☺ *)	☺	☺	*) **Nur** in Begleitung einer personensorgeberechtigten Person (Eltern/Vormund) (§ 9 Abs. 2).
§ 10	**Abgabe und Konsum von Tabakwaren**	☹	☹	☹	☹	☹	☹	
§ 11	**Besuch öffentlicher Filmveranstaltungen** nur nach Freigabekennzeichnung: ohne Altersbeschränkung / ab 6 / 12 / 16 J.	☺ ab 6 J. bis 20 Uhr	☺	☺ bis 22 Uhr	☺	☺ bis 24 Uhr	☺	Filme, die mit „Info- oder Lehrprogramm" gekennzeichnet sind (§ 11 Abs. 1); bei Filmen „ab 12 J." Anwesenheit für über 6-Jährige möglich in Begleitung einer personensorgeberechtigten Person (Eltern/Vormund) (§ 11 Abs. 2).
§ 12	**Abgabe von Datenträgern mit Filmen oder Spielen** nur nach Freigabekennzeichnung: ohne Altersbeschränkung / ab 6 / 12 / 16 J.	☺	☺	☺	☺	☺	☺	Datenträger, die mit „Info- oder Lehrprogramm" gekennzeichnet sind (§ 12 Abs. 1).
§ 13	**Spielen an elektronischen Bildschirmspielgeräten ohne Gewinnmöglichkeit** nur nach Freigabekennzeichnung: ohne Altersbeschränkung / ab 6 / 12 / 16 J.	☺	☺	☺	☺	☺	☺	Bildschirmspielgeräte, die mit „Info- oder Lehrprogramm" gekennzeichnet sind (§ 13 Abs. 1).

Aufgaben

1. Erkläre, welche Ziele mit dem Jugendschutz in der Bundesrepublik Deutschland verfolgt werden (M 9).
2. Diskutiert, welche Bestimmungen des Jugendschutzgesetzes ihr lockern oder verschärfen würdet. Begründet eure Entscheidung mit den grundsätzlichen Zielen des Jugendschutzes (M 10).

Öffentlichkeit: Alle Orte, die jedermann ohne Weiteres zugänglich sind und der Teilnehmerkreis, auch der eingeschränkte, untereinander nicht in rechtlicher oder sonstiger Bedeutsamkeit steht.
Personensorgeberechtigte Personen sind Vater, Mutter (also Eltern) oder der Vormund.
Erziehungsbeauftragte Person nimmt Erziehungsaufgaben nach Vereinbarung mit den Eltern wahr, z. B. die Begleitung des Jugendlichen in eine Disco. Das kann jede Person über 18 Jahre sein, die in der Lage ist, die vereinbarten Erziehungsaufgaben zu erfüllen.

Verantwortung tragen! Schadenshaftung und Strafe für Jugendliche?

M 11 Vandalismus an der Schule

Heiko (15) und Steve (13) sind ein eingeschworenes Team. Als die Zeugnisse fällig sind und Heiko entsetzt ein „wird nicht versetzt nach Klasse 9" in seinem Zeugnis lesen muss, entscheidet er, es der Schule „heimzuzahlen". Steve ist selbstverständlich mit von der Partie. Da er auf seinen Bruder Charlie (6) aufpassen muss, beschließt er, diesen einfach mitzunehmen. Gegen 22:00 Uhr ziehen sie los. Da sie es nicht schaffen, in die Schule einzudringen, werfen sie aus Frust sechs Fensterscheiben ein und besprühen die Eingangstür mit Graffiti. Dabei werden sie von Passanten beobachtet, die umgehend die Polizei alarmieren. Der Schaden beläuft sich auf circa 5.000 €.

M 12 Was sagt das Gesetz?

Strafgesetzbuch (StGB)
§ 303
Sachbeschädigung
(1) Wer rechtswidrig eine fremde Sache beschädigt oder zerstört, wird mit Freiheitsstrafe bis zu zwei Jahren oder mit Geldstrafe bestraft.

Bürgerliches Gesetzbuch (BGB)
§ 823
Schadensersatzpflicht
(1) Wer vorsätzlich oder fahrlässig das Leben, den Körper, die Gesundheit, die Freiheit, das Eigentum oder ein sonstiges Recht eines anderen widerrechtlich verletzt, ist dem anderen zum Ersatz des daraus entstehenden Schadens verpflichtet.
§ 828
Minderjährige
(1) Wer nicht das siebente Lebensjahr vollendet hat, ist für einen Schaden, den er einem anderen zufügt, nicht verantwortlich.
(2) Wer das siebente, aber nicht das zehnte Lebensjahr vollendet hat, ist für den Schaden, den er bei einem Unfall mit einem Kraftfahrzeug, einer Schienenbahn oder einer Schwebebahn einem anderen zufügt, nicht verantwortlich. Dies gilt nicht, wenn er die Verletzung vorsätzlich herbeigeführt hat.
(3) Wer das 18. Lebensjahr noch nicht vollendet hat, ist, sofern seine Verantwortlichkeit nicht nach Absatz 1 oder 2 ausgeschlossen ist, für den Schaden, den er einem anderen zufügt, nicht verantwortlich, wenn er bei der Begehung der schädigenden Handlung nicht die zur Erkenntnis der Verantwortlichkeit erforderliche Einsicht hat.

Jugendgerichtsgesetz (JGG)
§ 1
Persönlicher und sachlicher Anwendungsbereich
(1) Dieses Gesetz gilt, wenn ein Jugendlicher oder ein Heranwachsender eine Verfehlung begeht, die nach den allgemeinen Vorschriften mit Strafe bedroht ist.
(2) Jugendlicher ist, wer zur Zeit der Tat vierzehn, aber noch nicht achtzehn, Heranwachsender, wer zur Zeit der Tat achtzehn, aber noch nicht einundzwanzig Jahre alt ist.
§ 3
Verantwortlichkeit
Ein Jugendlicher ist strafrechtlich verantwortlich, wenn er zur Zeit der Tat nach seiner sittlichen und geistigen Entwicklung reif genug ist, das Unrecht der Tat einzusehen und nach dieser Einsicht zu handeln. [...]

M 13 Stufen der Deliktsfähigkeit

Deliktsfähigkeit

Deliktsfähigkeit ist die Fähigkeit einer Person, wegen einer unerlaubten Handlung, bei der ein Schaden entstanden ist, haftbar (Pflicht zum Schadensersatz) gemacht werden zu können.

deliktsunfähig	beschränkt deliktsfähig	voll deliktsfähig
Minderjährige unter sieben Jahren und Personen, deren freie Willensbetätigung krankheitsbedingt ausgeschlossen ist	Minderjährige zwischen 7 und 18 Jahren (Spezialfall zwischen 7 und 10: Minderjährigenhaftung bei vorsätzlich verursachtem Verkehrsunfall) und Taubstumme	Volljährige (ab 18 Jahren)

Zivilrecht
Die Auseinandersetzung über Schadensersatz findet in einem Zivilprozess zwischen dem Geschädigten und dem Beschuldigten statt, Rechtsgrundlage ist das BGB.

Strafrecht
Wenn eine strafbare Handlung vorliegt, erhebt der Staat Anklage und folgt ein Strafprozess, Rechtsgrundlage ist das StGB.

M 14 Stufen der Strafmündigkeit

Strafmündigkeit

Die alters- und geistesbedingte Fähigkeit, für das Unrecht einer strafbaren Handlung einzustehen.

strafunmündig	strafmündig nach Jugendgerichtsgesetz (JGG)	strafmündig
Personen unter 14 Jahren sind strafrechtlich nicht verantwortlich.	Personen mit Vollendung des 14. Lebensjahres sind bedingt verantwortlich, nämlich falls die „Strafreife" vorhanden ist, also „die Fähigkeit, das Unrecht der Tat einzusehen und nach dieser Einsicht zu handeln" (§ 3 JGG).	Erwachsene sind voll strafmündig, doch wird bei Heranwachsenden (18 - 21 Jahre) in der Regel das Jugendstrafrecht angewendet. Ab dem 21. Geburtstag muss das Erwachsenenstrafrecht angewendet werden.

Wegen der Schwere der strafrechtlichen Sanktionen liegt die Altersgrenze für die Verantwortlichkeit im Strafrecht im Vergleich zur Deliktsfähigkeit im Zivilrecht höher.

Aufgaben

1. Schreibe für jeden der an der Tat (M 11) beteiligten Personen ein knappes Gutachten, in dem du darauf eingehst, welche Rechtsfolgen für die Personen jeweils möglicherweise zu erwarten sind. Unterscheide dabei zivil- und strafrechtliche Folgen (M 11, M 12).
2. Erkläre, warum eine Tat zivil- und strafrechtliche Folgen haben kann.

Welche Ursachen hat Jugendkriminalität?

M 15 Ein Raubüberfall und seine jungen Täter

a) Aus einem Ermittlungsbericht
Entsprechend ihres Plans stürmten die Angeschuldigten Thomas B. und Stefan M. in die Gaststätte, während die Angeschuldigte Christiane O. vor der Gaststätte wartete, um Sorge dafür zu tragen, dass ihr Plan ungestört ausgeführt werden konnte. Die Angeschuldigten Thomas B. und Stefan M. waren maskiert, der Angeschuldigte Stefan M. hielt die Softair-Pistole in den Händen, der Angeschuldigte Thomas B. den Schlagstock. Sie richteten die Waffen sofort auf die Gäste Michael M. und Thorsten M. und forderten mit den Worten „Überfall, alles Geld her" die Herausgabe von Bargeld. [...] Die beiden Angeschuldigten Thomas B. und Stefan M. erbeuteten insgesamt 5.400,00 Euro. [...] Danach flüchteten alle drei Angeschuldigten zu einem nahegelegenen Hinterhof, versteckten sich dort und teilten das Geld untereinander auf.

b) Wer ist Stefan M.?
Die Ermittlungen der Staatsanwaltschaft zur Person Stefan M. ergaben: Stefan M. ist 19 Jahre alt, lebt mit seinen Geschwistern bei seinem Vater, die Mutter ist früh verstorben. Stefan M. besuchte die Städtische Hauptschule und machte seinen Hauptschulabschluss. Anschließend begann er eine Lehre als Maurer. Nach 2 1/2 Jahren wurde ihm gekündigt. Zur Tatzeit war Stefan M. bereits seit 8 Jahren drogenabhängig. Im Bundeszentralregister befindet sich eine Eintragung wegen Körperverletzung mit Beleidigung mit einem Strafbefehl von 30 Tagessätzen zu je 5,- Euro.

Petra Reiter-Mayer, Der jugendliche Straftäter, in: Politik betrifft uns 4/2008, S. 5

M 16 Welche Straftaten begehen Jugendliche?

Delikte mit einem hohen Anteil an unter 21-jährigen Tatverdächtigen (TV) in Nordrhein-Westfalen 2010

Straftat	Anteil TV U21 in %
Raub, räuberische Erpressung	53,8
Gefährliche und schwere Körperverletzung auf öffentlichen Straßen, Wegen oder Plätzen	51,7
Diebstahl – insgesamt –	39,7
– in / aus Dienst-, Büro-, Werkstatt- und Lagerräumen	41,6
– in / aus Kiosken	57,0
– von / aus / an Kfz	41,9
– von Mopeds und Krafträdern	79,2
– von Fahrrädern	56,2
Sachbeschädigung	48,6
– darunter: Graffitifälle	81,0

Landeskriminalamt Nordrhein-Westfalen. Kriminalitätsentwicklung 2010, S. 17

M 17 Ein kompliziertes Geflecht

Nach einem Interview mit Prof. Klaus Wahl vom Deutschen Jugendinstitut

Auch wenn Gewalttaten auf den ersten Blick ähnlich ausschauen und für die Opfer vergleichbar schlimme Folgen haben, unterscheidet die Forschung verschiedene Aggressionstypen. Amokläufern ist häufig gemeinsam, dass sie frustrierende Demütigungen empfinden, sich ohnmächtig fühlen und keinen Anschluss finden. [...] Bei den jugendlichen Tätern, die einen alten Passanten verprügelt haben, handelt es sich dagegen um spontane, gefühlsbetonte Aggression. [...]

Internationale Vergleiche zeigen, dass in reichen Ländern meist weniger Gewalt herrscht als in ärmeren und dass vor allem das Ausmaß der sozialen und wirtschaftlichen Ungleichheit in einer Gesellschaft die Gewaltkriminalität beeinflusst.

Aber man muss auch die individuellen Persönlichkeiten von Kindern und Jugendlichen betrachten, ihre spezifischen Arten, mit den Aufgaben und Herausforderungen des Lebens umzugehen. [...]

Herr Wahl, Sie zeigen ein sehr breites Spektrum von Ursachen für Jugendgewalt auf. Häufig werden aber einzelne Faktoren als Hauptmotive genannt, beispielsweise Schulprobleme, Arbeitslosigkeit und Alkoholmissbrauch.

Es gibt ein sehr kompliziertes Geflecht von Ursachen, Bedingungen, Verstärkern und Auslösern für aggressives Verhalten [...].

In jedem Menschen [sind die Anlagen zur Aggression] unterschiedlich stark ausgeprägt: einerseits als Ergebnis der vererbten Ausstattung der Persönlichkeit eines Kindes, andererseits durch vielfältige Erfahrungen von äußeren Einflüssen. Diese Einflüsse beginnen in der Embryonalzeit und reichen über Erlebnisse in Schule und Berufswelt, in der Clique und in den Medien. All dies spielt sich zudem in einer Kultur und Gesellschaft ab, die bestimmte Gewaltformen auszeichnet (wie beim Boxen) oder bestraft (wie beim Räuber). [...]

Bei unseren Untersuchungen von Gewalttätern haben wir häufig beobachtet, dass sie mit Lehrern und teils auch mit den Mitschülern nicht zurechtkamen. Bei vielen Gewalttaten junger Männer ist Alkohol im Spiel, und eine befürchtete oder tatsächliche Arbeitslosigkeit macht einen Teil von Menschen aggressiver, andere hingegen werden depressiv, ziehen sich zurück oder bekommen ein Magengeschwür. Es gibt selten einfache und lineare Ursachen-Folgen-Zusammenhänge bei der Entstehung von Aggression. [...]

Nach: www.dji.de/cgi-bin/projekte/output.php?projekt=538&Jump1=LINKS&Jump2=269

Aufgaben

1. Lies den Ermittlungsbericht und den Bericht zur Person von Stefan M. (M 15). Stelle mögliche Ursachen zusammen, die zu der beschriebenen Tat geführt haben könnten.
2. a) Formuliere die Kernaussage der Tabelle (M 16) in zwei Sätzen.
   b) Diskutiert, weshalb Jugendliche häufig diese Art von Straftaten begehen.
3. Erstelle eine Mindmap zu der in M 17 genannten Erklärungsansätze von Jugendkriminalität (vgl. Methode Mindmap).

Jugendliche vor Gericht

M 18 Jugendkriminalität in den Schlagzeilen

Betrunkener 15-Jähriger fährt Auto zu Schrott

Er verlor die Kontrolle über das zuvor gestohlene Fahrzeug, das mit Totalschaden im Straßengraben landete.

Zwei Personen leicht verletzt

15-Jähriger beschießt Passanten mit Soft-Air-Gewehr

Gegen ihn wird nun wegen gefährlicher Körperverletzung und Verstoßes gegen das Waffengesetz ermittelt.

16-Jähriger ging mit Messer auf Mitschüler los

Bei einem Streit mit seinem Mitschüler geriet ein 16-Jähriger derart in Wut, dass er mit einem Messer auf seinen zwei Jahre jüngeren Mitschüler losging.

Straftaten gefilmt

Die Kriminalpolizei ermittelt derzeit gegen zwölf Jugendliche im Alter von 14 bis 17 Jahren. Die jungen Täter dokumentierten ihre Straftaten zum Teil mit ihren Fotohandys.

Jugendliche Einbrecherbande gestellt

In Elmshorn hat die Polizei vier jugendliche Einbrecher festgenommen. Sie sind zwischen 14 und 16 Jahre alt und stehen im Verdacht, zweimal in ein Einfamilienhaus eingebrochen zu sein.

Junge Sprayer verunstalten Gebäude

Ende März haben Unbekannte in Flensburg mehrere Gebäude mit Graffiti verunstaltet. Die jugendlichen Täter konnten inzwischen ermittelt werden. Sie wurden angezeigt.

M 19 Warum soll der Staat strafen?

A: „Ich denke v. a. an ganz junge Straftäter, 14- und 15-Jährige, die von zu Hause nicht gerade das Beste mitbekommen haben. Wenn man diesen noch unfertigen Menschen lediglich die Härte des Gesetzes zeigte, würden sie nichts lernen. Mit einer Strafe sollte eine Einsicht vermittelt werden. Gerade Jugendliche sollte man v. a. auch erziehen, damit sie sich bessern können."

B: „Stellen Sie sich einfach mal vor, dass Ihrem Kind ein großes Unrecht angetan wurde, dass Sie tatenlos zusehen mussten, wie Ihr Kind unter der Tat litt. Glauben Sie wirklich, dass Sie in diesem Moment an den Täter oder die Gesellschaft denken können?
Ich für meinen Teil wäre nur noch an der Verurteilung des Täters interessiert."

C: „Ich sehe einen anderen Punkt als besonders wichtig an. Wir leben ja schließlich nicht für uns alleine, sondern in einer Gesellschaft. Bei der Bestrafung von Menschen wirkt dies auf andere und zeigt ihnen, dass der Staat über wirksame Mechanismen verfügt und man sich auf eine angemessene Strafe einstellen muss."

RAAbits Sozialkunde/Politik: R.5, Jugend und Kriminalität, S. 14, I/A 1

M 20 Instanzen eines Jugendstrafprozesses

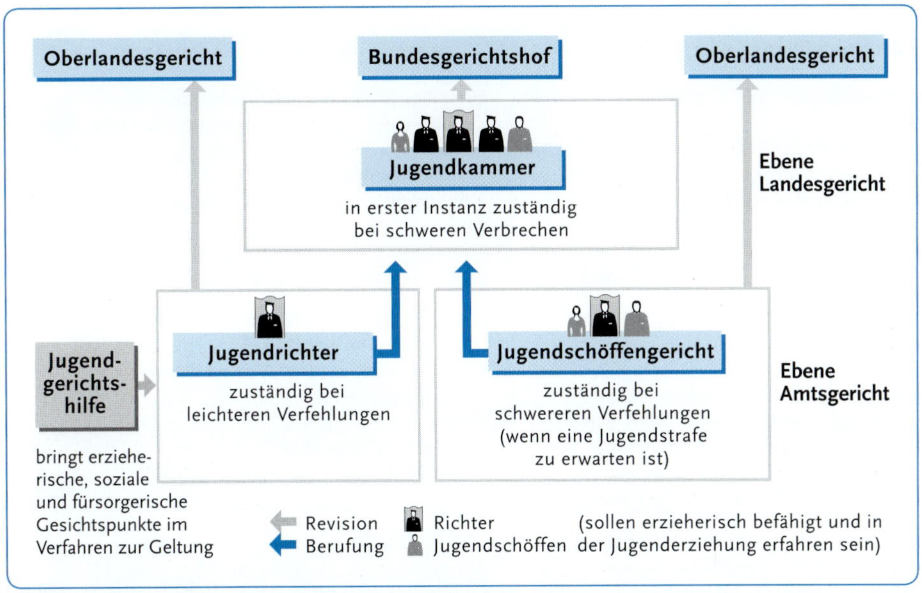

Nach: Bergmoser + Höller Verlag AG, Zahlenbilder 131300

M 21 Beteiligung des Jugendamtes am Strafverfahren: Jugendgerichtshilfe

Wird strafrechtlich gegen Jugendliche und Heranwachsende ermittelt, ist immer das Jugendamt beteiligt. Die Jugendgerichtshilfe soll junge Menschen fördern und dazu beitragen, Benachteiligungen zu vermeiden oder abzubauen. Im Gerichtsverfahren hat die Jugendgerichtshilfe laut JGG mitzuwirken und erzieherische Aufgaben wahrzunehmen. Sie prüft, ob der Beschuldigte Hilfe benötigt, leitet geeignete Hilfen ein und informiert darüber die Staatsanwaltschaft und das Gericht. Die Jugendgerichtshilfe ist auch während der Gerichtsverhandlung dabei und hat ein Rederecht. Die Jugendgerichtshilfe äußert sich zum Beispiel dazu, ob betroffene Jugendliche und Heranwachsende als verantwortlich für die Tat anzusehen sind und ob Heranwachsende nach Jugendstrafrecht oder nach allgemeinem Strafrecht beurteilt werden sollten. Die Jugendgerichtshilfe kann lediglich Empfehlungen aussprechen, die Entscheidung trifft der / die Richter / in.

Jugendgerichtshelfer sind Sozialarbeiter im Jugendamt, die die Betroffenen auch über den weiteren Ablauf des Verfahrens und dessen Folgen informieren. Darunter fallen auch Fragen zur Wohnung, Schule oder Ausbildung.

Nach: Gabriele Scheffler, Wenn Jugendliche straffällig werden ..., Bonn 2008, S. 46

Tipp:
Erinnerst du dich, was strafrechtlich die Unterscheidung zwischen Jugendlichen und Heranwachsenden ist? Sonst wiederhole die Stufen der Strafmündigkeit.

M 22 Rechtsfolgen von Jugendstraftaten

Maßnahmen	Art der Durchführung oder Wirkung	Gründe der Rechtsfolgeanforderung
A. Erziehungsmaßregeln (§ 9 JGG) 1. Weisungen 2. Erziehungsbeistandschaft 3. Fürsorgeerziehung	• gelten nicht als Strafen, kein Eintrag ins Strafregister • Gebote und Verbote zur Regelung der Lebensführung, z. B. Arbeitsstelle annehmen, in einem Heim wohnen u. a.; durch gerichtlich bestellte Erziehungsbeistände, z. B. Helfer des Jugendamts, Verwandte, Lehrer u. a. • in Erziehungsheimen oder in fremden Familien	• einmalige Straftaten, die durch Umstände der Lebensführung wesentlich mitverursacht wurden • wenn mangelnde elterliche Erziehungsmöglichkeit als Tätermerkmal festgestellt wird • wenn bei einer 17-Jährigen die Familie eine drohende Verwahrlosung nicht aufhalten kann
B. Zuchtmittel (§ 13 JGG) 1. Verwarnung 2. Auflagen 3. Jugendarrest	• gelten nicht als Strafen • förmliche Zurechtweisung des Täters aufgrund eines Jugendstrafprozesses • Verpflichtungen, die dem Jugendlichen das Unrecht eindringlich in Erinnerung rufen, z. B. Dienst in gemeinnützigen Einrichtungen • Freizeitarrest bis zu 5 Freizeiten • Kurzarrest bis 6 Tage, Dauerarrest bis 4 Wochen	• einmalige Straftaten, für die der Jugendliche in seiner Person selbst verantwortlich ist • Schäden aus Übermut – Wiedergutmachung und persönliche Entschuldigung • Delikte aus mangelnder Selbstkontrolle bei besonderer Gelegenheit, z. B. leichter Diebstahl, Körperverletztung u. a.
C. Jugendstrafe (§ 17, 18 JGG) 1. Freiheitsentzug von bestimmter Dauer	• bei „schädlicher Neigung", d. h. wenn Erziehungsmaßregeln und Zuchtmittel nicht ausreichen • mind. 6 Monate, höchstens 10 Jahre, Strafaussetzung und vorzeitige Entlassung möglich zur Bewährung	• schwere Straftaten mit hohem Schuldgehalt • insbesondere bei Heranwachsenden und Feststellung „schädlicher Neigung" z. B. bei Wiederholungstätern
D. Maßregeln der Besserung und Sicherung (§ 7 JGG)	• meist begleitend zu den Maßnahmen A bis C, z. B. Entziehungskur bei Drogen, Führungsaufsicht, Entziehung der Fahrerlaubnis	• im Zusammenhang mit bestimmten Straftaten

Horst Becker, Stundenblätter Recht, Stuttgart 1990, Arbeitsblatt 10

M 23 Aus dem Polizeibericht

+ + + Die sechzehnjährige Schülerin A. zerkratzte in leicht alkoholisiertem Zustand nach einer Party die Tür eines parkenden Mercedes. In der Befragung gab sie an, sie könne „solche Leute" nicht leiden. Die Polizei schätzt den Schaden auf 2.500 €. + + +

+ + + Der Jugendliche S. (17 Jahre) schlug einen gleichaltrigen Jungen so zusammen, dass das Opfer mit Verletzungen ins Krankenhaus eingeliefert werden musste. + + +

+ + + Beim Klauen erwischt wurde der 14-jährige M., der in einem Kaufhaus eine CD in seiner Jacke versteckt hatte und sich damit an der Kasse vorbeischleichen wollte. + + +

+ + + Die fünfzehnjährige B. warf „zum Spaß" einen großen Stein von einer Autobahnbrücke. Dabei starb eine Mutter von drei Kindern. + + +

Aufgaben

1. Ordne die Aussagen der Personen folgenden Strafzwecken zu: Vergeltung, Wiederholung der Straftat verhindern, Einwirkung auf den Täter, Abschreckung (M 19).
2. Stelle die Aufgaben der Jugendgerichtshilfe tabellarisch dar (M 20, M 21).
3. Als Richter sollt ihr Maßnahmen (M 22) nach dem Jugendstrafrecht in den im Polizeibericht (M 23) geschilderten Fällen verhängen. Begründet eure Maßnahme mithilfe der Strafzwecke (M 19, Aufg. 1).

M 24 Projekt: Gerichtsbesuch

Bei dem Besuch einer Gerichtsverhandlung kann man einen guten Eindruck davon gewinnen, wie ein Strafprozess abläuft und wie sich die einzelnen Beteiligten vor Gericht verhalten. Bei der Auswahl der Gerichtsverhandlung solltet ihr allerdings darauf achten, dass die Verhandlung auch für einen Besuch geeignet ist. (Achtung: Für Verhandlungen vor dem Jugendgericht müsst ihr euch zuvor anmelden, da diese nicht öffentlich sind.) Bei einer günstigen Terminwahl ist der Jugendrichter sicher bereit, nach der Verhandlung auf eure Fragen zu antworten. Termin deshalb frühzeitig absprechen! Fragt auch beim Jugendrichter, wie lange die Verhandlung voraussichtlich dauern wird und ob mit einem Urteilsspruch zu rechnen ist. Überlegt, welche Punkte euch bei dem Besuch besonders interessieren. Der folgende Beobachtungsbogen kann euch dabei helfen.

Beobachtungsbogen für einen Gerichtsbesuch

1. Aufruf der Sache durch den Vorsitzenden, dem die Verfahrensleitung obliegt
Worum geht es bei der Verhandlung?

↓

2. Befragung des Angeklagten zu seinen Personalien
Ergebnisse der Befragung notieren

↓

3. Verlesung des Anklagesatzes durch den Staatsanwalt
Was wird dem Angeklagten zur Last gelegt?
Auf welche Vorschriften beruft sich der Staatsanwalt?

↓

4. Vernehmung des Angeklagten zur Person und zur Sache
Worüber wird der Angeklagte vom Vorsitzenden belehrt?

↓

5. Die Beweisaufnahme
Mit welchen Hinweisen eröffnet der Vorsitzende die Beweisaufnahme?
Wie läuft die Vernehmung der Zeugen ab?
Welche Fragen stellen andere Verfahrensbeteiligte?
Was sagen die Zeugen und Sachverständigen zur Sache aus?

6. Plädoyer des Staatsanwalts oder Klägers (und ggf. des Nebenklägers)
Wie argumentiert dieser?

↓

7. Plädoyer des Verteidigers
Wie argumentiert der Verteidiger?
Was spricht seines Erachtens zugunsten des Angeklagten?

↓

8. Letztes Wort hat der Angeklagte
Was sagt der Angeklagte?

↓

9. Urteilsberatung
Wie lange dauert diese?

↓

10. Verkündung des Urteils
Wie fällt das Urteil aus?
Wie wird es begründet?

↓

11. Abschließende persönliche Stellungnahme des Beobachters
Dauer der gesamten Verhandlung
Wie führt der Vorsitzende die Verhandlung?
Eindrücke und offene Fragen

Welche Strafe ist angemessen?

M 25 Brutaler Überfall in der U-Bahn

Wegen des brutalen Angriffs auf dem Berliner U-Bahnhof Friedrichstraße wurde der Angeklagte Torben P. zu einer Jugendstrafe von zwei Jahren und zehn Monaten wegen versuchten Totschlags und gefährlicher Körperverletzung verurteilt. Der Gymnasiast hat nach einem Streit einen 29-Jährigen niedergeschlagen und anschließend den am Boden liegenden Mann getreten. Die Bilder aus der Überwachungskamera riefen in der Öffentlichkeit wegen der großen Brutalität Entsetzen hervor.

Autorentext nach Pressemitteilungen, September 2011

M 26 Härtere Strafen?

a) Im Bootcamp zur Vernunft kommen?

Sie werden angebrüllt, in Uniformen gesteckt und über Hindernisstrecken gejagt. Redeverbot, Isolationshaft oder Fußketten sollen dafür sorgen, dass aus widerborstigen Teenagern mit Hang zu Drogen und Schuleschwänzen fügsame Jugendliche mit den richtigen Idealen werden. „Sir, yes Sir" lautet die unterwürfige Standardantwort der Kids auf Befehle ihrer „Instruktoren". Beleidigungen und Gebrüll im Soldatenstil sind in amerikanischen Bootcamps an der Tagesordnung. Pummelige Teenager ächzen unter Liegestützen und krabbeln über meterhohe Hindernisse, um die Freude an der „persönlichen Grenzüberwindung" zu erfahren. Die jugendlichen Normabweichler lernen, Ordnung zu halten, ihr Bett zu machen und brav den Rücken durchzudrücken. [...] Befehlsverweigerung, Regelverletzungen und Fehlverhalten werden umgehend bestraft: In gepolsterten Einzelzellen sollen widerspenstige Minderjährige in kompletter Isolation von der Außenwelt zur Vernunft kommen. [...]

widerspenstig
unbelehrbar, unfügsam

b) Erziehung auf Kosten von Persönlichkeitsrechten

In Deutschland steht man den amerikanischen Erziehungslagern von jeher skeptisch gegenüber. Nicht nur die mögliche Verletzung von Menschen- und Persönlichkeitsrechten steht hier im Vordergrund [...]. Der niedersächsische Kriminologe Christian Pfeiffer hat die Entwicklung der Bootcamps in den Vereinigten Staaten verfolgt. „Es gibt ganz klare Beweise dafür, dass Bootcamps überhaupt nichts bringen, sondern lediglich viel Geld kosten [...]. Der militärische Drill erhöht die Anpassungsbereitschaft der Jugendlichen nur vorübergehend. Die Persönlichkeit kann man damit im Kern nicht verändern."

Annette Langer, auf: Spiegel online 2001

Nordrhein-Westfalen startete im Oktober 2011 die Initiative „Kurve kriegen", mit der kriminelle Kinder und Jugendliche lernen sollen, ihr Leben in den Griff zu bekommen. Recherchiert dazu und diskutiert, ob ihr die Initiative erfolgversprechend beurteilt.

Methode

M 27 Eine Amerikanische Debatte führen

Vorbereitung

- Teilt eure Klasse in zwei Gruppen: eine Pro-Gruppe und eine Kontra-Gruppe. Bestimmt zudem einen Spielleiter und mehrere Beobachter.
- Bestimmt das Thema der Debatte.
- Setzt euch dann in euren Gruppen zusammen und sammelt Argumente. Legt fest, in welcher Reihenfolge ihr eure Argumente vorbringen wollt.

Debatte

- Der Spielleiter gibt einer Seite das Wort. Ihr habt nun maximal eine Minute Zeit, um euer erstes Argument vorzutragen, dann hat die andere Seite das Wort.
- Die Debatte verläuft nach diesem „Ping-Pong-Prinzip“, bis alle Argumente genannt wurden.

Auswertung

- Die Beobachter fassen die Debatte zusammen. Sie bewerten die Argumente (Gehalt, Glaubwürdigkeit, Überzeugungskraft ...) und den Verlauf (Diskussionsklima, Tonfall ...).
- Abschließend könnt ihr die Frage zur freien Abstimmung bringen.

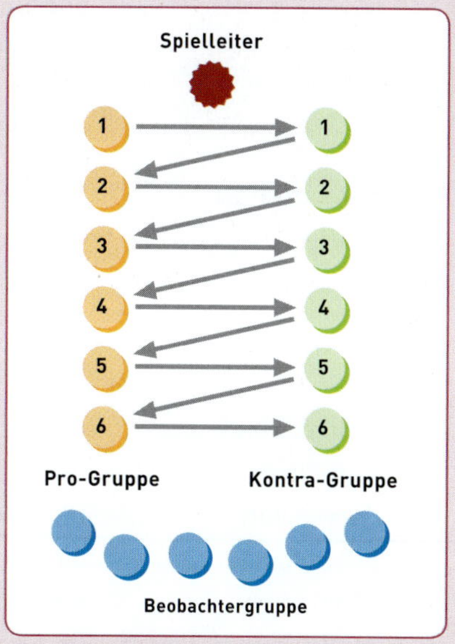

M 28 Schülerrichter urteilen

Beim Klauen erwischt? Dumm gelaufen. Die Strafe dafür verhängt aber im Bundesland Sachsen demnächst nicht mehr der Richter im Gerichtssaal, sondern eine Schülergruppe in eurem Alter. Denn in Sachsen hat das Justizministerium beschlossen, ein Schülergericht ins Leben zu rufen. Begehen Jugendliche zwischen 14 und 20 Jahren leichte Straftaten, sollen sie in Zukunft von geschulten Gleichaltrigen bestraft werden, weil die sich besser in ihre Altersgenossen hineinversetzen können.

Zusammen [mit der Jugendhilfe] wird über erzieherische Maßnahmen diskutiert. Das könnte zum Beispiel gemeinnützige Arbeit sein. Außerdem soll sich der Täter bei seinem Opfer entschuldigen und den Schaden wiedergutmachen.

Nach: www.geo.de/GEOlino

Aufgaben

1. Führt eine Blitzumfrage durch: Findet ihr die Strafe für Torben P. (M 25) angemessen, ja oder nein?
2. a) Begründe deine Meinung, ob Bootcamps (M 26) eine sinnvolle Möglichkeit sind, um schwierige Kinder und Jugendliche zu erziehen.
   b) Welche Rechte der Jugendlichen könnten in Bootcamps verletzt werden?
3. Überlege, worin die Vorteile eines Schülergerichts bestehen könnten (M 28).
4. In den letzten Jahren haben schwere Gewalttaten von Jugendlichen die Öffentlichkeit erschüttert. Führt eine Amerikanische Debatte (M 27) durch, ob härtere Strafen für jugendliche Straftäter nötig sind.

Was wir wissen

Rechtsstaat
M 2, M 3

In der Bundesrepublik Deutschland müssen sich nicht nur die Bürgerinnen und Bürger an die Gesetze halten, sondern auch der Staat, sonst kann der Bürger seine Rechte einklagen. Man spricht deshalb von einem Rechtsstaat. Dieser Grundsatz ist im Grundgesetz, dem wichtigsten Gesetz der Bundesrepublik, festgeschrieben und kann auch nicht verändert werden.

Jugendschutz
M 9

Mit besonderen Gesetzen schützt der Staat Minderjährige vor gesundheitlichen und sittlichen Gefahren. Dazu gehört zum Beispiel das Jugendschutzgesetz oder das Jugendarbeitsschutzgesetz. Diese wenden sich nicht in erster Linie an die Jugendlichen selbst, sondern zum Beispiel an die Betreiber von Gaststätten, Kinos, Diskotheken und an Arbeitgeber.

Deliktsfähigkeit und Strafmündigkeit von Jugendlichen
M 13, M 14

Die Verantwortlichkeit Jugendlicher ist bis zur Vollendung des 18. Lebensjahres eingeschränkt. Von der Vollendung des siebenten bis zur Vollendung des 18. Lebensjahres sind Jugendliche beschränkt deliktsfähig und können nur für ihr Handeln verantwortlich gemacht werden, wenn sie die erforderliche Reife und Einsicht besitzen, ihre Verantwortlichkeit zu erkennen.
Im Strafrecht, mit dessen Hilfe der Staat wichtige Rechtsgüter (Leben, Gesundheit, Eigentum) schützt, sind Jugendliche bis zur Vollendung des 14. Lebensjahres nicht schuldfähig und daher strafunmündig. Ab dem 14. Lebensjahr können Jugendliche nur dann für eine Tat verantwortlich gemacht werden, wenn sie die erforderliche Reife besitzen, um das Unrecht ihrer Tat zu erkennen. Die volle Strafmündigkeit gilt ab dem 18. Lebensjahr, doch wird das Jugendstrafrecht meist auch noch auf Heranwachsende bis zur Vollendung des 21. Lebensjahres angewendet.

Jugendkriminalität
M 17

Unter Jugendkriminalität versteht man die strafbaren Handlungen, die von Jugendlichen und Heranwachsenden begangen werden. Die Ursachen von Jugendkriminalität sind vielfältig. Konsumdruck, instabile soziale und familiäre Verhältnisse, Gruppenzwang, Gewalt in den Medien und die spezifischen Probleme von Heranwachsenden führen dazu, dass Jugendliche häufiger als Erwachsene gegen Gesetze verstoßen. Bei der überwiegenden Zahl junger Menschen ist die Jugendkriminalität aber eine vorübergehende Erscheinung im Verlauf ihres Entwicklungs- und Reifungsprozesses.

Strafzwecke
M 19

Grundsätzlich gibt es drei verschiedene Strafzwecke:
- *Vergeltung*: Die Strafe steht im Bezug zur Schwere der Tat und soll dem Opfer bzw. der Gesellschaft einen Ausgleich für erlittenes Unrecht verschaffen.
- *allgemeine Vorbeugung*: Durch die Bestrafung des Täters soll eine abschreckende Wirkung auf die Gesellschaft erzielt werden.
- *individuelle Vorbeugung*: Sie soll beim Täter Reue bewirken und ihn durch Stärkung seines Verantwortungsbewusstseins von weiteren Straftaten abhalten.

Im Jugendstrafrecht wird mit einem breiteren Strafkatalog insbesondere der erzieherische Aspekt verfolgt.

Jugend und Recht – was gilt?

a) Daniel (15) will in Begleitung volljähriger Freunde um 19 Uhr zum Tanzen in eine Gaststätte gehen – und kündigt an, dort das eine oder andere Bier trinken zu wollen. Darf er das?

b) Mareike (17) will mit Freundinnen in die Disco gehen – und kündigt an, bis 1.00 Uhr nachts dort bleiben zu wollen. Darf sie das?

c) Finn (11) möchte in Begleitung seiner Mutter einen Film im Kino sehen, der erst ab 12 Jahren freigegeben ist. Ist das erlaubt?

d) Die Landtagswahlen in Nordrhein-Westfalen stehen bevor. Hannes (17) möchte gerne wählen gehen und seine Stimme abgeben. Kann er das?

e) Darf Yannick (16) mit elterlicher Einverständniserklärung Zigaretten kaufen?

f) Michaela (14) hat in einer Drogerie Lippenstifte und Kosmetika in ihrer Jackentasche verschwinden lassen, ohne zu bezahlen. Als sie vom Hausdetektiv gestellt wird, behauptet sie, nicht strafmündig zu sein. Stimmt das?

Lösung am Ende des Buches

Aufgaben

1. Entscheide mithilfe deiner Kenntnisse der Rechtslage die Fälle. Nenne die Rechtsquellen, wo die jeweiligen Regelungen zu finden sind.
2. Bewerte, welche Bestimmungen du als nützlich und welche du als problematisch für deine Rolle als Heranwachsenden betrachtest.

Jugendliche misshandeln Rentnerin

Nach der stundenlangen Misshandlung einer 83-jährigen Rentnerin durch zwei 13-Jährige im März 2010 in München wird in den Medien wieder über die zunehmende Brutalität strafunmündiger Jugendlicher diskutiert. Politiker fordern einmal mehr die Absenkung des Strafmündigkeitsalters. Für die Junge Union Bayerns sagt der stellvertretende Landesvorsitzende und Leiter des Fachbereichs Innere Sicherheit Karlheinz Roth: Wer im Stande sei, „ein derartiges Verbrechen zu begehen, der soll sich nicht hinter dem Schutzschild der altersbedingten Unmündigkeit verstecken können“.

Aufgabe

Lest zunächst die Zeitungsmeldung. Führt dann eine Amerikanische Debatte zu der Frage: „Soll das Strafmündigkeitsalter auf zwölf Jahre gesenkt werden?“

2

Leben in der Medienwelt

Fernsehen, Internet, Handy – immer mehr Zeit verbringen wir mit Medien und immer stärker dominieren diese unseren Alltag. Mit der Entwicklung des Personalcomputers Anfang der Achtzigerjahre begann eine Medienrevolution, die bis heute nicht abgeschlossen ist.

Kompetenzen

Am Ende dieses Kapitels solltest du Folgendes können:

- wichtige Medien kennen und deren Merkmale nennen
- die Bedeutung der durch Medien vermittelten Informationen für dich und die Gesellschaft kennen
- die Bedeutung des Datenschutzes erläutern
- deinen Medienkonsum mit geeigneten Methoden hinterfragen
- den Wahrheitsgehalt von medial vermittelten Informationen überprüfen
- andere über richtiges Medienverhalten informieren
- den Nutzen und die Gefahren des Medienkonsums beurteilen

Aufgaben

1. Welches Medium ist für dich das wichtigste? Bringe die abgebildeten Medien in eine Reihenfolge.
2. Beschreibe die Besonderheiten des jeweiligen Mediums.

2.1 Neue Medien – Computer und Internet

Computerspiele – eine schöne Freizeitbeschäftigung?

M 1 Jugendliche spielen am Computer

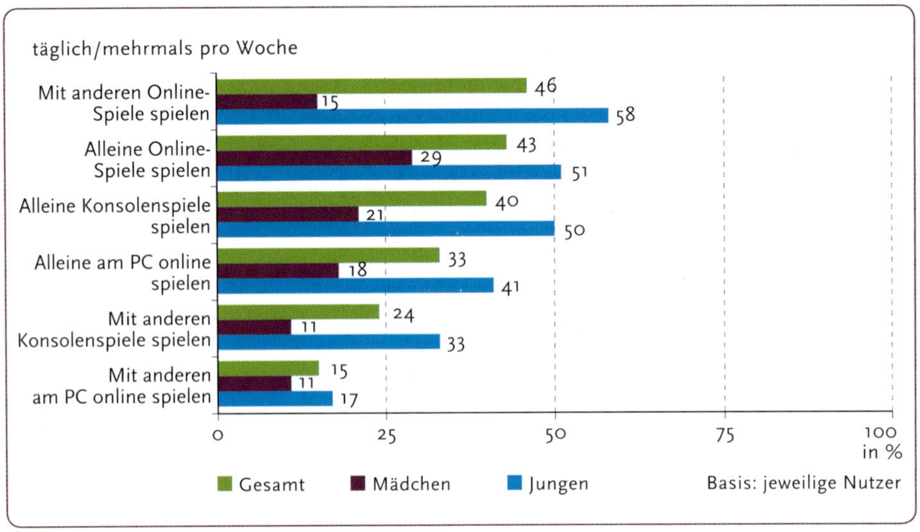

Quelle: JIM-Studie 2010, Jugend, Information, (Multi-)Media, S. 37
Basis: Jugendliche zwischen 12 und 19 Jahren, Angaben in Prozent

Lesehilfe:
15 % der Mädchen zwischen 12 und 19 Jahren spielen täglich oder mehrmals pro Woche Online-Spiele mit anderen.

M 2 „Das zieht einen irgendwie immer an"

Für mich liegt auf jeden Fall der Reiz darin, sich da reinzuversetzen und zu versuchen, sozusagen in diese Welt einzutauchen. Und eben, wenn das richtige Spiel kommt, dann sitze ich dann halt auch da wie so ein Depp, stundenlang. Spiele halt die Nacht durch oder so."
(Schüler, 17 Jahre)

„Mir gefällt, dass ich, wenn ich ein Spiel spiele, immer nur an das Spiel denken muss und nur mit dem Spiel verbunden bin und gar nichts anderes. Ich konzentriere mich nur auf das Spiel."
(Schüler, 13 Jahre)

„Das zieht einen irgendwie immer an. Das ist das Spiel! [...] Wir haben seit drei Monaten einen Computer. Wir hatten davor Nintendo, das war noch schlimmer. Jedes Mal, wenn ich nach der Schule nach Hause kam, hab' ich direkt gespielt. Ich war irgendwie süchtig."
(Schülerin, 16 Jahre)

„Wie ich mich fühle, kommt darauf an, was für ein Spiel es ist. Wenn es eins ist, was ich gut kann und was mir Spaß macht, dann ist es schön, es gespielt zu haben."
(Schülerin, 13 Jahre)

aus: Jürgen Fritz, Wolfgang Fehr (Hg.), Computerspiele. Virtuelle Spiel- und Lernwelten, Bonn 2003, S. 125

M 3 Die Welt von World of Warcraft

Die Spielwelt von WoW entführt den Spieler in die magische Welt von „Azeroth" voller fantastischer Helden wie Orks, Elfen, Untoten und Zwergen. Die verfeindeten Fraktionen „Horde" und „Allianz" kämpfen um die Vorherrschaft in umkämpften Gebieten. Spieler wählen eine der Fraktionen, bestimmen Rasse und Volk ihres eigenen Helden und betreten mit Erfahrungsstufe „1" die Spielwelt.

Durch das Erledigen von Aufgaben, sogenannten „Quests", sammeln sie Erfahrungspunkte, um im Laufe des Spiels bis zur höchsten Erfahrungsstufe „85" zu gelangen. Mit jeder Stufe nehmen die Fähigkeiten der eigenen Spielfigur zu und es können immer bessere Ausrüstungsgegenstände benutzt werden. Natürlich werden auch die Gegner, die es zu bezwingen gilt, immer stärker und der Spieler beginnt, sich in ausgewiesenen Schlachtfeldern oder umkämpften Gebieten mit „menschlichen" Gegenspielern zu messen. Siege über Spieler der verfeindeten Fraktion werden mit Ehre belohnt und bieten dem Spieler die Möglichkeit, bestimmte wertvolle Gegenstände kaufen zu können. Viele Quests und Endgegner können nur im Team mit einer Gruppe von bis zu vierzig Spielern erledigt werden. Im sogenannten „Teamplay" ergänzen sich die Stärken der einzelnen Klassen, wenn jeder seine Aufgabe kennt und erfüllt. Erfolgreich im Spiel ist, wer eine Spielfigur mit starken Fähigkeiten, wertvollen Ausrüstungsgegenständen und viel (Spiel-) Geld hat. Um das zu erreichen, muss der Spieler nicht nur strategisch und geschickt vorgehen, sondern auch regelmäßig für längere Zeit spielen.

World of Warcraft
Das Online-Rollenspiel „World of Warcraft" feiert seit Markteinführung riesige Absatz- und steigende Nutzerzahlen. Weltweit rechnet man mit bis zu 12 Mio. Spielern.

Online-Rollenspiele
Der Spieler baut sich in Online-Rollenspielen einen an Fähigkeiten stetig wachsenden Avatar auf, mit dem er Aufgaben lösen, Kämpfe bestreiten und gegen andere Spieler antreten kann. Das Spiel geht auch dann weiter, wenn der Spieler nicht aktiv mit seiner Figur am Geschehen teilnimmt, also beispielsweise seinen Computer ausgeschaltet hat.

Aufgaben

1. a) Formuliere die Ergebnisse der Umfrage M 1 in drei Hauptaussagen.
   b) Vergleicht mit dem Spielverhalten in eurer Klasse.
2. Stelle der Klasse dein Lieblingscomputerspiel vor und erkläre, warum du es so gerne spielst (M 2).
3. Wie erklärst du dir den großen Erfolg von WoW (M 3)? Nenne mögliche Gründe.

M 4 Hallo, ich heiße Sebastian – und bin spielsüchtig

Spielsucht
Zwanghaftes Spielen oder Spielabhängigkeit bedeutet die Unfähigkeit eines Betroffenen, dem Wunsch zu spielen zu widerstehen, auch wenn dies schwerwiegende Folgen im persönlichen, familiären oder beruflichen Umfeld nach sich zu ziehen droht oder diese schon nach sich gezogen hat.

Ich bin 12 Jahre alt und besuche ein Gymnasium, zumindest körperlich bin ich da, meine Gedanken aber schweifen meistens bei meinem Computerspiel World Of Warcraft. Ich langweile mich in der Schule fast zu Tode, aber alleine der Gedanke an dieses Spiel erreicht in gewisser Weise eine Befriedigung. [...] Spielen ist viel einfacher [als Schule], es macht Spaß, es befriedigt, es gibt sogar Energie. Man vergisst alles um sich herum. Vergessen ist oft ein Segen. Alle Probleme, denen man sich vorher stellen musste, sind scheinbar nicht mehr da. [...]
Meine Eltern erkannten meine Sucht und bemerkten meinen starken Leistungsabfall. Sie haben mir zuerst Fristen gesetzt, dass ich zum Beispiel nur drei Stunden spielen darf. Ich war nicht im Stande, mich daran zu halten. [...] Es ist wie eine Seuche, die einen von innen auffrisst. Man weiß es, man weiß, dass es einen zerstört, aber man kann nicht mehr davon weg. Ich trinke Cola, um mich wach zu halten, um im Spiel nicht einzuschlafen (was mir einmal passiert ist). Ich habe ganz verfärbte Zähne bekommen.
Meine Familie leidet unter mir, sie kritisieren mich den ganzen Tag, wollen mich kontrollieren. Besonders nach diesen Auseinandersetzungen habe ich erhöhtes Verlangen zu spielen. Ich denke nicht, dass mir jemand helfen kann, auch wenn dies behauptet wird, das muss ich selber tun. Aber es wäre wie eine tiefe Wunde, die ich mir selbst zufügen müsste und das kann ich nicht. Die Qualen wären zu groß.

nach: http://www.onlinesucht.de (12.3.2009)

M 5 Bin ich süchtig? Ein Selbsttest

Wenn du mehr als sechsmal „Ja“ angekreuzt hast, solltest du dein Spielverhalten unbedingt hinterfragen. Gegen Sucht kann man etwas tun. Voraussetzung ist, dass die Sucht als Problem erkannt worden ist.

	Ja	Nein
❶ Ich habe schon mal die Schule versäumt, um zu spielen	○	○
❷ Das Spielen hat mir zu Hause schon Ärger eingebracht	○	○
❸ Ich habe nach dem Spielen Gewissensbisse	○	○
❹ Meine Schulleistung hat durch das Spielen gelitten	○	○
❺ Ich bin gleichgültiger gegenüber dem Wohl meiner Familie/Freunde geworden	○	○
❻ Ich habe schon häufig länger gespielt als ich wollte	○	○
❼ Ich habe durch das Spiel schon einmal Sorgen und Ärger vergessen wollen	○	○
❽ Ich schlafe schlecht, seitdem ich spiele	○	○
❾ Mir ist eigentlich schon klar, dass ich mir durch das Spielen selbst schade	○	○
❿ Ich spiele auch heimlich	○	○
⓫ Ich habe andere Freizeittätigkeiten wegen des Spielens aufgegeben	○	○

Methode

M 6 Informationen im Internet finden

Um eine aussagekräftige Internetseite zu finden, nutzt man am besten eine Suchmaschine (z. B. www.google.de, www.altavista.de oder www.ecosia.org).

1. Suche eingrenzen, Begriffe finden

Damit du möglichst schnell und mühelos zu nutzbaren Ergebnissen bei deiner Suche kommst, musst du die Suchanfrage genau eingrenzen. Am besten schreibst du passende Begriffe so genau wie möglich in das Suchfeld.

Für die Suche nach Beratungsstellen zu Computersucht in deiner Nähe kannst du beispielsweise folgende Begriffe eintragen: Beratung + Jugendliche + Computersucht + NRW. Statt NRW kannst du auch deine Heimatstadt einsetzen.

Durch das +-Zeichen sucht die Suchmaschine nach Internetseiten, in denen alle Begriffe vorkommen, durch Anführungsstriche kannst du Begriffe verbinden, die Suchmaschine sucht dann nur nach dieser Kombination (z. B. „Bundespräsident Gauck").

Wenn du bei der ersten Eingabe nicht erfolgreich warst, kannst du einen oder mehrere Suchbegriffe wieder herausnehmen oder austauschen. Suche nach Begriffen, die eine ähnliche Bedeutung haben.

Für Beratung kannst du beispielsweise auch Hilfe oder Unterstützung eingeben.

2. Suchergebnis auswählen

Als Ergebnis erhältst du in der Regel eine lange Liste an Treffern von Internetseiten. Die erste Auswahl kannst du anhand der ersten Zeilen vornehmen. Wenn die ersten Angaben deiner Suche entsprechen, lies die kurze Beschreibung unter der Überschrift. Die URL (fängt mit „www." an und wird häufig in grüner Schrift dargestellt) gibt oft darüber Auskunft, wer der Anbieter der Internetseite ist. Professionelle Einrichtungen, Ministerien, Tageszeitungen u. Ä. verwenden in der Regel ihren Namen als URL, sodass du gleich weißt, dass du dich auf die Informationen verlassen kannst.

Das Suchergebnis „www.beratung-caritasnet.de" wird beispielsweise von der Caritas, der Wohlfahrtsorganisation der katholischen Kirche, zur Verfügung gestellt.

Klicke die Seite an, die am besten zu deiner Suche passt, und überfliege den Inhalt. War die Seite nicht richtig für dich, gehe im Browser (wahrscheinlich arbeitest du mit dem Internetexplorer oder Mozilla Firefox) oben links auf den Pfeil nach links (zurück).

3. Zuverlässigkeit der Seite einschätzen und Ergebnisse sichern

Nicht vergessen: Bevor du dich auf die Informationen verlässt, solltest du die Zuverlässigkeit der Internetseite prüfen. Vor dem Schließen der Internetfenster sichere deine Ergebnisse (z. B. durch Ausdrucken, Link speichern ...).

Aufgaben

1. Beschreibe, welche negativen Folgen Sebastians Spielverhalten hat, und nenne mögliche Gründe für Sebastians Verhalten (M 4).
2. Ist Sebastian spielsüchtig? Begründe deine Meinung mithilfe von M 4 und M 5.
3. Stellt euch vor, Sebastian würde zwei Jahre später einen Brief an euch schreiben und berichten, wie es ihm in der Zwischenzeit ergangen ist. Verfasse Sebastians Brief (M 5).
4. Recherchiert nach Beratungsstellen gegen Computersucht in eurer Nähe (M 6).

Verändert das Internet die Kommunikation?

M 7 So fern und doch so nah – Liebesbotschaften früher und heute

Paul Celan (1920 - 1970)

Ingeborg Bachmann (1926 - 1973)

„Mein lieber Paul, so lange schon habe ich keine Nachricht von Dir. Ich weiß weder, ob Du meinen Brief und das Päckchen erhalten hast, noch ob Du nach Österreich kommen wirst. Aber das soll kein Vorwurf sein. Ich bin nur in Sorge - ich weiß so gar nicht, wie es Dir geht und wo Du bist." Diese Zeilen schrieb Ingeborg Bachmann, eine der bedeutendsten deutschen Schriftstellerinnen der Nachkriegszeit, vor über 57 Jahren. Der Brief war an ihre große Liebe, den Dichter Paul Celan, gerichtet. Etwas mehr als 1.000 Kilometer trennten die beiden damals: Sie lebte in Wien, er in Paris - eine Fernbeziehung über Ländergrenzen hinweg. Doch die Kommunikation unterschied sich gravierend zu der, wie wir sie kennen: Es gab weder Internet noch Handys, eigene Telefone waren selten, und Auslandsgespräche sehr teuer.

Als Ingeborg Bachmann den Brief schrieb, wartete sie schon seit mehreren Wochen auf eine Antwort auf einen früheren Brief. Was vor einem halben Jahrhundert in dieser Zeit der Ungewissheit die eigenen Gedanken leisten mussten, ersetzt heute die E-Mail, die SMS, der Chat oder das Auslandstelefonat. [...]

In einer Zeit, in der man über das Handy, Telefon und Internet in fast jeder Ecke der Welt erreichbar ist, scheint es unvorstellbar, so lange auf eine Antwort zu warten - ohne die Beziehung oder Freundschaft grundlegend in Frage zu stellen. Vor allem, wenn Hunderte Kilometer, Ländergrenzen, Zeitzonen und eine Menge offener Fragen zwischen den beiden Partnern liegen.

Konstantin Riffler, Stuttgarter Zeitung, 28.5.2009

M 8 Wie funktioniert eigentlich Kommunikation?

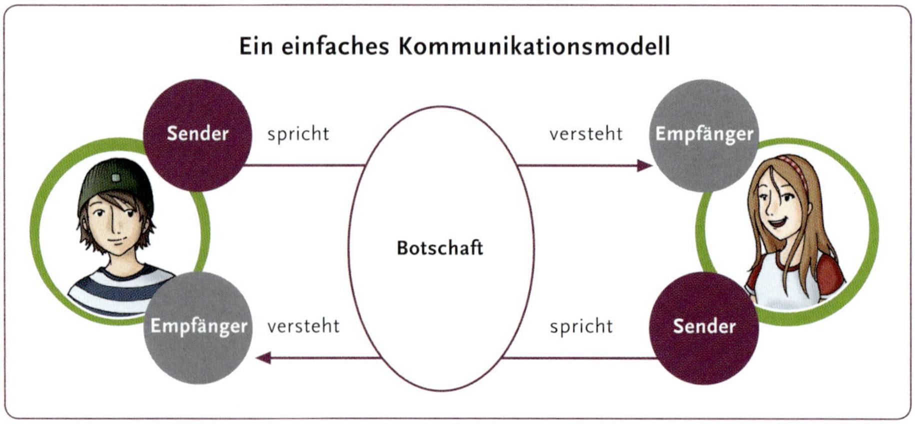

M 9 Soziale Netzwerke im Internet

Menschen bauen gerne Netze. Schon sehr lange, sehr erfolgreich und auf unterschiedlichste Weise: Die Straßen und Aquädukte, die das Römische Reich in der Antike durchzogen, waren nicht der Anfang, die elektrischen Stromleitungen, die Telefonkabel und die Pipelines für Öl oder Gas unserer Moderne sind nicht das Ende der Vernetzungsgeschichte. Unsere gesamte Zivilisation ist auch ein Prozess zunehmender Netzverdichtung. Dichter als heutzutage allerdings war die Vernetzung noch nie: Und das liegt – Sie ahnen es – am Internet, dessen digitale Fäden mittlerweile die ganze Welt (wenn auch regional unterschiedlich eng) umsponnen halten.

Stefan Münkler, Spiegel-Online, 21.11.2009

soziales Netzwerk
Der Begriff umschreibt ganz allgemein das Beziehungsgefüge zwischen einzelnen Personen bzw. einzelnen Personen und Gruppen. Im Internet bezeichnen soziale Netzwerke spezielle Plattformen, auf deren Webseiten Personen ein eigenes Nutzerprofil anlegen können. Für berufliche oder private Zwecke kann man sich dann mit Freunden, Bekannten oder auch Geschäftspartnern vernetzen lassen und so leicht Kontakte pflegen oder neu knüpfen.

Soziale Netzwerke

myspace
Online-Plattform mit frei gestaltbaren Teilnehmerseiten; komfortabler Einbau von Videos und Musikstücken; sehr beliebt bei Musikern und Fans
weltweit rund 60 Mio. Mitglieder*

facebook
Geeignet vor allem zur Verwaltung bestehender Freundschaften; automatische Benachrichtigung über Online-Aktivitäten des Freundeskreises
weltweit rund 700 Mio. Mitglieder*

schülerVZ studiVZ meinVZ
Online-Netzwerk für Studenten, Schüler, Freunde und Kollegen im deutschsprachigen Raum
über 13,1 Mio. Mitglieder

StayFriends
Schulfreunde-Community mit der Möglichkeit, Klassenfotos einzustellen und auf Klassentreffen hinzuweisen
über 7,5 Mio. Mitglieder

wer-kennt-wen.de
Soziales Netzwerk, das sich nicht an spezielle Gruppen, sondern an alle Internetnutzer wendet
9,3 Mio. Mitglieder*

Lokalisten.de
Deutsches Netzwerk mit starkem Lokalbezug; ausgefeilte Funktionen für die Kontaktsuche; Organisationen von Offline-Treffen
2,85 Mio. Mitglieder

*Der Spiegel 10/2009, S. 120 f. (*Zahlen aktualisiert, Stand: 2011)*

M 10 Was bringen soziale Netzwerke?

„Ich habe alte Bekannte über soziale Netzwerke wiedergefunden, was früher schwierig gewesen wäre. Ich habe auch schon für bestimmte Zwecke Leute mit den gleichen Interessen zusammengetrommelt."

„Viele meiner Freunde sind im Ausland, ohne das Internet wären diese Freundschaften sicher schnell eingeschlafen. Ich liebe das Gefühl, genauso wie in der Schule, ganz einfach, mal eben schnell eine Nachricht an meine Leute zu schicken - egal, wo ich mich gerade befinde. Ohne das Internet wüsste ich von vielen Leuten nicht mal mehr, ob sie noch leben, geschweige denn wo. Ist doch genial, wenn man nach 14 Jahren plötzlich eine Nachricht von seiner ersten Urlaubsliebe bekommt."

„Ich gehe zurzeit noch zur Schule, bin seit längerer Zeit schon bei Facebook aktiv und habe es trotzdem geschafft, sozial nicht zu verkümmern. Ganz im Gegenteil! Facebook hat es mir ermöglicht, mit den Freunden, die ich während meines einjährigen Auslandsaufenthalts in Italien kennengelernt habe, weiter in Kontakt zu bleiben, und somit habe ich jetzt auch ein Jahr danach noch ausgiebigen Kontakt nach Italien."

„Im SchülerVZ laufen alle Fäden meines Schülerdaseins zusammen. Da gruscheln einen schon mal wildfremde Leute. Auch habe ich schon öfter Freundschaftsanträge von Leuten erhalten, denen man bestenfalls auf dem Schulflur einmal begegnet ist. Aber so hat man immer wieder die Möglichkeit, neue Mitschülerinnen oder Mitschüler kennenzulernen. Manche zählen auf ihren Seiten über 200 ‚Freunde' auf, aber ich glaube nicht, dass man so viele Freunde haben kann."

Texte 1 - 3, nach: Der Spiegel, 9.3.2009, Text 4: Autorentext

Aufgaben

1. Vergleiche die Kommunikation im Brief mit der Kommunikation mithilfe der modernen Technik (M 7). Welche Vorteile, welche Nachteile siehst du?
2. Beschreibe mithilfe des Schaubilds (M 8), wie Kommunikation abläuft. Du kannst dies am Beispiel einer erfundenen Kommunikationssituation darstellen.
3. Welches soziale Netzwerk nutzt du (M 9)? Berichte der Klasse über deine Erfahrungen.
4. Welche Vorteile haben soziale Netzwerke? Nenne die Argumente, welche die Personen in M 10 anführen.

Datenschutz im Internet?

M 11 MuttiVZ!

Hoi Polloi

Karikaturanalyse
Erinnerst du dich an die Schritte zur Analyse von Karikaturen?
1. beschreiben
2. deuten
3. beurteilen

Mehr Informationen findest du auf der Methodenseite.

M 12 Sein oder Schein

Dennis ist im StudiVZ angemeldet, obwohl er erst 14 Jahre alt ist. Er hat aber angegeben, dass er Mathematik an der Universität Gießen studiert, obwohl er noch zur Schule geht. Er möchte gerne neue Leute kennenlernen und hat deswegen seine Handynummer in sein Profil geschrieben.

Kathinka hat im Internetchat auf der Seite ihrer Stadt Felix kennengelernt. Auf dem Foto sieht er sehr gut aus! Allerdings ist er schon 22 Jahre alt und Kathinka erst 14 Jahre. Auf dem Foto, das sie ihm gesendet hat, ist sie geschminkt und sieht viel älter aus.

Metin war mit einer Jugendgruppe zum Skifahren und hat mit seiner Digitalkamera viele Fotos gemacht. Zum Teil sind auch ziemlich peinliche Bilder dabei. Er stellt sie trotzdem für alle sichtbar ins Internet – es war doch lustig!

M 13 Die falsche Paula

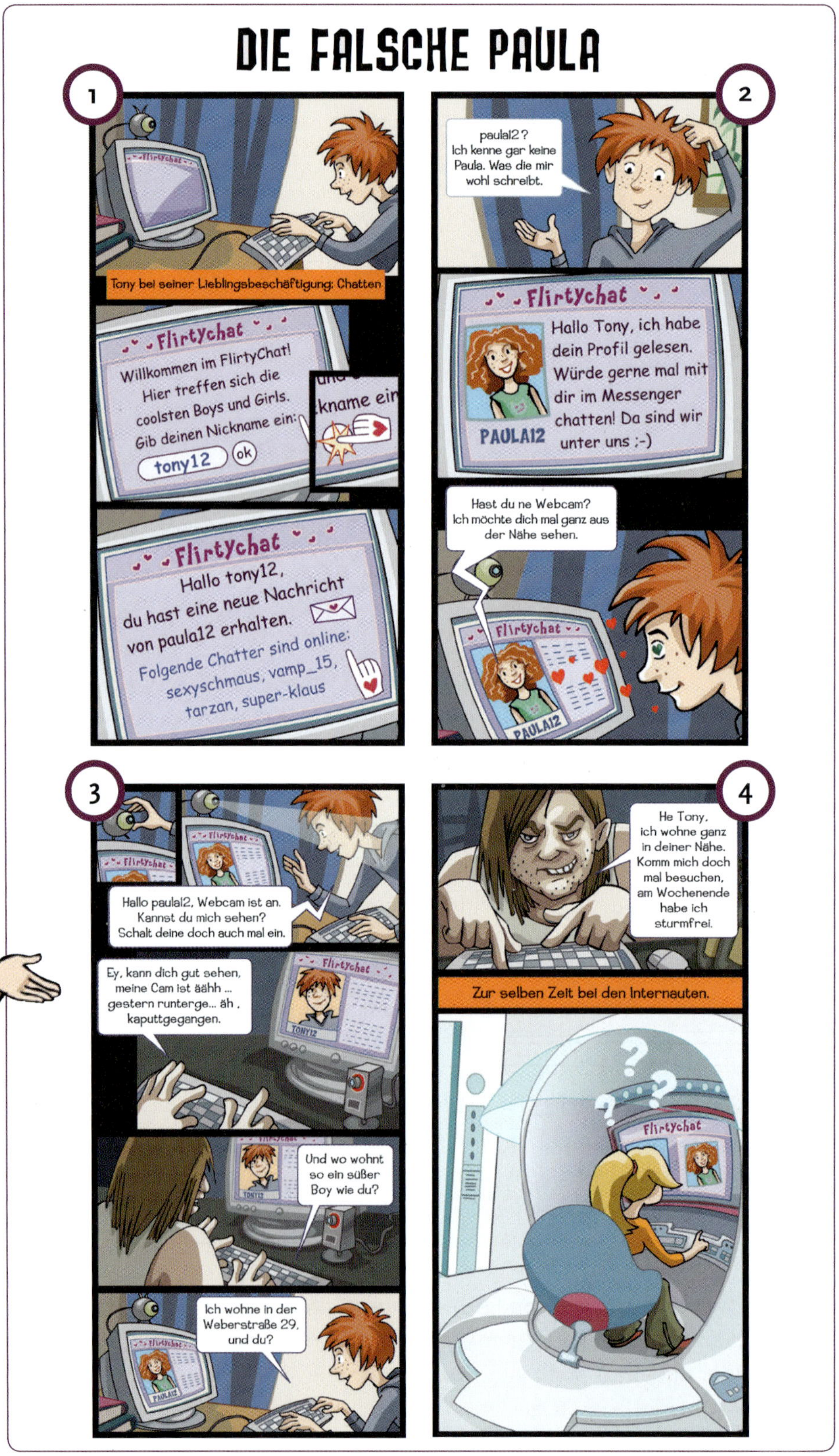

nach: „Die falsche Paula“, www.internauten.de

M 14 „Wir wissen sehr viel über dich"

Der Artikel fängt nett an: „Herzlichen Glückwunsch zum Geburtstag", wünscht der Verfasser. „Wir dürfen doch du sagen, Michel, nicht wahr? Gewiss, du kennst uns nicht. Aber wir wissen sehr viel über dich. Du bist heterosexuell und Single. Im Frühjahr 2008 hattest du eine Geschichte mit Claudia, charmant, kleine Brüste, kurzes Haar, schöne Beine." Dazu druckte das Magazin Bilder: Eine Umarmung am 31. Mai, Händchenhalten am 22. Juni.

Als der 29-jährige Michel aus Mérignac seine Geschichte im Magazin „Le Tigre" gelesen hatte, konnte er mehrere Nächte nicht schlafen. Danach entschloss er sich, gegen das Medium, das so ungeniert aus seiner Privatsphäre geplaudert hatte, zu klagen. Doch die Anwälte machten ihm wenig Hoffnung: Denn alles, was „Le Tigre" verbreitet hatte, war zuvor von Michel selbst ins Netz gestellt worden; auf Seiten wie „Youtube", „Facebook" und „Flickr".

[...] Die Redakteure von „Le Tigre" haben es sich in der Rubrik „Das Google-Porträt" zur Aufgabe gemacht, ihre Leser für das Thema Datenschutz zu sensibilisieren. Bei Michel hat die Lektion gewirkt, er versuchte anschließend, im Internet so viel wie möglich von sich zu löschen.

Nur eines hatten die Magazin-Redakteure nicht von ihm herausgefunden – seine Adresse, um ihm das Porträt per Post zu schicken. „Aber", so schließt der Artikel, „die brauchen wir auch nicht, um dir dein Porträt zu schicken. Du kennst es ja schon, dein Leben."

Nach: Constantin Wißmann, in: fluter, Juli 2009, S. 13

ungeniert
ohne Hemmungen, ohne sich zu schämen

Aufgaben

1. a) Analysiere die Karikatur (M 11).
   b) Welche Daten von dir sollte nicht die große Öffentlichkeit kennen? Tauscht euch aus und prüft, ob ihr die Kontrolle über diese sensiblen Daten habt.
2. Erläutere, warum man mit den eigenen Daten und den Angaben anderer im Internet kritisch umgehen sollte (M 12 - M 14).
3. a) Sieh dir die Bilder in M 13 genau an und gib das Geschehen in eigenen Worten wieder.
   b) Begründe, warum Tony sich auf den Chat eingelassen hat.
   c) Diskutiert, wie man sich beim Chatten am besten verhalten sollte, und schreibt die wichtigsten Ratschläge auf.
4. Versetzt euch in die Rolle eines „Hackers". Welche Daten würdet ihr durchleuchten wollen? Wozu würdet ihr sie verwenden? Schreibt eine Reportage und haltet euer Vorgehen fest (M 14).
5. Erarbeitet eine Broschüre mit allgemeinen Verhaltensregeln für einen sicheren Umgang mit dem Internet (M 11 - M 14).

Mobbing im Internet

Mobbing
Mobbing bedeutet, dass jemand z. B. in der Schule schikaniert, belästigt, drangsaliert, beleidigt, ausgegrenzt wird. Wenn man eine negative Handlung als Mobbing bezeichnen möchte, dann muss diese häufig und wiederholt auftreten und sich über einen längeren Zeitraum erstrecken. Das Mobbingopfer ist der Situation hilflos ausgeliefert und leidet stark unter der Situation.

M 15 Mobbing – die Schattenseiten des Netzes

Wer ist mein drittbester Freund, wer nur mein siebtbester? Und wird Lisa, die Schnepfe, es mir je verzeihen, wenn sie auf Platz 14 landet? Für Jugendliche sind das heutzutage sehr heikle Fragen. Nie würden sie ihre Freunde in Ranglisten einsortieren, und schon gar nicht vor deren Augen.

Es gibt aber einen Ort, wo sie genau das tun müssen. Die Adresse: MySpace.com, eine riesige Freundeszentrale im Internet, beliebt bei Millionen jungen Netzwerkern. [...]

„Das ist so ein Stress", erzählt Jordan, 15. „Wenn du bei andern auf der Liste bist, fühlst du dich schlecht, wenn sie nicht auf deiner sind." Selbst um einzelne Rangplätze wird oft bitter gerungen, berichtet Anindita, 17: „Dann heißt es, warum bin ich Nummer zwei? Du bist doch Nummer eins auf meiner Seite!" [...]

Weil die Jugendlichen rund um die Uhr mit ihrer Online-Welt verbunden sind, treffen Angriffe sie umso vernichtender: Wer früher gemobbt wurde, fand immerhin nach Schulschluss zu Hause eine andere Welt vor, eine sichere Zone. Heute treffen schon auf dem Heimweg fiese SMS auf dem Handy ein. Zu Hause gehen die Schmähattacken weiter im Internet-Chat, per E-Mail und natürlich in den diversen Online-Portalen wie SchülerVZ.

Zudem geht den Tätern online leicht die Beißhemmung verloren. Erstens erleben sie die Tränen und Nöte ihrer Opfer nicht mit. Und zweitens schlagen sie oft zu aus der Deckung der Anonymität. Es ist, als wären die Jugendlichen plötzlich in den Besitz großkalibriger Distanzwaffen geraten. Welchen Schaden sie damit anrichten, können sie noch kaum ermessen. Ein Streit zwischen zwei Schülern greift auf die halbe Schule über, ein peinliches Video landet bei YouTube und wird zum Gespött der ganzen Welt.

Manfred Dworschak u.a., Der Spiegel 10/2009, S. 120 ff.

Harm Bengen / Baaske Cartoons Müllheim

M 16 Tipps gegen Cyber-Mobbing

Tipps

- **Bleib ruhig!** Lass dich nicht von Selbstzweifeln beherrschen. Denn: Du bist okay, so wie du bist – an dir ist nichts falsch.
- **Sperre die, die dich belästigen!** Die meisten Websites und Online-Anbieter geben dir die Möglichkeit, bestimmte Personen zu sperren. Nutze dieses Angebot, denn du musst dich nicht mit jemandem abgeben, der dich belästigt. Wenn du mit Anrufen oder SMS belästigt wirst, kannst du auch deine Handynummer ändern lassen.
- **Antworte nicht!** Reagiere nicht auf Nachrichten, die dich belästigen oder ärgern. Denn genau das will der Absender. Wenn du zurückschreibst, wird das Mobbing wahrscheinlich nur noch schlimmer.
- **Sichere Beweise!** Lerne, wie du Kopien von unangenehmen Nachrichten, Bildern oder Online-Gesprächen machen kannst. Sie werden dir helfen, anderen zu zeigen, was passiert ist. Außerdem kann mit den Beweisen auch dein Peiniger gefunden werden.

Tipps

- **Rede darüber!** Wenn du Probleme hast, wende dich an Erwachsene, denen du vertraust, zum Beispiel deine Eltern, einen Lehrer oder einen Jugendbetreuer.
- **Unterstütze Opfer!** Wenn du mitbekommst, dass jemand anderer per Handy, Internet oder SMS belästigt wird, dann schau nicht weg, sondern hilf ihm und melde den Vorfall. Wenn der Täter merkt, dass das Opfer nicht alleine gelassen wird, hören die Beleidigungen oft schnell auf.
- **Schütze deine Privatsphäre!** Sei vorsichtig, welche Angaben du im Internet machst. Deine persönlichen Daten (E-Mail-Adresse, Wohnadresse, Handynummer oder private Fotos) können auch gegen dich verwendet werden. Achte insbesondere darauf, deine Zugangsdaten geheim zu halten und ein sicheres Passwort zu verwenden.
- **Kenne deine Rechte!** Wenn du es nicht erlaubst, darf niemand Fotos von dir ins Internet stellen, die dir peinlich sein könnten. Außerdem darf dich niemand vor anderen verspotten oder beleidigen. Wenn Cyber-Mobbing besonders ernst ist, kann dies für den Täter rechtliche Konsequenzen haben.

nach: www.saferinternet.at (12.12.2011)

Aufgaben

1. Erkläre, warum Mobbing im Internet besonders schlimme Auswirkungen haben kann (M 15).
2. Diskutiert, welche Tipps gegen das Cyber-Mobbing ihr für besonders wichtig erachtet, und ergänzt gegebenenfalls weitere Tipps (M 16).

Verboten
Mobbing ist eine Straftat und kann verfolgt werden. Wichtig ist es vor allem, sich in die Not der Opfer hineinzuversetzen und ein solches Verhalten nicht zu unterstützen, sondern bei Vertrauenspersonen anzusprechen.

Was wir wissen

Computerspiele
M 2, M 3

Computerspiele machen Spaß. Immer wieder kann man in neue und andere Welten eintauchen, Rollen übernehmen, Herausforderungen bestehen. Viele Spiele eröffnen die Möglichkeit zum gemeinsamen Spiel in der Clique oder der Familie. Sie erfordern verschiedene Fähigkeiten wie Geschicklichkeit, Reaktionsschnelligkeit, logisches Denken oder Kreativität. Unbedenkliche Spiele sind normalerweise Lernspiele, Simulationsspiele, Sportspiele (Fußball, Tennis, Olympiade), digitale Umsetzungen traditioneller Spiele (Brettspiele, Kartenspiele, Strategiespiele) oder sogenannte „Jump and Run“-Abenteuerspiele.
Nicht empfehlenswert sind Computerspiele, die z. B. den Krieg bzw. Gewalthandlungen verherrlichen, Fremdenfeindlichkeit verbreiten oder zur Ausgrenzung von Minderheiten auffordern. Als besonders gefährdend für die Entwicklung von Kindern und Jugendlichen werden vor allem sogenannte „Ego-Shooter“ angesehen. Diese Spiele zielen darauf ab, virtuelle Gegner per Mausklick zu töten.

Computer und Suchtgefahr
M 4, M 5

Das Spielen oder Kommunizieren mit dem Computer kann zur Sucht werden. Suchtverhalten liegt vor, wenn jemand die Erlebnisse am Computer braucht, um sich gute Gefühle wie Freude, Stolz oder Spannung zu verschaffen. Um diese Glücksgefühle zu erreichen, muss er immer länger am Computer sein. Die gesamte Freizeitgestaltung konzentriert sich auf den Computer. Trotz negativer Folgen (schlechte Schulleistungen, schlechte Ernährung, mangelnde Bewegung, fehlende Freundschaften, Strafen) können Betroffene ihr Verhalten ohne Hilfe häufig nicht ändern.

Kommunikation in sozialen Netzwerken
M 8, M 9

Jeder Mensch lebt in einem Netz aus Verwandtschaft, Freundschaft und Bekanntschaft. Mit dem Medium Internet hat sich ein neues Kommunikationsmittel entwickelt, das die Menschen immer öfter zur Pflege und Bildung ihrer sozialen Kontakte nutzen. Mit sozialen Netzwerken lassen sich im Vergleich zu herkömmlichen Kommunikationsmöglichkeiten wie z. B. dem Brief sehr viele Kontakte pflegen und gewinnen – und das mit geringem Aufwand.

Datenschutz und Gefahren im Internet
M 14, M 16

Häufig gehen Menschen sehr sorglos mit der Veröffentlichung privater Daten um. Diese können leicht für wirtschaftliche Zwecke oder für Beleidigungen und Belästigungen (Mobbing) missbraucht werden. Sich dagegen zu wehren, ist aufgrund der Anonymität im Netz sehr schwierig. Deshalb sollte man bei der Veröffentlichung persönlicher Daten und persönlicher Informationen im Netz sehr vorsichtig sein und bei Geschäften im Internet immer die Kosten und Bedingungen gut lesen.

Satzrätsel

Füge die passenden Satzteile zusammen.

Mit sozialen Netzwerken | jemanden systematisch | missbraucht werden. | lassen sich | nicht mehr kontrolliert werden können.

Private Daten können | viele Kontakte pflegen. | Mobbing bedeutet, | für Belästigungen und Mobbing

sollte man seinen | Spielsucht liegt vor, | zu belästigen und zu schikanieren. | Ego-Shooter-Spiele

wenn Dauer und Zeitpunkt des Spielens | Namen nicht preisgeben. | Beim Chatten | sind gewaltverherrlichend.

Lösung am Ende des Buches

Ratgeber erstellen

Ihr habt euch nun intensiv mit dem Thema Computer auseinandergesetzt. Eine Möglichkeit, euer Wissen für andere nutzbar zu machen, ist die Erstellung eines Ratgebers. Ihr könnt wählen, ob ihr lieber einen Ratgeber zum Thema „Spielsucht“ oder zum Thema „Sicheres Chatten“ verfassen wollt. Geht bei der Internetrecherche anhand der Methodentipps vor.

Internet-Tipps:

www.klicksafe.de
www.saferinternet.at
www.seitenstark.de
www.schau-hin.info

Leitfaden zur Erstellung eines Ratgebers

- Verschafft euch einen Überblick über das Thema und sammelt die Informationen, die in den Ratgeber sollen, wie z. B. wichtige Adressen und Verhaltensregeln.
- Legt gemeinsam fest, was in eurem Ratgeber stehen soll. Findet passende Überschriften und achtet auf die Formulierungen.
- Einigt euch auf die Gestaltung der Broschüre: Was soll wo stehen? Welche Farben sollen verwendet werden, welche Schriften? Wie soll die Vorderseite gestaltet sein? usw.
- Tipp: Wenn ihr ein DIN A4-Blatt quer nehmt und zweimal faltet, wirkt euer Ratgeber wie ein professionelles Faltblatt.

2.2 Information durch Medien

Wie beeinflussen Informationen unseren Alltag?

M 1 Nachrichtenübermittlung gestern und heute

Franz von Taxis schuf 1490 die erste Postverbindung zwischen Innsbruck und den Niederlanden und führte Anfang des 16. Jahrhunderts einen organisierten Reiter- und Pferdewechsel an Poststationen ein. So konnten täglich im Durchschnitt 166 Kilometer Postweg bewältigt werden.

Zentralredaktion der Deutschen Presseagentur in Hamburg. Die dpa versorgt Nachrichtenredaktionen, z. B. von Zeitungen, mit aktuellen Texten und Hintergrundinformationen – und das weltweit. Täglich werden allein in Deutschland ca. 650 Meldungen produziert.

M 2 Informationsgesellschaft im Alltag

Wir alle sind im täglichen Leben auf zuverlässige Informationen angewiesen. Wenn wir morgens aufwachen, wollen wir wissen, wie spät es ist oder wie das Wetter ist. Wenn eine Störung im Zugverkehr vorliegt oder sich Staus auf den Straßen bilden, sollten wir darüber rechtzeitig informiert sein. Wir alle, Leser, Hörer und Zuschauer, wollen mehr wissen, um uns orientieren zu können und richtige Entscheidungen treffen zu können. Man bezeichnet unsere heutige Gesellschaft auch als Informationsgesellschaft. Damit meint man, dass Informationen in unserem Leben eine zentrale Bedeutung haben und ohne gründliche und schnelle Informationen unsere Wirtschaft und Gesellschaft nicht funktionieren würde. Besondere Bedeutung haben Informationen in einer Demokratie. Die Demokratie ist auf Bürger angewiesen, die sich gründlich informieren, eine politische Meinung bilden, mitreden, sich einmischen und das Handeln von Politikern kontrollieren. Verfehlungen von Politikern werden bisweilen von Journalisten aufgedeckt und der Öffentlichkeit über die Medien mitgeteilt. Sie berichten ausführlich über die Ziele der Parteien, stellen Politiker und deren Meinungen zu politischen Themen vor.

M 3 Der Weg einer Nachricht

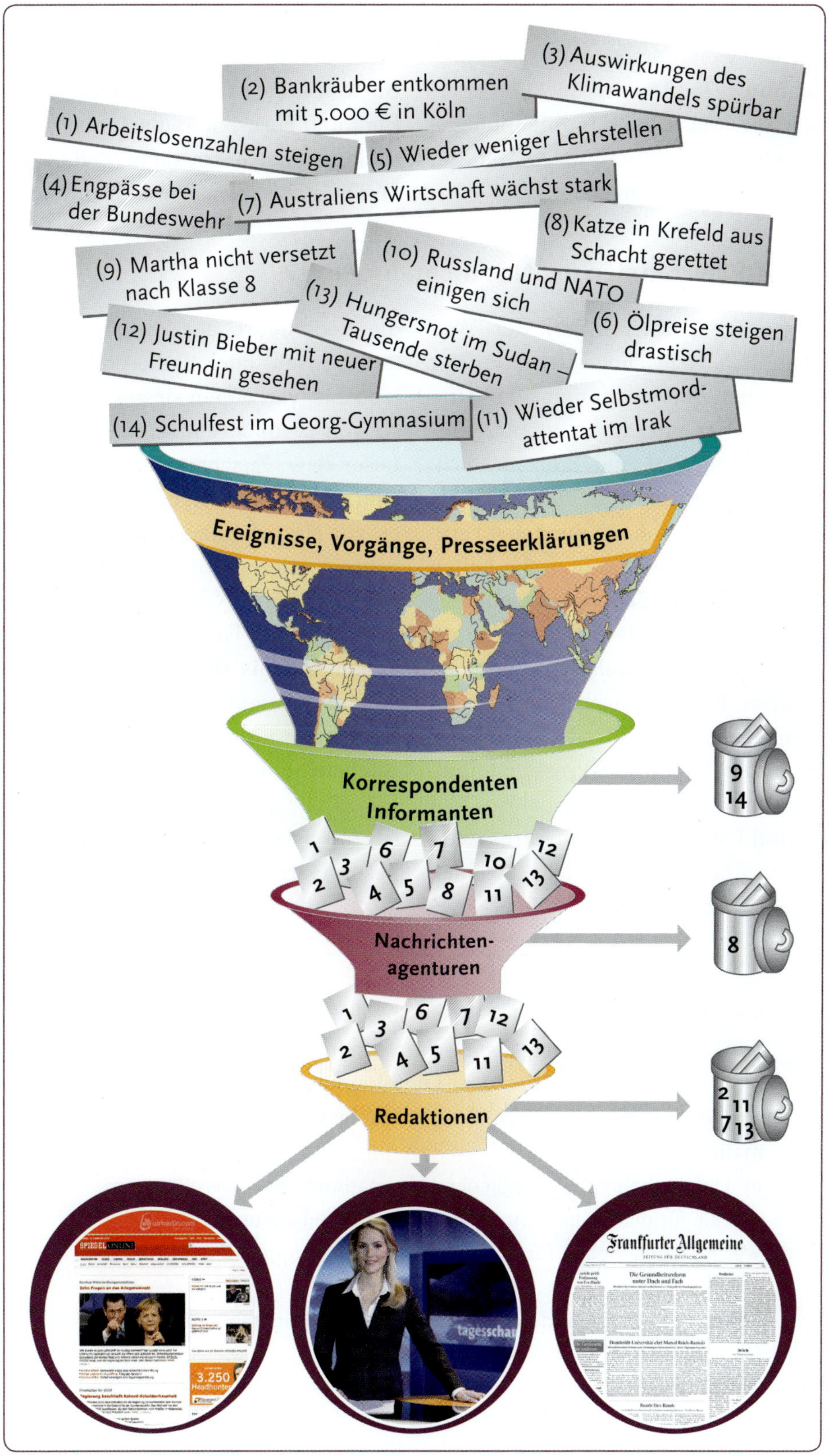

Welchen Wert kann eine Information haben?

Wissenswert
(z. B. Kenntnis von Fachbegriffen)

Orientierungswert
(z. B. Kenntnis des Fahrplans des öff. Nahverkehrs)

Unterhaltungswert
(z. B. Erzählen eines Witzes)

Gesprächswert
(z. B. Unfall in der Schule)

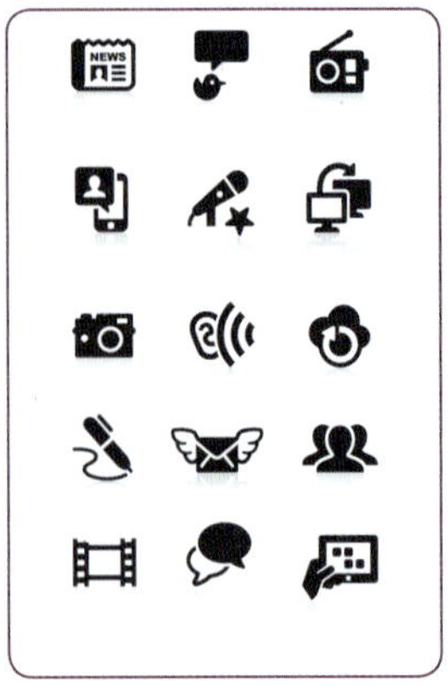

M 4 Massenmedien

Massenmedien richten sich an ein großes, weit verstreutes und unbestimmtes Publikum, an die „Masse“. Die Massenkommunikation geschieht öffentlich – jedem ist der Zugang zu den Angeboten von Massenmedien offen. Zu den Massenmedien zählen: Zeitung, Zeitschrift, Buch, Flugblatt, Plakat, Film, Hörfunk und Fernsehen, massenhaft verbreitete Speichermedien (z. B. CDs, DVDs) sowie Webseiten im Internet.

M 5 Wie kommen die Nachrichten zu uns?

Ein Reporter berichtet live aus einem Katastrophengebiet.

Jeden Tag passieren auf der Welt unendlich viele Dinge. Reporter vor Ort geben Informationen oder Hintergrundberichte über wichtige Ereignisse in Wort und Bild an Nachrichtenagenturen oder direkt an die Redaktionen von Zeitungen, Fernsehen oder Radio weiter. Sie halten ihre eigenen Beobachtungen fest, befragen Zeugen oder holen Informationen von Behörden und anderen Einrichtungen ein. Oft geben Unternehmen oder Behörden auch selbst über ihre Presseabteilungen Informationen heraus. Aus der Vielzahl der Meldungen, Presseverlautbarungen und Berichte wählen die Redakteure der Zeitungen oder der Fernseh- oder Radiosender dann jene aus, von denen sie glauben, dass sie von besonderem Interesse für die Leser bzw. Zuschauer oder Zuhörer sind. Welche Ereignisse verdienen es, zur Nachricht zu werden? Journalisten sortieren Informationen nach sogenannten Nachrichtenfaktoren. Entscheidend ist das Besondere an einem Ereignis, das es von den vielen anderen Ereignissen abhebt. Je nach Zielgruppe und Medium können die Nachrichtenfaktoren unterschiedlich sein. Das Grundprinzip der Auswahl ist die Frage: Was interessiert die Leser, Hörer oder Zuschauer?

Aufgaben

1. Vergleiche die Bilder in M 1. Beschreibe die Unterschiede in der Übermittlung und Bedeutung von Nachrichten früher und heute.
2. a) Wähle einen Tag in der Woche und formuliere in einem Tagebuch, von welchen Informationen du abhängig bist und wer dir die Informationen bereitstellt.
   b) Unterscheide deine täglichen Informationen nach dem Nutzen, den sie für dich haben. Sind die Informationen kostenlos (M 2)?
3. Welche Icons stehen für Massenmedien? Begründe deine Einstufung (M 4).
4. Erläutere auch anhand der Grafik, wie die Nachrichten zu uns kommen (M 3, M 5).

Welche Meldung wird zur Nachricht?

M 6 Die Nachricht – ein Beispiel

Wildgewordenes Känguruh will Hund ertränken

Melbourne - Ein wildgewordenes Känguruh hat in Australien versucht, einen Hund zu ertränken, und dessen Besitzer angegriffen. Das Beuteltier drückte den Hund in einem Stausee bei Melbourne unter Wasser, wie Rettungsmediziner Michael Vosbergen am Montag berichtete. Als der Besitzer des Vierbeiners eingriff, um seinen Liebling zu befreien, wurde er von dem Känguruh attackiert und erlitt zahlreiche tiefe Kratzer an Gesicht und Körper. Immerhin gelang es ihm, seinen Hund zu retten. Der Mann musste nach dem Vorfall am Sonntag im Krankenhaus behandelt werden.

(afp, 23.11.2009)

M 7 Wie werden Nachrichten ausgewählt?

Die Kriterien, nach denen Redaktionen die Nachrichten aus der Fülle von Ereignissen auswählen, nennt man in der Fachsprache Nachrichtenfaktoren. Dazu gehören:

- *Aktualität:* Je unerwarteter und aktueller ein Ereignis, desto eher wird es zur Nachricht. Regelmäßige Ereignisse haben weniger Chancen, berichtet zu werden, als einmalige Ereignisse.
- *Außergewöhnliches/Kurioses:* „Hund beißt Mann" ist keine Nachricht, „Mann beißt Hund" ist eine Nachricht!
- *Prominenz:* Über bekannte Personen wird häufiger berichtet. Wenn Mylie Cyrus mit dem Singen aufhört, ist das eine Nachricht; wenn ihr Nachbar das gleiche tut, interessiert das kaum jemand, ist also keine Nachricht.
- *Negativität:* Je schlimmer ein Ereignis ist, desto eher wird darüber berichtet. „Schlechte Nachrichten sind gute Nachrichten", heißt es unter Journalisten.
- *Nähe:* Was in der eigenen Stadt, im eigenen Land passiert, interessiert die meisten mehr als ein Ereignis in Timbuktu.
- *Betroffenheit:* Den Leser interessiert, welche Folgen ein Ereignis für seine persönliche Lebenssituation hat.
- *Unterhaltung:* Sogenannte Boulevardthemen wie „sex and crime" verkaufen sich besonders gut, und sind deshalb für Zeitungen wichtig, die in erster Linie am Kiosk verkauft werden.
- *Gefühl:* Liebe, Trauer, Glück - Geschichten mit Gefühl berühren den Leser und unterhalten ihn. Dazu gehören insbesondere auch Tiergeschichten.

Erdbeben zerstört große Teile Haitis

Bayern verliert gegen Leverkusen mit 1:3

FDP fordert Steuersenkungen

Chaos auf dem Düsseldorfer Flughafen nach Sicherheitspanne

M 8 Titelseiten zwischen Leitartikel und Boulevard

Süddeutsche Zeitung
NEUESTE NACHRICHTEN AUS POLITIK, KULTUR, WIRTSCHAFT UND SPORT

Das Streiflicht

FDP beharrt auf Steuersenkung

Angst vor Ausweitung der Finanzkrise

USA drängen EU zur Rettung Griechenlands

Neue Marineschiffe nicht einsatzfähig

M 9 Was soll in die Schülerzeitung?

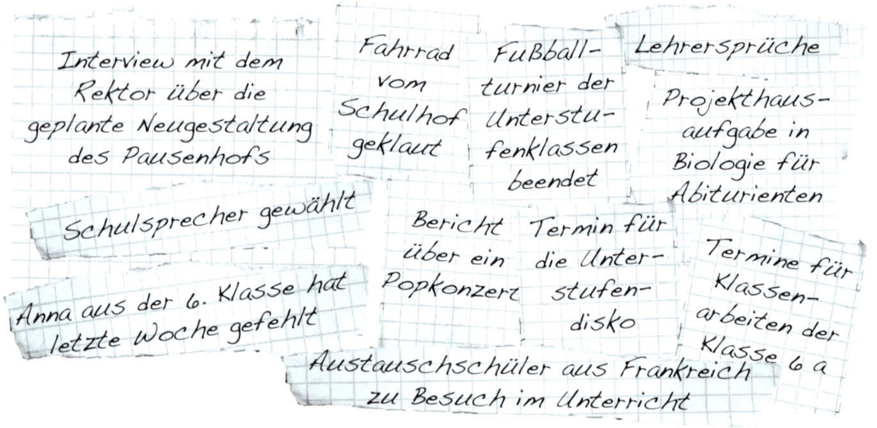

Tipp:
Am besten vergleicht ihr zwei möglichst aktuelle Titelseiten der beiden Zeitungen vom selben Tag.

Aufgaben

1. Wähle drei Nachrichtenfaktoren aus, die dazu geführt haben könnten, dass die Nachricht aus M 6 veröffentlicht wurde (M 7).
2. Vergleiche die Titelseiten der Süddeutschen Zeitung und der BILD, indem du überprüfst, welcher Nachrichtenfaktor für die Auswahl der Meldung ausschlaggebend war (M 7, M 8).
3. Stelle dir vor, du wärst Teil des Redaktionsteams der Schülerzeitung.
   a) Das Redaktionsteam berät, über welche Ereignisse in der nächsten Ausgabe berichtet werden soll (M 9). Wählt sechs Themen aus, und begründet eure Auswahl mithilfe der Nachrichtenfaktoren (M 7).
   b) Fasst zusammen, warum die Nachrichtenauswahl schwierig ist.

Das Fernsehen – wie gut werden wir informiert?

M 10 Lieblingsfernsehsender von Jugendlichen

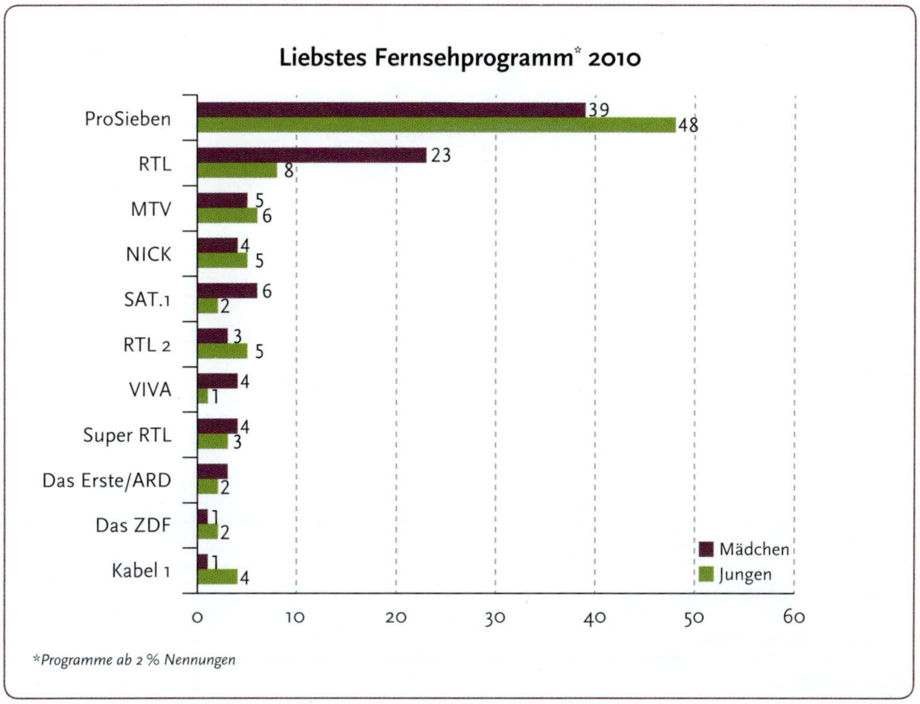

JIM 2010, Angaben in Prozent, Befragte: 1.208 Jugendliche zwischen 12 und 19 Jahren

M 11 Was läuft wo?

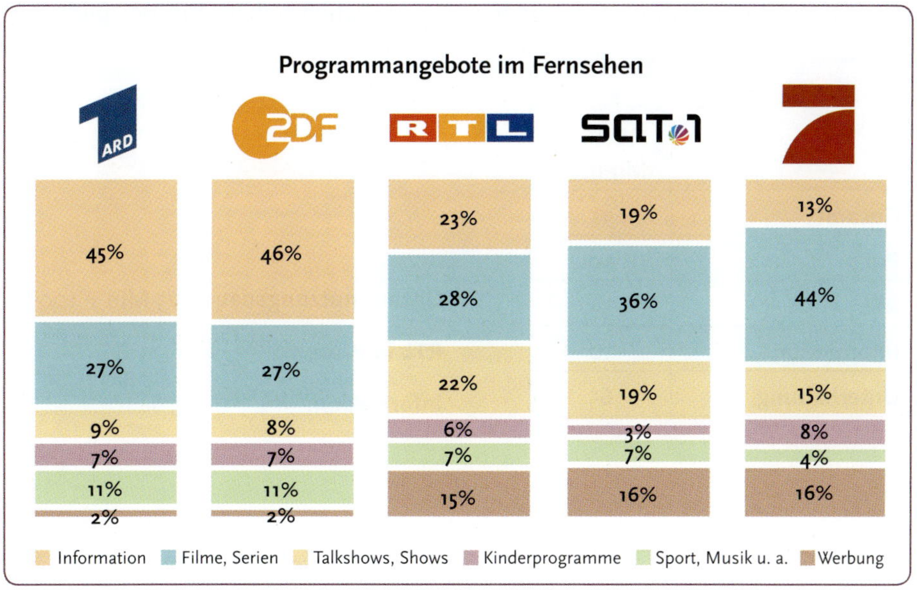

nach: Bergmoser + Höller AG, Zahlenbilder 538 102

Lesehilfe:
Von allen Sendungen in der ARD (= 100 %) waren 27 % Filme oder Serien.

M 12 Medientagebuch – wie nutze ich das Fernsehen?

Ein Medientagebuch kann dir Aufschluss über deine Fernsehnutzung geben. Wann nutzt du das Fernsehen, welche Sender bevorzugst du, warum schaltest du den Fernseher ein? Führe zur Beantwortung dieser Fragen eine Woche lang ein Tagebuch. Notiere möglichst genau. Lege dazu eine Tabelle nach folgendem Muster an:

Angaben in Minuten							
Sender	**Mo**	**Di**	**Mi**	**Do**	**Fr**	**Sa**	**So**
ARD							
ZDF							
Pro 7							
RTL							
Sat.1							
KIKA							
S-RTL							
...							
davon Unterhaltung							
davon Information							
Gesamtdauer							

Auswertung

Du kannst nun berechnen, welchen Anteil die einzelnen Sender bzw. welchen Anteil Unterhaltungssendungen und Informationssendungen an der Gesamtnutzungsdauer täglich oder wöchentlich haben. Ein Beispiel:

Montag	
	Dauer in Minuten
Gesamt	75
Pro 7	30
RTL	55
Information	10
Unterhaltung	65

Gesamtnutzungsdauer: 75 Min = 100%

RTL in Prozent: $\frac{55 \times 100}{75} = 73\ \%$

Information: $\frac{10 \times 100}{75} = 13\ \%$

M 13 Die Fernsehlandschaft in Deutschland

Rundfunk – darunter verstehen die Experten Hörfunk und Fernsehen – wurde in der Bundesrepublik Deutschland bis Mitte der 80er Jahre ausschließlich von den öffentlich-rechtlichen Veranstaltern ARD und ZDF angeboten. Neue Entwicklungen in der Kabel- und Satellitentechnologie eröffneten privaten Anbietern Möglichkeiten eigener Übertragungen. Das Gesetz lässt seit 1986 ein Nebeneinander von öffentlich-rechtlichen und privaten Anbietern zu.

1. Der öffentlich-rechtliche Rundfunk, zu dem die 11 zur ARD zusammengeschlossenen Landesrundfunkanstalten, das Zweite Deutsche Fernsehen (ZDF), das Deutschland Radio, die Kulturprogramme 3sat und Arte sowie der Auslandssender Deutsche Welle gehören, ist der Kontrolle der Rundfunkräte der einzelnen Länder unterworfen. Dieser Rundfunkrat setzt sich aus Mitgliedern des Landtages und gewählten Vertretern verschiedener gesellschaftlicher Gruppen zusammen. Kirchen, Gewerkschaften, Arbeitgeberverbände sind genauso vertreten wie der Jugendring oder der Deutsche Sportbund. Öffentlich-rechtliche Anstalten haben den Auftrag für Information, Kultur und Bildung, aber auch für Unterhaltung. Die Sicherung dieser Grundversorgung geschieht durch die Gebühren – etwa 2,5 Mrd. Euro pro Jahr –, die der Zuhörer bzw. Zuschauer zahlt. Die Werbung als weitere Geldquelle verliert für diese Sender aufgrund zeitlicher Beschränkungen immer mehr an Bedeutung.

2. Private Sender befinden sich im Gegensatz zu den öffentlich-rechtlichen Anstalten im privaten Besitz, d. h., sie gehören verschiedenen Personen, Personengruppen oder Gesellschaften. Die Privatsender finanzieren sich ausschließlich durch Werbung. Mithilfe von Messgeräten wird in ausgewählten Haushalten ermittelt, wie viele Zuschauer welche Sendungen wie lange sehen. Die so ermittelte Einschaltquote ist Maßstab für den Erfolg einer Sendung und dafür, wie viel Geld die Sender für Werbeeinblendungen verlangen können.

Landesrundfunkanstalten
Es gibt neun Rundfunkveranstalter oder Senderunternehmen, die für ein oder mehrere Bundesländer Hörfunk und Fernsehen produzieren (z. B. der Westdeutsche Rundfunk, WDR). Diese öffentlich-rechtlichen Anstalten sind durch das Grundgesetz beauftragt, über ihre Sendungen eine Grundversorgung an Information, Bildung, Beratung und Unterhaltung zu garantieren.

Aufgaben

1. Führt eine Blitzumfrage in eurer Klasse zu den Lieblings-TV-Sendern durch und vergleicht das Ergebnis mit M 11.
2. Führe eine Woche lang ein Medientagebuch. Vergleicht eure Ergebnisse (M 12).
   a) Prüfe, ob du das Fernsehangebot eher zur Information oder zur Unterhaltung nutzt.
   b) Überlegt gemeinsam, wie ihr an zuverlässige Informationen kommt.
3. Vergleiche das Unterhaltungsangebot (Filme + Talkshows), Nachrichtenangebot und Werbeangebot der öffentlich-rechtlichen Sender und der Privatsender miteinander. Wie erklärst du dir die Unterschiede (M 11, M 13)?

M 14 Was sind die wichtigen Nachrichten des Tages?

Sprecherin Sandra Thier von der Sendung „RTL 2-NEWS"

Mit der Fernbedienung kann sich [der Fernsehzuschauer] jeden Abend um acht Uhr zwischen der ARD-Tagesschau und den RTL 2-News entscheiden:

Wählt er den Privatsender, ist er jung, dynamisch und cool – diesen Eindruck versuchen die RTL 2-News zumindest zu vermitteln. Dass zwei der weltbesten Surfer in arktischen Gewässern auf einer „Tsunami-Welle" reiten und dabei „um ihr Leben rasen", ist der Redaktion einen zweiminütigen Beitrag wert. Dass die US-Sänger R. Kelly und Usher – „zwei der größten R'n'B-Stars unserer Zeit" – eine gemeinsame Platte aufgenommen haben, obwohl Kelly normalerweise keinen anderen Sänger an seiner Seite akzeptiert, würdigt der Privatsender ebenfalls zwei Minuten lang. [...] Bei all diesen brandheißen Neuigkeiten verpasst der RTL 2-Zuschauer mit schöner Regelmäßigkeit die wirklich relevanten Informationen des Tages. Denn um Politik und Wirtschaft macht die Redaktion einen großen Bogen. Den wichtigen politischen Ereignissen der vergangenen Tage – dem Koalitionsgipfel im Kanzleramt, den Debatten über Kinderarmut und den Mangel an Fachkräften in Deutschland – widmet sie insgesamt kaum mehr als eine Minute Sendezeit. Kein Wort auch darüber, dass die sogenannte Hypothekenkrise auf dem Immobilien-Markt der USA zurzeit Notenbanken und Börsianer in aller Welt beunruhigt.

Dennis Kremer, auf: www.welt.de, 22.08.2007

M 15 Infotainment – Nachrichtensendungen zwischen Information und Unterhaltung

Einschaltquote
Hierzu wird durch Messgeräte in ausgewählten Haushalten ermittelt, wie viele Zuschauer welche Sendungen wie lange sehen. Die so ermittelte Einschaltquote ist Maßstab für den Erfolg einer Sendung und dafür, wie viel Geld die Sender für Werbeeinblendungen verlangen können.

Infotainment, gebildet aus den beiden Begriffen „Information" und „Entertainment", ist die Kombination von Information mit Elementen der Unterhaltung. Gut gemachte Informationssendungen zeichnen sich auch dadurch aus, dass sie interessant gestaltet sind und den Zuschauer nicht langweilen. Problematisch ist es, wenn die Berichterstattung über wichtige Ereignisse auf Kosten von Unterhaltung geschmälert wird – wenn also der sogenannte Nachrichtenwert durch den Unterhaltungswert ersetzt wird. Dies ergibt sich, wenn man z. B. Nachrichten hauptsächlich danach auswählt und gestaltet, dass sie die Sensationslust oder die Gefühle der Zuschauer befriedigen, und weniger danach, dass die Zuschauer über Sachverhalte gründlich aufgeklärt werden. So können zwar die Einschaltquoten verbessert werden, aber eine gründliche Aufklärung, die der Bürger zur Orientierung benötigt, wird erschwert.

M 16 Analyse einer Nachrichtensendung

Nachrichtensendungen können unter folgenden Aspekten untersucht werden:

Vorspann:
- Welche Bild- und Toneffekte gibt es?
- Wie wird Interesse geweckt?

Eröffnung:
- Erfährt man, was einen in der Sendung erwartet?

Nachrichten:
- Welche Nachricht steht an erster Stelle und warum?
- Sind die Nachrichten verständlich?

Bilder:
- Werden vom Sprecher vorgetragene Meldungen durch Fotos, Karten, Filme unterstützt?
- Sind Sprache und Bilder sachlich, ohne Wertungen?

Kommentare:
- Gibt es Kommentare, Interviews?

Aufbau:
- Wie ist die Sendung insgesamt aufgebaut (Anteile von Moderation und Beiträgen, Verteilung der Themen, Aufmacher, Schwerpunkte)?

Überwiegt insgesamt die Information oder die Unterhaltung in der Nachrichtensendung? Wie ist dein Gesamturteil zur Nachrichtensendung?

Die tagesschau wird mehrmals täglich, die Hauptsendung um 20:00 Uhr ausgestrahlt. Unter http://www.tagesschau.de können die vergangenen Sendungen online abgerufen werden.

Aufgaben

1. Erkläre, für wen oder was es problematisch ist, wenn die RTL 2-News die einzige Nachrichtengrundlage für jemanden sind (M 14, M 15).
2. Teilt die Klasse in zwei Gruppen. Am selben Abend schaut die eine Hälfte die tagesschau, die andere Hälfte RTL 2-News. Protokolliert die Sendungen mithilfe der Analysefragen (M 14 - M 16).
3. Gestaltet eine Nachrichtensendung nach eurem Geschmack als szenische Darstellung. Dazu könnt ihr z. B. einige Nachrichten, Meldungen oder Interviews aus der Tageszeitung auswählen und als Textgrundlage für eure Sendung nutzen (M 16).

Tipp:
Auf der Internetseite www.tagesschau.de kannst du dir ansehen, wie eine Nachrichtensendung gemacht wird.

Die Bedeutung der Pressefreiheit für die Demokratie

M 17 Wenn die Presse nicht frei ist ...

Die russische Journalistin Anna Politkowskaja, die kritische Artikel über die Regierung und den Krieg in Tschetschenien schrieb, wurde 2006 unter bis heute ungeklärten Umständen ermordet.

Silvio Berlusconi ist Besitzer mehrerer privater Fernsehsender und Verlagsanstalten. Zudem konnte er als italienischer Ministerpräsident Einfluss auf das staatliche Fernsehen nehmen.

Seit Mitte 2009 sind alle chinesischen Computer mit einem Programm namens „Grüner Damm" ausgestattet, das den Internetverkehr kontrolliert und kritische Seiten sperrt.

M 18 Die Rolle der Neuen Medien im Arabischen Frühling

surreal
unwirklich

Demonstranten in Kairo fotografieren die Ereignisse, 25.1.2011.

Facebook war anfänglich das wichtigste Medium zur Mobilisierung der Bevölkerung. Über Twitter und YouTube sendeten junge Araberinnen und Araber Informationen über Massenproteste um die Welt. [...] Während das ägyptische Staatsfernsehen in einer fast surrealen Propagandainszenierung inmitten des Volksaufstandes Bilder eines angeblich leeren Tahrir-Platzes sendete, zeigte al-Jazeera die tatsächlichen Ereignisse [der Massenproteste]. Der Sender aus Katar strahlte Bilder und Informationen aus, die ihn über Twitter und Facebook erreichten. Al-Jazeera bot darüber hinaus eine Vielzahl anderer Vernetzungsmöglichkeiten und Kanäle, auf denen ununterbrochen live Bericht erstattet wurde, wie Podcasts und RSS-Feeds, mit der Funktion eines Online-Nachrichtentickers. Andererseits: „Die Revolution hat auf der Straße stattgefunden, nicht im virtuellen Raum. Sie hat 800 Menschen das Leben gekostet", sagt der junge Blogger Abdallah aus Kairo.

Nach: Asiem El Difraoui, auf: www.bpb.de, 3.11.2011

M 19 Die Aufgaben der Medien in der Demokratie

Informationsfunktion

Die Massenmedien sollen so vollständig, sachlich und verständlich wie möglich informieren, damit ihre Nutzerinnen und Nutzer in der Lage sind, das öffentliche Geschehen zu verfolgen. [...] Wir als Einzelne und die vielfältigen Gruppen, die in dieser Gesellschaft bestehen, sind darauf angewiesen, miteinander ins Gespräch gebracht zu werden – dafür sollen die Massenmedien sorgen. [...]

Meinungsbildungsfunktion

Bei der Meinungsbildung fällt den Massenmedien ebenfalls eine bedeutsame Rolle zu. Dies ergibt sich aus der Überzeugung, in der Demokratie sei allen am meisten damit gedient, wenn Fragen von öffentlichem Interesse in freier und offener Diskussion erörtert werden. Es besteht dann die Hoffnung, dass im Kampf der Meinungen das Vernünftige die Chance hat, sich durchzusetzen. [...]

Kritik- und Kontrollfunktion

Im parlamentarischen Regierungssystem obliegt in erster Linie der Opposition die Aufgabe der Kritik und Kontrolle. Diese wird unterstützt und ergänzt durch die Kritik- und Kontrollfunktion der Medien. Ohne Journalisten, die Missstände aufspüren und durch ihre Berichte unter anderem parlamentarische Anfragen und Untersuchungsausschüsse anregen, liefe die Demokratie Gefahr, der Korruption oder der bürokratischen Willkür zu erliegen. [...]

Thematisierungsfunktion

Diese „agenda setting function", wie sie in den USA heißt, bedeutet, dass diejenigen, die die unterschiedlichen Medien lesen, hören und sehen, genau die Themen für wichtig halten, die darin behandelt werden. Die Medien sind jedoch nicht nur verantwortlich, welche Themen auf der Tagesordnung stehen, sondern auch, in welcher Rangfolge der Dringlichkeit sie behandelt werden.

nach: Informationen zur politischen Bildung Nr. 260, Massenmedien, hg. von der Bundeszentrale für politische Bildung, Bonn, 3/1998

Mediendemokratie
eine Form der Demokratie, in der sich die Diskussion über Politik v. a. in den Medien abspielt

Presse- und Meinungsfreiheit
„Jeder hat das Recht, seine Meinung in Wort, Schrift und Bild frei zu äußern und zu verbreiten und sich aus allgemein zugänglichen Quellen ungehindert zu unterrichten. Die Pressefreiheit und die Freiheit der Berichterstattung durch Rundfunk und Film werden gewährleistet. Eine Zensur findet nicht statt."
Artikel 5 (1) Grundgesetz

Aufgaben

1. Wähle eines der Bilder (M 17) und erläutere mithilfe des Textes (M 19), wann und warum die Demokratie in Gefahr ist.
2. Strukturiere die Aufgaben der Medien in der Demokratie in einer Mindmap (M 19, vgl. Kap. 3).
3. a) Erläutere, welche Rolle die Neuen Medien in Ägypten während der Massenproteste Anfang 2011 gespielt haben (M 19).
   b) Tauscht euch mit einem Partner aus, was der Blogger mit seinem Einwand meinen könnte (M 19).

Methode

M 20 Eine Befragung durchführen

Wenn Parteien, Politiker oder Unternehmer herausfinden wollen, welche Einstellung ihre Wähler oder Kunden zu bestimmten Vorschlägen oder Produkten haben, dann lassen sie häufig Umfragen durchführen. Es können Interviews gemacht werden oder Fragebögen ausgegeben werden. In beiden Fällen werden die Fragen genau vorbereitet. Da die beauftragten Sozialforscher in der Regel nicht die gesamte Bevölkerung befragen können, wählen sie eine bestimmte Personengruppe aus, die eine verkleinerte Abbildung der Gesamtgruppe darstellt.

Schritte zur Durchführung einer Befragung durch Fragebögen

1. Ziel klären:
Was genau wollt ihr mit der Befragung herausfinden? Am Ende dieses Medienkapitels könntet ihr zum Beispiel nach der Mediennutzung allgemein fragen. Oder ihr legt den Schwerpunkt auf die Inhalte des Medienkonsums, z. B. die Nachrichten. Die Erkenntnisse könnt ihr dann einordnen in euer Wissen über die Aufgaben von Medien in Demokratien.

2. Vermutungen anstellen:
Was könnte herauskommen? Vielleicht habt ihr in Gesprächen mit Mitschülern erfahren, dass viele der jüngeren Schüler eher Nachrichten im Radio oder Fernsehen hören bzw. sehen, während die älteren eher im Internet surfen.

3. Zielgruppe festlegen:
Wer soll befragt werden? Falls aus zeitlichen oder organisatorischen Gründen nicht alle befragt werden können, kann auch eine Stichprobe ausgewählt werden, die stellvertretend für alle Schülerinnen und Schüler steht.

4. Fragebogen entwerfen:
Welche Fragen sollen wie gestellt werden? Der erste Teil des Fragebogens fragt immer nach Tatsachen, die für die Auswertung der Befragung wichtig sind (z. B. Mädchen / Junge, Alter, Jahrgangsstufe und evtl. weitere Merkmale). Er ist der Kopf des Fragebogens. Es folgen die Fragen nach den Einstellungen zu den ausgewählten Themen. Hier könnt ihr „geschlossene" Fragen stellen, die Antwortvorgaben zum Ankreuzen haben oder eine Skala, z. B. von 1 bis 4. Ihr könnt aber auch „offene" Fragen stellen. Die Antworten lassen sich dann allerdings nicht so einfach auszählen wie die Kreuze bei den Antwortvorgaben.

5. Ergebnisdarstellung: Was passiert mit den Antworten?
Die Antworten der geschlossenen Fragen werden zunächst ausgezählt. Zu den geschlossenen Fragen gehört auch der „Kopf" des Fragebogens. Damit der Betrachter auf einen Blick das Ergebnis erfassen kann, solltet ihr die Ergebnisse in Form von Diagrammen präsentieren. Bei den offenen Fragen könnt ihr die Antworten zusammenfassen und aufschreiben.

Schülerbefragung

Liebe Mitschülerinnen und Mitschüler,
wir, die Schüler der Klasse ____, bearbeiten im Politikunterricht gerade das Thema „Medien" und „Nachrichten". In diesem Rahmen würden wir gerne eine Befragung in der Schule durchführen. Die Auswertung der Ergebnisse veröffentlichen wir anschließend für alle sichtbar am Schwarzen Brett – selbstverständlich anonym. Wir würden uns sehr freuen, wenn ihr den Fragebogen ausfüllt.

Anredetext

1. In welcher Jahrgangsstufe bist du?

____

2. Bist du ein ...
A ☐ Mädchen
B ☐ Junge

Kopf

3. Über welche Medien informierst du dich zum Tagesgeschehen?
☐ Zeitung ☐ Radio ☐ Fernsehen
☐ Internet ☐ Sonstige: ____________

4. Welche Zeitung, welchen Sender, welche Internetseite ... liest, hörst, besucht du zur Recherche von Informationen zum Tagesgeschehen am meisten (bitte maximal 2 nennen)?

____

offene Frage

5. Wie häufig informierst du dich über das Tagesgeschehen?
☐ höchstens alle paar Wochen einmal
☐ ca. einmal die Woche
☐ fast jeden Tag
☐ mindestens einmal am Tag

6. Welche Themen interessieren dich dabei in welchem Maße?

	sehr	weniger	kaum	gar nicht
Politik				
Wirtschaft				
Kultur				
Sport				
„Buntes" (Prominente ...)				
Wetter				

Vielen Dank für deine Teilnahme!

geschlossene Fragen

Tipps zur Frageformulierung:
- Stellt nur so viele Fragen wie unbedingt nötig.
- Die Frage muss einfach und eindeutig zu verstehen sein. (Günstig ist es, die Fragen vorher mit einigen Personen auf Verständlichkeit und Klarheit zu testen.)
- Stellt keine Fragen, die schon eine Antwort nahelegen, z. B.: „Findet ihr nicht, dass alle bei den Projekttagen aufräumen sollten?"

Zwischen Objektivität und Manipulation

Manipulation
Unbewusste, unerlaubte Beeinflussung von Entscheidungen, Einstellungen oder Wahrnehmungen. Die Manipulation von Menschen kann so weit führen, dass jemand seine Willensfreiheit verliert oder gänzlich unter die Kontrolle derer gerät, die sie bzw. ihn manipulieren. Manipulation birgt damit immer auch die Gefahr eines Machtmissbrauchs in sich.

M 21 Können wir der Berichterstattung durch Medien trauen?

Jeder Mensch hat sowohl das Recht, sich Informationen zu beschaffen, als auch das Recht darauf, informiert zu werden. So steht es im Grundgesetz, unserer Verfassung. Eine wichtige Rolle bei der Weitergabe von Informationen spielen die Medien. Vor allem in Diktaturen sind die Medien nicht frei, dort herrscht Zensur. Das bedeutet, dass verschiedene Informationen bewusst vor der Bevölkerung verheimlicht werden. Es wird nur das veröffentlicht, was die Machthaber zulassen wollen. Das ist das Gegenteil von Informationsfreiheit und freier Meinungsbildung. In der Bundesrepublik Deutschland ist die Zensur verboten und der Bürger kann sich aus einer Vielzahl von Medien ungehindert informieren. Voraussetzung für eine zuverlässige und möglichst wahrheitsgetreue Berichterstattung ist, dass Journalisten neutral berichten und ihre persönlichen (subjektiven) Meinungen erkennbar machen, z. B. in Form eines Kommentars. Die Berichterstattung darf nicht verfälschend sein. Wenn ein Journalist eine Situation bewusst falsch, verzerrt, einseitig wahrnimmt, wenn er einen wesentlichen Aspekt nicht beachtet, dann werden die Leser, Hörer oder Zuschauer nicht objektiv informiert und werden in ihrer freien Meinungsbildung behindert oder gar manipuliert.

objektiv/subjektiv
Objektiv bedeutet sachlich, unvoreingenommen, frei von persönlichen Gefühlen und Einstellungen (Vorurteilen). Subjektiv bedeutet unsachlich, aus einer Perspektive dargestellt, von persönlichen Gefühlen, Interessen und Einstellungen geprägt.

M 22 Gibt es eine objektive Wahrnehmung?

Die vollkommene Objektivität gibt es nicht. Wie wir eine Sache wahrnehmen, hängt immer vom Blickwinkel ab und ist subjektiv. Z. B. wird der Fahrer eines Unfallfahrzeugs den Unfall aus seiner Perspektive anders darstellen als ein Zeuge, der am Straßenrand stand, oder eine Frau, die ein paar Häuser weiter aus dem Fenster eines Hochhauses den Unfall verfolgte. Außerdem gibt es Wahrnehmungstäuschungen, wie die folgenden Bilder zeigen.

Welche der drei Personen ist am größten?

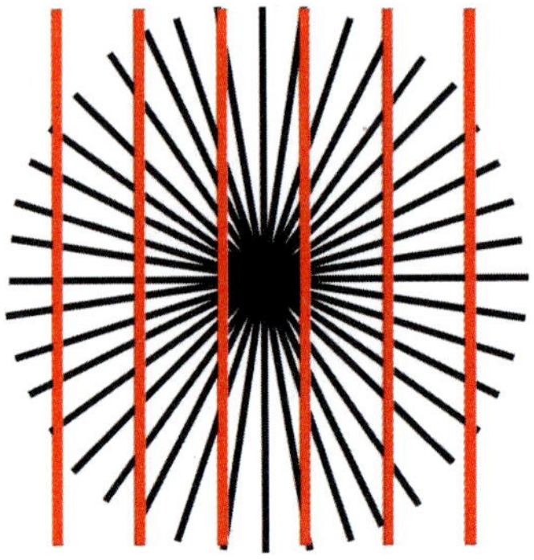

Sind die Linien gerade?

M 23 Können Bilder lügen?

Das farbige Originalbild in der Mitte zeigt einen irakischen Soldaten umgeben von US-Soldaten während des Irak-Kriegs 2003. In der Presse wurde sowohl der linke als auch der rechte Bildausschnitt veröffentlicht.

Aufgaben

1. a) Tausche dich mit einem Partner aus, woran du prüfen kannst, ob eine Berichtserstattung vertrauenswürdig ist (M 21, M 22).
   b) Erstellt in der Klasse eine Checkliste, mit der ihr Berichterstattung einschätzen lernt.
2. a) Betrachte zuerst den linken Bildausschnitt (andere Ausschnitte abdecken!) und formuliere eine passende Bildunterschrift. Dann verfahre mit dem rechten Bildausschnitt ebenso (M 23).
   Vergleiche dann mit dem Originalbild.
   b) Beschreibe, welche Absicht du bei denen vermutest, die die unterschiedlichen Bildausschnitte verwendeten.
   c) Erkläre an diesem Beispiel, welche Gefahren mit der Manipulation von Bildern und allgemein von Informationen verbunden sein können.

Was wir wissen

Bedeutung von Informationen
M 2

Wir leben im Informationszeitalter, unsere Gesellschaft wird als Informationsgesellschaft bezeichnet. Diese Begriffe sollen verdeutlichen, welch große Bedeutung Informationen für unser modernes Leben haben. Medien berichten in Form von Nachrichten über wichtige Ereignisse, analysieren aber auch Hintergründe und Zusammenhänge und helfen uns bei der Meinungsbildung. Oft wollen uns die Medien aber einfach nur unterhalten.

Nachrichten
M 4, M 5, M 7

Eine Nachricht ist eine Mitteilung über ein Ereignis. Nur ein kleiner Bruchteil dessen, was täglich weltweit passiert, kommt auch tatsächlich beim Leser einer Zeitung oder beim Zuschauer bzw. Zuhörer einer Nachrichtensendung an. Die tägliche Nachrichtenflut wird von den Nachrichtenagenturen oder den Hörfunk-, Fernseh- und Zeitungsredaktionen nach sogenannten Nachrichtenfaktoren „gefiltert", „gesiebt" und bearbeitet. Deshalb bezeichnet man die Nachrichtenagenturen und Redaktionen auch als „Nachrichtenschleusen".

Das Fernsehen
M 13, M 15

Laut Umfragen ist das Fernsehen das Medium, auf das Jugendliche am wenigsten verzichten können. In der Bundesrepublik Deutschland unterscheiden wir den öffentlich-rechtlichen Rundfunk von den privaten Sendern. Der öffentlich-rechtliche Rundfunk finanziert sich hauptsächlich durch Rundfunk- und Fernsehgebühren, während sich private Sender ausschließlich durch Werbeeinnahmen finanzieren.
Die öffentlich-rechtlichen Sender haben den Auftrag, den Bürgern eine Grundversorgung an Information, Kultur und Unterhaltung zu bieten. Der Erfolg oder Misserfolg von Sendungen wird durch regelmäßige Ermittlung der Einschaltquoten gemessen. Sie bestimmen indirekt auch die Höhe der Werbeeinnahmen: Da die privaten Sender allein auf Werbeeinnahmen angewiesen sind, ist die Steigerung der Einschaltquoten oberstes Ziel der Programmmacher. Nachrichten werden deshalb oft in Form von Unterhaltung präsentiert (Infotainment).

Pressefreiheit und Demokratie
M 18, M 19

In einer Demokratie nehmen die Medien eine wichtige Rolle ein. Sie informieren die Öffentlichkeit über Sachverhalte, Ereignisse und Probleme so unverzerrt, dass offen darüber diskutiert, gestritten und nach Lösungen gesucht werden kann. Artikel 5 des Grundgesetzes garantiert die Meinungs-, Informations- und Pressefreiheit.
In zahlreichen Staaten ist die Pressefreiheit nicht ausreichend gewährleistet. Auch die Zensur des Internets wird zu einem stetig wachsenden Problem. Das Internet und die Neuen Medien können Chancen der politischen Mitwirkung (Partizipation) eröffnen. In den arabischen Staaten haben sie z. B. bei der Organisation der Massenproteste im Jahr 2011 eine große Rolle gespielt.

Manipulation von Presse
M 21

Vor allem die visuellen Medien können z. B. durch digitale Bildbearbeitungstechniken, durch die Auswahl oder Zusammensetzung von Bildausschnitten oder verfälschende Bildinformationen den Zuschauer manipulieren.

Was wir können

Begriffe-Domino

Nachricht	Objektivität	Privatsender	Massenmedien	Manipulation	Einschaltquote
kommunizieren einseitig mit einer unbestimmten Zahl von Menschen	Mitteilung über ein aktuelles Ereignis	misst den Erfolg einer Sendung	bewusste Verfälschung und Verzerrung von Tatsachen	verfasst Nachrichten und gibt sie an die Redaktionen weiter	weltweites Computernetzwerk

Nachrichtenagentur	Internet	Infotainment	Animation	öffentlich-rechtlicher Rundfunk	Pressefreiheit
finanzieren sich überwiegend durch Werbeeinnahmen	künstlich, mit dem Computer erzeugte Bewegtbilder	Gegenteil von Subjektivität	Voraussetzung für eine freie Meinungsbildung	Nachrichten als Unterhaltung präsentiert	gebührenfinanzierte Anstalt mit Auftrag zur Grundversorgung

Aufgabe

Füge die passenden Steine zusammen.

Lösung am Ende des Buches

Kampagnen-Plakate analysieren und entwerfen

Internationale Gesellschaft für Menschenrechte (IGFM, www.menschenrechte.de)

Aufgabe

1. Untersucht die Text- und Bildaussagen der Kampagnen-Plakate. Auf welche Probleme wollen sie hinweisen? Worauf beruht die Eindringlichkeit ihrer Wirkung?
2. Entwerft in Kleingruppen Kampagnen-Plakate zum Thema Pressefreiheit. Achtet dabei vor allem auf eine ansprechende und eindeutige Bildidee. Die Beispiele geben euch Anregungen.

3

Identität und Lebensgestaltung im Wandel der Gesellschaft

Damit das Zusammenleben der Menschen funktioniert, bedarf es bestimmter Regeln und Übereinkünfte. Diese unterliegen aber auch einem steten Wandel, mit dem man sich immer wieder auseinandersetzen muss. Teil der Gesellschaft zu werden heißt, den Erwartungen anderer und gleichzeitig auch sich selbst und seinen eigenen Lebensvorstellungen gerecht zu werden.

Kompetenzen

Am Ende dieses Kapitels solltest du Folgendes können:

- erklären, was man unter Identität versteht und wie sich diese entwickelt
- erläutern, was Werte sind, und wissen, dass sich diese verändern
- Konflikte im Zusammenleben analysieren und Lösungsansätze diskutieren
- die Ursachen und Folgen der Migration nach Deutschland kennen
- Chancen und Schwierigkeiten des Zusammenlebens von Menschen unterschiedlicher Kulturen beurteilen

Was weißt du schon?
Vervollständige den Satz:
Mit anderen zusammen zu sein, bedeutet für mich …

3.1 Der Einzelne in der Gesellschaft

Wer bin ich und was will ich?

M 1 Vorbild oder Idol?

a

b

c

d

e

f

Als Vorbild bezeichnet man eine Person, die als Leitbild für die eigene Entwicklung und Lebensgestaltung aufgefasst wird. Ein Idol ist ein Wunschbild, das schwärmerisch und übermäßig verehrt wird. Thomas (b) gewinnt 2008 bei „Jugend forscht" den ersten Preis im Bereich Technik mit einem selbst entwickelten Sensor, der jetzt bei einem großen Automobilhersteller produziert wird; Culcha Candela (a) ist eine der erfolgreichsten deutschen Bands, Heidi Klum (c) ist Supermodel und hat eine eigene Fernsehshow; Angela Merkel (d) ist die erste Frau im Bundeskanzleramt, die Cellistin Gesa (e) hat mit 14 Jahren den Landeswettbewerb „Jugend musiziert" im Saarland gewonnen, Philipp Lahm (f) ist erfolgreicher Fußballer und engagiert sich zu vielen Themen.

M 2 Eine Medaille hat zwei Seiten – Stärken und Schwächen

Wir haben alle unsere Stärken und Schwächen. Aber was sind Schwächen oder Stärken? Sind manche Stärken nicht auch Schwächen oder umgekehrt?

Ich kann mich gut konzentrieren.
Ich bin ausdauernd.
Ich kann fleißig sein.
Ich bin oft genau.
Ich kann sehr konsequent sein.
Ich kann einen starken Willen haben.
Ich bin sozial engagiert.
Ich kann ein Instrument spielen.
Ich arbeite sehr schnell.
Ich habe keine Ausdauer.
Ich bin verschwiegen.
Ich bin misstrauisch.
Ich gebe oft anderen die Schuld, wenn etwas schiefgeht.
Ich kann schlecht etwas für mich behalten.
Ich vertraue niemandem etwas an.
Ich helfe gerne anderen Menschen.
Ich bin sportlich.
Ich bin ordentlich.
Ich habe einen Dickkopf.
Ich bin gerne freundlich zu anderen.
Ich bin zuverlässig.
Ich gehe offen auf andere Menschen zu.
Ich brauche viel Sicherheit.

Eigenschaft	positiv	negativ
„Ich bin misstrauisch."	Ich traue nicht sofort jedem und betrachte erst vorsichtig, bevor ich mich auf etwas einlasse. So bleiben mir Enttäuschungen erspart.	Manchmal ist es gar nicht nötig, misstrauisch zu sein. Eine positive Einstellung und Vertrauen sind wichtig, um neue Freundschaften zu schließen. Da kann zu viel Misstrauen auch stören.
„Ich habe einen Dickkopf."	...	...

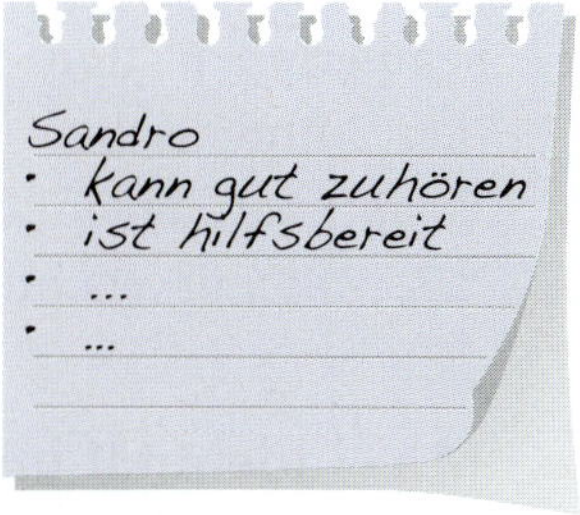

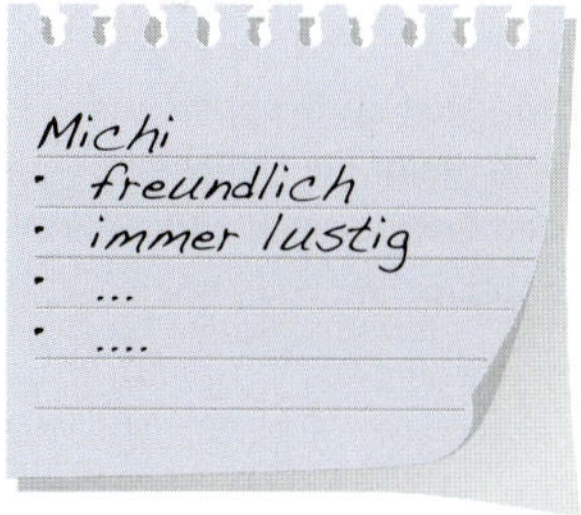

Aufgaben

1. Kann man unterscheiden, ob es sich bei den Persönlichkeiten um ein Vorbild oder um ein Idol handelt?
   a) Sortiere für dich die Namen in eine Tabelle mit zwei Spalten (Vorbild – Idol) und tragt dann an der Tafel zusammen. Begründet eure Zuordnung, indem ihr euch auf die Begriffserklärung in der Bildunterschrift bezieht.
   b) Siehst du ein Problem darin, einem Idol nachzueifern? Diskutiert in der Klasse darüber.
2. Schreibt die Sätze auf Kärtchen und sortiert sie gemeinsam an einer Pinnwand der Seite „Stärke" oder „Schwäche" zu (M 2).
3. Im Sprichwort heißt es, eine Medaille hat zwei Seiten. Sucht zu einigen Eigenschaften die zweite Seite der Medaille (vgl. Tabelle).

Tipp:
Schreibe auf einen Zettel deinen Namen und reiche diesen an deinen Nachbarn weiter. Dieser schreibt eine positive Eigenschaft von dir darauf. Dann gebt den Zettel weiter, sodass jeder Mitschüler etwas Positives über dich aufschreibt. Am Ende bekommst du deinen Zettel wieder – er gehört dir!

Ich will ich sein

M 3 Ich will ich sein – aber wer bin ich eigentlich?

„Ich will ich sein", das sagt sich sehr einfach, aber: „Wer bin ich eigentlich?" Reicht ein Blick auf den Personalausweis aus, um herauszufinden, wer ich bin? Zumindest stehen dort Name, Anschrift, Geburtstag und -ort, Körpergröße und Augenfarbe und auch ein Passfoto ist dabei. Aber reicht das aus, um zu sagen, wer man ist? Gehört zum Ich nicht noch etwas mehr? Zum Beispiel die Beziehung zu anderen Menschen, zu den Eltern und Geschwistern, Freunden und Freundinnen, zu den Mitschülerinnen und Mitschülern, zu den Mitmenschen ganz allgemein? Gehört zur Persönlichkeit nicht auch das, was mir wichtig ist, oder mein Verhältnis zu den Dingen, wie Natur, Technik, Musik und Kunst oder zur Gesellschaft? Gehört dazu nicht auch die Antwort auf die Frage, wie ich zu mir selbst stehe oder was ich mit meinem Leben will?

Jeder Mensch wünscht sich, als eigenständige Persönlichkeit wahrgenommen zu werden. Die Einzigartigkeit ist uns wichtig, aber auch das Gemeinsame, was uns mit anderen verbindet. Seinen Weg zu finden, ist nicht einfach und benötigt viel Zeit. Die Suche nach der eigenen Identität ist ein lebenslanger Prozess, der von der uns umgebenden Gesellschaft, aber auch von vielen Zufällen beeinflusst werden kann.

Ich-Identität
Darunter versteht man die Gewissheit eines Menschen, er selbst und unverwechselbar zu sein und sich von anderen zu unterscheiden.

soziale Identität
Soziale Identität bildet der Mensch durch die Zugehörigkeit zu Gruppen aus und meint die Fähigkeit, den Erwartungen anderer entsprechen zu können.

M 4 Identität im Netz

Nach: „Außenwirkung von Selbstdarstellungen in sozialen Netzwerken – sechs Profilbeispiele mit Erläuterungen", www.klicksafe.de

Methode

M5 Eine Mindmap erstellen

1. Verwende ein unliniertes Blatt DIN A4 (oder größer) und lege es quer. Beginne in der Mitte des Blattes und schreibe hier das Thema deiner Arbeit auf.
2. Schreibe nun Oberbegriffe in Großbuchstaben auf die Hauptäste, die direkt vom Kern abgehen. Mit diesen Oberbegriffen strukturierst du das Thema grundlegend, überlege hier also genau, welche Begriffe du wählst.
3. Ergänze nun Nebenarme mit einer zweiten (und evtl. dritten) Gedankenebene.
4. Nun erweitere deine Mindmap: Du kannst an jedem Arm Begriffe und Ideen ergänzen, gerade wo dir etwas einfällt.

M 6 Mein Leben in einer Mindmap

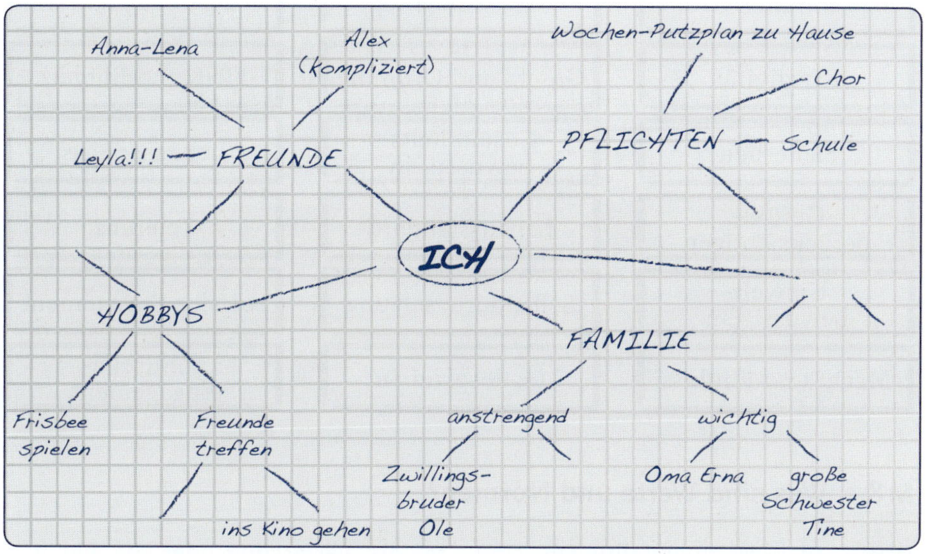

Aufgaben

1. Erstelle eine Mindmap zu dir und deinem Leben (M 6, vgl. Methode Mindmap).
2. Die meisten von euch haben ein Profil in einem sozialen Netzwerk.
   a) Beschreibe die Identität / Persönlichkeit Alexanders anhand seiner Angaben.
   b) Vergleiche Alexanders Angaben mit dem, was du oder deine Freunde in ihren Profilen angeben.
   c) Diskutiert anschließend die Frage, inwiefern die Internet-Profile der „realen Identität" entsprechen (M 4).
3. Überlegt gemeinsam, weshalb immer mehr Menschen die eigene Identität preisgeben.

Welche Werte sind uns wichtig?

M 7 Eine Rangliste der Werte erstellen

Bei der Erstellung der Shell-Jugendstudien werden Kinder, Jugendliche und junge Erwachsene im Alter zwischen 12 und 25 Jahren zu unterschiedlichen Bereichen ihres Lebens befragt. U. a. werden sie darüber befragt, welche Werte ihnen besonders wichtig sind. Erstellt nun selbst eure persönliche Rangliste der zehn wichtigsten Werte. Vergleicht sie dann mit der Nachbarin / dem Nachbarn und erstellt abschließend eine Klassen-Rangliste.

Willst du eigene Werte ergänzen?

Freundschaft	Partnerschaft	Familienleben
Eigenverantwortung	viele Kontakte	Unabhängigkeit
Kreativität	Gesetz und Ordnung	Fleiß und Ehrgeiz
Sicherheit	Gesundheitsbewusstsein	Lebensgenuss
Gefühle berücksichtigen	Lebensstandard	Toleranz
Umweltbewusstsein	Selbstdurchsetzung	soziales Engagement
Macht und Einfluss	Gottesglauben	politisches Engagement

M 8 Was sind Werte und Normen?

Werte oder Wertvorstellungen sind Einstellungen oder Maßstäbe, nach denen Menschen individuell ihr Handeln, Denken oder Fühlen ausrichten. Jeder von uns hat eigene Wertvorstellungen. Was für den einen ein Wert ist, muss für den anderen noch lange nicht wichtig sein. Pünktlichkeit und Verlässlichkeit zum Beispiel können dem einen wertvoll sein, dem anderen jedoch nicht. Die individuellen Wertvorstellungen verändern sich in der Regel im Laufe des Lebens. Werte sind aber auch Orientierungspunkte für die Gesellschaft als Ganzes. So sind zum Beispiel die Menschenrechte, die Verfassung oder die Religion Werte. Daneben gibt es auch materielle Werte, wobei die Menschen durchaus unterschiedliche Dinge als wertvoll erachten: Für den einen ist es das Auto, den anderen sein Fahrrad usw. Soziale oder gesellschaftliche Normen sind Regeln oder Verhaltensvorschriften für die einzelnen Mitglieder einer Gesellschaft. Normen sind von Gesellschaft zu Gesellschaft verschieden und unterliegen einem starken Wandel. Normen setzen Werte in Regeln um, so wird zum Beispiel der Wert „Ehrlichkeit" in der Norm „Du sollst nicht lügen" umgesetzt.

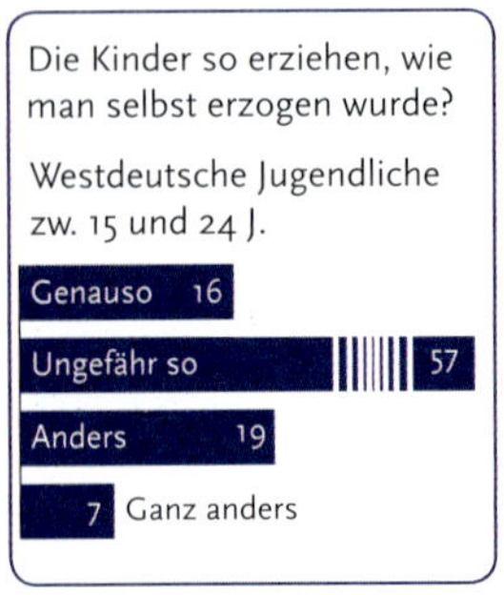

Quelle: Shell-Jugendstudie 2010-TNS Infratest Sozialforschung

M 9 Zu wenige oder zu viele Werte?

Anders als das verbreitete Gefühl es will, mangelt es heute nicht mehr an Werten als früher, wie Jürgen Rekus, Pädagogik-Professor an der Universität Karlsruhe, sagt. Im Gegenteil: „Das Problem besteht eher darin, dass es eine Fülle von Werten gibt, die in Konkurrenz zueinander stehen." Werte können überhaupt nicht zerfallen, sagt auch Volker Ladenthin, Professor für Erziehungswissenschaft an der Universität Bonn. [...] In modernen Gesellschaften existierten hingegen konkurrierende Werteangebote. Statt von „Wertezerfall" müsse deswegen von „Wertepluralismus" gesprochen werden – und der sei „ein wichtiges Kennzeichen demokratischer Gesellschaften". [...] „Der eine trägt Hose mit Bügelfalte, der andere Jeans. Was ist richtig?", sagt auch Jürgen Rekus. Wenn eine Gesellschaft sich wandelt, dann ändern sich auch jene Vorstellungen, die allgemein als wünschenswert gelten und den Gruppenmitgliedern Orientierung beim Denken und Handeln geben. [...]

Zu dieser Wirklichkeit gehöre auch das Erleben von Menschen mit deren eigenen, womöglich fremd erscheinenden Werten. Mündige Bürger müssen das zeitlebens aushalten, im besten Falle begrüßen können.

Walther Schmidt, Tagesspiegel, 27.8.2008

Wertewandel
Wenn sich die Einstellungen und Ansichten der Menschen über die Wichtigkeit und Gültigkeit von Werten ändern, dann spricht man von einem Wertewandel. Dieser hat oft auch Auswirkungen auf die Politik. So ist der Wert „Gesundheit" heute wichtiger als früher, was z. B. zu einem Rauchverbot in Gaststätten geführt hat.

Pluralismus
Vielfalt

M 10 Die „Goldene Regel"

Trotz der Wertevielfalt gibt es so etwas wie eine „Goldene Regel" menschlichen Verhaltens.

Was für mich eine unliebe und unangenehme Sache ist, das ist auch für den anderen eine unliebe und unangenehme Sache.
(Buddhismus, 5. Jh. v. Chr.)

Handle so, dass die Maxime deines Willens jederzeit zugleich als Prinzip einer allgemeinen Gesetzgebung gelten könne.
(Immanuel Kant, 1785)

Was ihr von anderen erwartet, das tut ebenso auch ihnen.
(Bibel, Neues Testament)

Was du nicht willst, das man dir tut, das füg' auch keinem andern zu.
(Sprichwort)

Aufgaben

1. Schreibt eine kurze Szene, in der die unterschiedlichen Wertvorstellungen von Jugendlichen und Erwachsenen zum Ausdruck kommen, z. B. bei einem Dialog mit den Eltern am Mittagstisch (M 7).
2. Sammle Gründe dafür, warum sich Werte im Lauf der Zeit wandeln (M 9).
3. Finde Beispiele für Wertekonflikte (M 9).
4. Zeige an Beispielen aus dem Schulalltag auf, wie man nach der „Goldenen Regel" handeln kann (M 10).

Welche Rollen spielen wir?

M 11 Was wollen denn nur alle von mir?

Katja besucht die 7. Klasse einer Realschule. In der letzten Zeit hat sie große Probleme mit dem Aufstehen. Auch heute muss ihre Mutter sie drei Mal wecken, bis sie endlich aus dem Bett kommt. Katzenwäsche und ohne Frühstück zum Bus. Normalerweise schafft sie es in der letzten Minute – nur heute nicht. Als sie auf den nächsten Bus wartet, denkt sie sich schon einmal eine Entschuldigung aus. Wecker kaputt, Mutter verschlafen. Aber Herr Becker, der Deutschlehrer, den sie heute in der ersten Stunde haben, kennt kein Pardon und macht ein ziemliches Theater, als Katja mit einer viertel Stunde Verspätung die Klassentür öffnet. Er erwartet absolute Pünktlichkeit. Katjas Freundin Lisa hat schon sehnsüchtig gewartet, um von dem Film zu erzählen, den sie gestern im Kino gesehen hat. Eigentlich will Katja aber lieber aufpassen und sich am Unterricht beteiligen, um Herrn Becker wieder milde zu stimmen. Nach sechs anstrengenden Unterrichtsstunden geht es wieder nach Hause. Weil Katja auf Lisa wartet, verpasst sie an diesem Tag den Bus ein zweites Mal. Zuhause sitzen ihre Mutter und ihre Geschwister schon am Mittagstisch und warten. Als Katja sich hinsetzen will, klingelt das Handy. Marie will sich am Nachmittag mit ihr verabreden. Die Mutter ist sauer, weil sie Telefonieren beim Essen nicht duldet. Ihre Mutter erinnert sie daran, dass die Familie heute zum Geburtstag ihrer Patentante eingeladen ist. Am Abend soll sie auf die jüngeren Geschwister aufpassen, weil sich ihre Mutter mit einer Freundin verabredet hat. Ausgerechnet heute hat aber der Schwimmverein ein Sondertraining für den Wettkampf am kommenden Sonntag angesetzt. „Was wollen denn bloß alle von mir?", denkt Katja.

Marie Marcks

M 12 Wie wird man ein Mitglied der Gesellschaft?

Zunächst sorgt die Familie dafür, dass aus einem Säugling langsam ein Mitglied der Gesellschaft wird. Später wird diese Aufgabe auch von anderen übernommen. So wirken unterschiedlichste Einflüsse aus Nachbarschaft, Freundeskreis, Kindergarten, Schule, Fernsehen, Werbung usw. auf das Kind ein. Der Einfluss kann planvoll und beabsichtigt (Erziehung), aber auch unabsichtlich geschehen. Den gesamten Prozess, den ein Mensch durchläuft, um seine Persönlichkeit auszubilden und ein Mitglied in der Gesellschaft zu werden, nennt man **Sozialisation**.

Während der Sozialisation werden uns Normen und Wertvorstellungen vermittelt, die für das Zusammenleben innerhalb der Gesellschaft notwendig sind. Normen kann man als Regeln bezeichnen, die von den Mitgliedern der Gesellschaft akzeptiert werden müssen. Für den Einzelnen können Normen aber auch Einschränkungen bedeuten. Wenn man die Regeln bricht, macht man sich unbeliebt oder wird vielleicht aus der Gruppe ausgeschlossen. Ihr könnt das mit dem Sport vergleichen. Ein Fußballspiel zum Beispiel verläuft nach festen Regeln, an die sich alle Spieler halten müssen, denn sonst bricht Chaos aus. Fußballer, die gegen die Regeln verstoßen oder sich beim Spiel unsportlich verhalten, werden vom Platz gestellt.

Erziehung
So bezeichnet man alle zielgerichteten und absichtsvollen Maßnahmen, die Eltern, Lehrer u. a. unternehmen, um Heranwachsenden dabei zu helfen, selbständig handelnde und urteilende Persönlichkeiten zu werden. Dabei geht es um das Erlernen von Verhaltensregeln und die Übertragung von Gefühls- und Denkmustern der Gesellschaft.

M 13 Soziale Rollen

In der Umgangssprache gebrauchen wir sehr häufig den Begriff der Rolle. […] Die soziale Rolle beschreibt unser eigenes Verhältnis zur Gesellschaft.

Mit der Geburt betreten wir die „Bühne der Gesellschaft". Nach und nach lernen wir, diesen oder jenen „Part" und damit unterschiedliche Rollen zu spielen. […]

Jeder erwartet von uns, dass wir unseren Text kennen. Jeder erwartet von uns etwas anderes. Die Rollen, die wir einnehmen, können ganz unterschiedlich sein. So sind wir Sohn oder Tochter, Freund oder Freundin, Mitglied im Chor oder Torwart der Schulauswahl, Schülerin oder Schüler, freiwilliger Feuerwehrmann, Pfadfinderin usw. Aber nicht immer erfüllen wir auch die Erwartungen, die an uns formuliert werden, und so kann es dann zu einem Rollenkonflikt kommen.

nach: Hans Peter Henecka, Grundkurs Soziologie, 9. Aufl., Konstanz 2009, S. 101 ff.

Aufgaben

1. a) Arbeite heraus, zwischen welchen Rollen, die Katja einnimmt, es zu Konflikten kommt (M 11). Ergänze Situationen, in denen du selbst schon einmal einen Rollenkonflikt erlebt hast.
   b) Beschreibe, wie sich solche Rollenkonflikte lösen lassen.
2. Erläutere, welche Erwartungen du an die Rolle der Klassensprecherin / des Klassensprechers stellst, damit diese gut ausgefüllt wird.
3. Nenne unterschiedliche Rollen, die du selbst einnimmst. Unterscheide die Rollen, die vorgegeben sind, und die, die du selbst gewählt hast (M 13).

Leben in der Clique

M 14 Berichte aus der Clique

Aynur (14 Jahre):
Am liebsten gehe ich mit Freundinnen shoppen. Außerdem muss man in unserer Clique immer die angesagtesten Klamotten haben. Anke kam neulich mit einer ganz peinlichen Hose an. Wir wollten sie erst gar nicht mit ins Kino nehmen.

Maximilian (13 Jahre): Mit meinen Freunden bin ich jeden Tag zusammen. Wir unternehmen eigentlich alles zusammen, man muss nie allein sein. Natürlich gehört nicht jeder sofort dazu, man muss erst eine Mutprobe bestehen.

Tanisha (13 Jahre):
Seit vier Jahren spiele ich bei uns im Ort in der Handballmannschaft mit. Am Anfang hatte ich einmal die Woche Training, inzwischen haben wir an Wochenenden oft Turniere. Das Training macht viel Spaß. Dort denke ich nicht mehr über den Stress in der Schule nach. Und ich spiele auch immer besser – im letzten Spiel habe ich fünf Tore geworfen! Beim Handball habe ich auch Sina kennen gelernt, inzwischen sind wir richtig dicke Freundinnen. Das Beste aber sind die Wochenenden, wenn wir ohne Eltern auf Turniere oder Übungsfreizeiten fahren.

M 15 Wie wichtig ist die Clique?

a) Busenfreundschaft und ein großes Gehirn

Jessi kann mit dem Hörer am Ohr ihre Hausaufgaben machen, mit Anna in der Leitung einen Tee kochen und über Jungs / Eltern / Filme / Blödsinn oder was auch immer klönen und (das vor allem) kichern. [...] Vier bis fünf Stunden Kommunikation – chatten, simsen, mailen und sich treffen mitgerechnet –, das sei der normale nachmittägliche Durchschnitt, versichern die Freundinnen Jessica, 15, Anna und Valeska, beide 14. Dabei ist es nicht so, dass sie sich vormittags nicht sehen. [...]

Möglicherweise muss man erlebt haben, wer wirklich zu einem hält, wenn es eng wird und die anderen vermeintlichen Freunde plötzlich weg sind, wie Julius, 14, der seinen Kicker-Kumpel Thilo, 13, neu entdeckte, nachdem in seiner vormaligen Münchener Clique auf einmal Rauchen und Trinken angesagt waren – und Julius eher nicht mehr. „Thilo kann ich auch ganz Intimes erzählen", sagt Julius [...]. Und: „Gemeinsam haben wir ein großes Gehirn, uns fällt immer was ein." Partys geben, Fußball, Computer spielen, Musik hören, schräge Videos drehen.

„Ohne Thilo", sagt Julius, „wüsste ich gar nicht weiter." [...]

„Unter Freunden gilt die eigene Sicht mehr als im Umgang mit den ewigschlauen Erzeugern. Die Beziehungen sind gleichrangig – das macht den Unterschied", sagt Christian Alt, der beim Deutschen Jugendinstitut zum Thema Kinderfreundschaften forschte. Auch die Rolle und Funktion der Freunde ändert sich mit dem Alter. „Je älter die Kinder sind, desto intensiver und stabiler werden die Freundschaften", so Alt. [...]

b) Sorgen über „falsche Freunde"

Sind „falsche" Freunde gefährlich? [...] Nach einem nächtlichen Wodka-Picknick mit drei Freundinnen landete die 14-jährige Emily kürzlich mit 1,6 Promille in der Notaufnahme des Krankenhauses. Die Mutter fiel aus allen Wolken. „Ich habe Emily bisher grenzenlos vertraut. Aber seit Neuestem begibt sie sich bewusst in Gefahr." Mitschuld trage eine neue Gefährtin der Tochter, die diese „auf blöde Gedanken" bringe. „Ich trau der nicht. Wenn die da ist, habe ich das Gefühl, ich muss den Geldbeutel kontrollieren." Emily habe sich sehr verändert. [...]

Barbara Esser, in: FOCUS-SCHULE Nr. 1, 2008

M 16 Da mach ich nicht mit!

Tanja, Jacqueline, Murat und Kathi sitzen auf dem Spielplatz, sie haben Langeweile.

„Und was machen wir jetzt?", fragt Tanja.

„Lasst uns doch ins Einkaufszentrum gehen", schlägt Kathi vor.

Murat erwidert: „Ich habe aber gar kein Geld, was soll ich denn da?"

„Na, das ist doch kein Grund. Mit einer CD kommst Du doch locker an der Kasse vorbei – ohne zu zahlen ...", klärt Kathi ihn auf.

„Du meinst, wir sollen klauen?", fragt Tanja erschrocken.

„Warum denn nicht? Machen doch viele! Was meinst du, woher Jacqueline ihre neuen Ohrringe hat?!"

Jacqueline grinst.

„Bleib doch hier, wenn du ein Angsthase bist!", stichelt Kathi. Tanja zögert.

Tipp:
Ihr könnt die Situation auch gut in einem Rollenspiel nachspielen.
Für die Rollenkarten könnt ihr die Charaktere und Motive der beteiligten Personen genauer herausarbeiten.

Aufgaben

1. Beschreibe auf der Grundlage von M 14 - M 16 die Bedeutung der Freundschaften.
2. a) Arbeite aus M 15 - M 16 heraus, inwiefern der Einfluss einer Freundschaft gefährlich sein kann.
   b) Lassen sich Taten wie z. B. Diebstahl oder Körperverletzung auf den Druck der Freundschaften zurückführen? Begründe deine Ansicht.
   c) Diskutiert weitere Gefahren, die von der Clique ausgehen können.
3. Warum ist es für Tanja und Murat in der Situation schwer, „Nein" zu sagen (M 16)?

Jugendkultur und Generationenkonflikt

M 17 Jugendkultur: Provokation und Abgrenzung

Punker in den späten 1980er Jahren

Hippies, Madrid 1982

Techno-Fans auf der Love Parade, Berlin 1997

und heute …?

M 18 Generationenkonflikt

„Wir wollen aber nicht so sein wie unsere Eltern oder unsere Großeltern" – so oder ähnlich hört man es heute und hörte man es in früheren Zeiten von vielen Jugendlichen. Jugendliche wollen vieles anders machen als ihre Eltern. Sie wollen nicht, dass ihnen alles vorgeschrieben wird. Sie wollen sich von der älteren Generation abgrenzen und suchen eigene Wege im Leben. Das zeigt sich zum Beispiel in einer besonderen Jugendkultur mit eigener Musik, anderer Kleidung, anderen Vorstellungen von der Gestaltung des Lebens. Oft erkennen die Jüngeren nicht an, was für die Älteren selbstverständlich war und ist. Sie widersprechen den Eltern und Lehrern. Manchmal kommt es zum Streit und dann ist der Konflikt zwischen den Generationen da. In vielen Gesellschaften und Kulturen gab und gibt es solche Auseinandersetzungen zwischen den Generationen.

www.hanisauland.de

M 19 Du warst so ein süßes Kind!

Junge, warum hast du nichts gelernt?
Guck dir den Dieter an,
der hat sogar ein Auto.
Warum gehst du nicht
zu Onkel Werner in die Werkstatt?
Der gibt dir ne Festanstellung,
wenn du ihn darum bittest.

Junge, und wie du wieder aussiehst,
Löcher in der Hose und ständig die-
ser Lärm.
[Was soll'n die Nachbarn sagen?]
Und dann noch deine Haare,
da fehlen mir die Worte,
musst du die denn färben?
[Was soll'n die Nachbarn sagen?]

Nie kommst du nach Hause,
wir wissen nicht mehr weiter.
[...]
Wo soll das alles enden?
Wir machen uns doch Sorgen!

Und du warst so ein süßes Kind!
Und du warst so ein süßes Kind! ...

Und immer deine Freunde,
ihr nehmt doch alle Drogen,
und ständig dieser Lärm,
[Was soll'n die Nachbarn sagen?]
Denk an deine Zukunft,
denk an deine Eltern
willst du, dass wir sterben?

DIE ÄRZTE, 2006 (PMS Musikverlag GmbH, Berlin)

Aufgaben

1. Die Bilder in M 17 zeigen Jugendkulturen vergangener Jahrzehnte. Welche Begriffe fallen dir hierzu ein? Erstelle eine Liste.
2. Welche Jugendkultur(en) gibt es heute? Wie würdest du sie beschreiben?
   a) Sammle mit deinem Sitznachbarn Stichworte.
   b) Erstellt arbeitsteilig Steckbriefe zu heutigen Jugendkulturen.
3. a) Welche Vorwürfe formulieren die Eltern an ihren Jungen im Lied der „Ärzte"? Erstelle eine Liste (M 19).
   b) Kennst du solche Diskussionen mit deinen Eltern oder Großeltern? Beschreibe diese (M 18, M 19).
4. Welche Motive haben die Eltern, diese Vorwürfe auszusprechen, welche Sorgen stecken dahinter? Überlegt euch in Partnerarbeit mindestens drei mögliche Gründe für ihr Verhalten (M 19).
5. Schreibe einen Songtext aus der Sicht des Jungen an die Eltern.

Wandeln sich die Geschlechterrollen?

M 20 Neue Männer – neue Frauen?

Der traditionelle Mann

- Die Frau soll für den Haushalt und die Kinder da sein, der Mann ist für den Beruf und für die finanzielle Versorgung zuständig.
- Wenn ein Mann und eine Frau sich begegnen, soll der Mann den ersten Schritt tun.
- Männer können einer Frau ruhig das Gefühl geben, sie würde bestimmen, zuletzt passiert doch das, was er will.

Die traditionelle Frau

- Der Beruf ist gut, aber was die meisten Frauen wirklich wollen, ist ein Heim und Kinder.
- Eine Frau muss ein Kind haben, um ein erfülltes Leben zu haben.
- Hausfrau zu sein ist für eine Frau genauso befriedigend wie eine Berufstätigkeit.
- Frauen sind von Natur aus besser dazu geeignet, Kinder aufzuziehen.

Peter Döge, Rainer Volz, Wollen Frauen den neuen Mann? Traditionelle Geschlechterbilder als Blockaden von Geschlechterpolitik, Sankt Augustin, November 2002, S. 24

M 21 Aufgabenverteilung im Haushalt in Theorie und Praxis

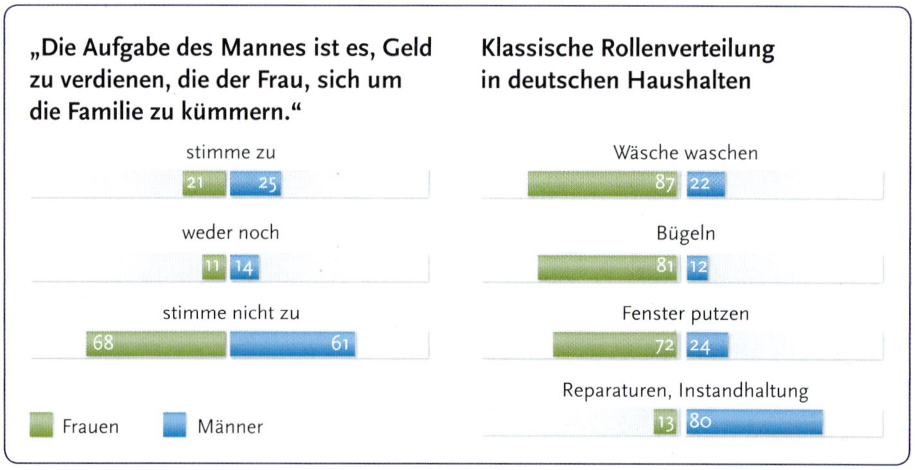

Bundesministerium für Familie, Gender-Datenreport, München 2005, S. 308

Bauknecht/Research Plus, Gesund leben 2006

M 22 Familie Markworth nach dem Abendessen

Ausgangssituation: Familie Markworth ist mit dem Abendessen fertig. Die Mutter fragt: „Und wer hilft mir jetzt beim Abwasch?" Als sich wieder keiner meldet, platzt der Mutter der Kragen …

Mutter:
- arbeitet halbtags, muss in letzter Zeit aber viele Überstunden machen
- kümmert sich traditionell wochentags um fast alles im Haushalt
- mit den Überstunden wird ihr das aber zu viel …

Vater:
- arbeitet sehr lange, ist abends müde, wenn er nach Hause kommt
- am Wochenende hilft er beim Fenster putzen, einkaufen
- für eine Haushaltshilfe ist ihm das Geld zu schade, dafür fährt er lieber in den Urlaub …

Tochter, 13 Jahre alt:
- hilft gelegentlich im Haushalt, abwaschen findet sie aber besonders nervig
- an diesem Abend läuft genau ihre Lieblingssendung im Fernsehen
- sieht nicht ein, dass sie als Tochter mehr macht als ihr Bruder …

Sohn, 15 Jahre alt:
- soll den Müll raustragen, findet das aber eine sehr unangenehme Aufgabe, die er selten erledigt
- wünscht sich eine teure Spielkonsole zu Weihnachten

Tipp:
Um das Rollenspiel lebendiger zu gestalten, könnt ihr euch einfache Kostüme überlegen. Eine Krawatte, eine Brille oder eine Küchenschürze zum Beispiel können schon ausreichen, um die gespielte Szene realistischer zu machen.

Methode

M 23 Ein Rollenspiel durchführen

In einem Rollenspiel schlüpft man, wie bei einer Theaterrolle, in die Haut einer anderen Person. Dadurch ist es einfacher, deren Situation nachzuvollziehen und zu verstehen. Ihr müsst überlegen, wie sich die zu spielenden Personen in den jeweiligen Situationen fühlen und verhalten könnten.

1. Vorbereitung
Einigt euch auf eine Situation, die ihr spielen wollt. Teilt die Klasse in Gruppen ein, die jeweils eine Rolle übernehmen. Arbeitet in den Gruppen nun die Eigenschaften und Ansichten der einen Rolle heraus. Zuletzt bestimmt die Gruppe eine(n), die/der die Rolle spielen soll.

2. Durchführung
Die entsandten Gruppenmitglieder spielen vor der Klasse die Situation. Spielt euer Rollenspiel so konzentriert wie möglich vor. Es sollte zu keinen Unterbrechungen kommen, da ihr dann aus der Rolle herausfallt und nur schwer zurückfindet.
Die anderen Klassenmitglieder sind aufmerksame Beobachter: Sie schauen dem Spiel zu und machen sich Notizen zu den einzelnen Spielern: Wurden die Personen und ihre Eigenschaften glaubwürdig dargestellt? Was ist besonders aufgefallen bzw. deutlich geworden?

3. Nachbesprechung
Die Spieler schildern die Probleme, die sich bei der Inszenierung aufgetan haben. Vor allem sprechen sie über ihre Gefühle und Gedanken, die sie bei der Umsetzung der Rollen hatten.
Die Zuschauer schildern anschließend ihre Beobachtungen. Am Ende eines jeden Rollenspiels steht die Frage: Was hat euch das Rollenspiel gezeigt? Welche Verhaltensmuster wurden deutlich?

Elterngeld
vom Einkommen abhängige staatliche Unterstützungsleistung für Familien von bis zu 14 Monaten (davon 2 Vätermonate)

M 24 Besuch von den Kollegen ...

Plaßmann, Baaske Cartoons

M 25 Ist Erziehung immer noch Frauensache?

demografischer Wandel
Wandel der Bevölkerung

Erziehung ist Frauensache, denken viele Männer. Das ist das Ergebnis einer Studie von Wissenschaftlern des Rostocker Zentrums zur Erforschung des demografischen Wandels. „Der Wandel hin zu einer eher ausgeglichenen Arbeitsteilung in Partnerschaften findet nur langsam statt. Vor allem die Geburt des ersten Kindes festigt oft bestehende Rollenbilder", sagte Forscher Christian Schmitt. Gemeinsam mit seinen Kolleginnen Heike Trappe und Annelene Wengler untersuchte der Bevölkerungsexperte das Rollenverhalten von Paaren.

Den Forschern ist vor allem aufgefallen, dass Paare mit Kindern ihre Aufgabenteilung meist „wesentlich traditioneller" gestalteten als kinderlose. Zudem übernehmen viele Paare nach ihrer Heirat auch bei der Hausarbeit wieder die herkömmliche Arbeitsteilung – anders als die Mehrzahl der Partner in nichtehelichen Lebensgemeinschaften. [...]

Auch international zeigten sich Abweichungen von der deutschen Familien- und Geschlechternorm. So verstünden die skandinavischen Länder die Gleichstellung „als Grundprinzip ihrer sozialstaatlichen Ausrichtung". Auch in den USA und Kanada seien Frauen stärker ins Erwerbsleben einbezogen. Beides führe dazu, dass die Aufgabenteilung zwischen den Geschlechtern besser ausbalanciert sei.

mb/dpa, Focus, 13.4.2010

M 26 Kontrovers diskutiert: Welches Rollenbild soll es sein?

Sophia B., 30 Jahre, Mutter einer achtjährigen Tochter, Reiseverkehrskauffrau, berufstätig: Alte Rollenbilder gehören der Vergangenheit an. Für mich ist es völlig normal, berufstätig und Mutter zu sein. Für meinen Mann ist es kein Problem, Wäsche zu waschen oder unsere Tochter vom Hort abzuholen.

Elke K., 35 Jahre, Hausfrau und Mutter von zwölfjährigen Zwillingen: Warum soll man denn am traditionellen Familienmodell rütteln? Schließlich hat es sich über Jahrtausende bewährt.

Markus S., 22 Jahre, Auszubildender: Ich teile mir jetzt schon die Hausarbeit mit meiner Freundin. Wie wir das später mit der Kindererziehung machen, müssen wir noch entscheiden.

Nils T., 27 Jahre, Einkäufer: Ich kann mir überhaupt nicht vorstellen, nur ein „Feierabendpapa" zu sein. Deshalb habe ich mit meinem Arbeitsgruppenleiter schon vor der Geburt unseres Sohnes vereinbart, Teilzeit arbeiten zu können. Ich kümmere mich gemeinsam mit meiner Partnerin um den Kleinen.

Holger M., 32 Jahre, Vater eines 6-Jährigen, IT-Spezialist: Meinen Beruf vorübergehend aufzugeben, um mich um unseren Sohn zu kümmern, das konnte ich mir absolut nicht vorstellen. Außerdem: Was hätten denn die Kollegen gesagt? Im Nachhinein war es auch richtig, dass meine Frau zu Hause geblieben ist, denn sonst wäre ich nie zum Abteilungsleiter befördert worden.

Aufgaben

1. Formuliert in Kleingruppen Stichworte für die „neue Frau" und den „neuen Mann" (M 20).
2. Analysiere die Diagramme und formuliere eine Hauptaussage (M 21).
3. Analysiere die Karikatur (M 24).
4. Führt eine Pro-Kontra-Debatte zur Frage, ob die Kindererziehung und -betreuung v. a. eine Aufgabe der Mütter sein sollte. Arbeitet die Argumente, die in den Statements vorgegeben sind, zunächst in Gruppen weiter aus. Bestimmt dann in der Gruppe einen Diskutanten (M 24 - M 26).

Was wir wissen

Sozialer Einfluss, Rollenkonflikte und Normen und Werte
M 3, M 8, M 13

Die Frage nach dem eigenen Ich, der eigenen Persönlichkeit beschäftigt jeden Menschen sein Leben lang. Was sind meine Stärken, was meine Schwächen? Was ist mir wichtig, was macht mich glücklich? Gerade in der Pubertät sind die Antworten auf diese Fragen oft besonders schwierig.
Das Leben jedes Einzelnen ist stark geprägt von seinem sozialen Umfeld: der Familie, den Nachbarn, den Mitschülern, Freunden und vielen anderen. Diese alle haben unterschiedliche Erwartungen.
Innerhalb der einzelnen Gruppen übernehmen wir unterschiedliche Rollen. So werden an uns unterschiedliche Erwartungen als Schülerin, als Tochter, als Freundin, als Mitglied in der Handballmannschaft oder im Orchester formuliert. Es ist nicht immer leicht, die Vielzahl von Erwartungen, die an einen in unterschiedlichen Lebensbereichen gestellt werden, in Einklang zu bringen. Es kann dabei zu Rollenkonflikten kommen.
Leben in der Gesellschaft ist dabei nur möglich, wenn sich deren einzelne Mitglieder an Verhaltensregeln – sogenannte Normen – halten. Abhängig sind die Normen von Werten, also den grundlegenden Zielvorstellungen in einer Gesellschaft. Nicht alle Mitglieder einer Gesellschaft teilen jedoch dieselben Normen und Werte (Wertepluralismus). Außerdem verändern sich Werte auch im Laufe der Zeit (Wertewandel).

Clique und Gruppendruck
M 15

Für viele Jugendliche ist die Gruppe der Gleichaltrigen um sie herum, die Clique bzw. die sogenannte Peergroup, besonders wichtig. Ähnlicher Geschmack bei Kleidung, Musik und Hobbys prägen eine Clique. Oft verbringt eine Clique einen Großteil der Freizeit miteinander oder trifft sich in Online-Kontaktnetzwerken. Die Mitglieder bekommen das Gefühl, nicht alleine zu sein. Sie können ihre Probleme loswerden und werden verstanden. Auf der anderen Seite kann die Gruppe auch einen Druck ausüben, dem man sich nur schwer entziehen kann. Gerade wenn Konsum und Markenware über die Zugehörigkeit zu einer Gruppe entscheiden, haben es Jugendliche mit weniger Geld schwer.

Rollenverteilung in der Familie
M 21, M 25

Nach der traditionellen Rollenverteilung der Geschlechter war der Mann der Ernährer und das Oberhaupt der Familie und die Frau kümmerte sich um die Erziehung der Kinder und den Haushalt. Heute sind Frauen besser ausgebildet und häufig selbstverständlich berufstätig. Auch viele Männer wollen mehr Aufgaben in der Familie übernehmen. Aber diese neue Rollenverteilung hat sich in Deutschland längst nicht überall durchgesetzt.

Schuluniformen gegen Gruppendruck? Eine Pro-Kontra-Debatte führen

Jan, Sohn einer finanzschwachen Familie mit sieben Kindern, musste inmitten einer zum Teil verhaltensauffälligen Klasse die billigen Discount-Schuhe seiner Brüder auftragen. [...] Im Jahr 2000 war er also noch ein „Aldi-Kind". Ein Schulkind, das „nicht dazugehört", weil es die Konkurrenz um Designer-Jeans und Edel-Sneakers, die aus Klassenzimmern Laufstege machen, nicht bestehen kann. Jan war auch deshalb einer der ersten Schüler in der 5B, der sich für die Idee der simplen Einheitspullover begeisterte. Die anderen zogen nach, der Pulli wurde beschlossen – und allmählich gehörte Jan „dazu". Eine Mitschülerin, später: „Die Klassengemeinschaft ist anders geworden. Wir verstehen uns besser." [...]

Sophie hat [...] für die Dauer der elften Klasse ein irisches Internat besucht: das 1669 begründete „The King's Hospital" in Dublin. Schon die Homepage dieses angesehenen Instituts kommt einem in kariertem Tweed und Krawatte entgegen. Sophie bekam außerdem schwarze Collegeschuhe, dunkelblaue Kniestrümpfe, eine weiße Bluse, die immer zugeknöpft sein muss, und einen Pullover mit dem Emblem der Schule. Sie fand das erst ganz schrecklich, dann ganz toll – und erzählte nach ihrer Rückkehr, wie sie das Geschick entwickelte, durch eine raffinierte Frisur oder mithilfe einer neuen Uhr der Uniform etwas Extravaganz abzugewinnen. Das sei, so Sophie, extrem wichtig gewesen, „denn trotz Uniform war immer klar, wer dazugehört und wer nicht." [...]

Nach: Gerhard Matzig, in: Süddeutsche Zeitung, 27.10.07

Aufgabe

a) Arbeitet die Vor- und Nachteile von Schuluniformen heraus. Legt dazu am besten eine zweispaltige Tabelle im Heft an.
b) Ergänzt eigene Argumente.
c) Führt in der Klasse eine Pro-Kontra-Debatte durch zur Frage „Schuluniformen gegen Gruppendruck?".
d) Formuliere deine eigene Position im Heft.

Tipp:
Selbstversuch: Probiert es doch einfach mal aus! Verabredet euch, an einem bestimmten Tag z. B. alle in einem schwarzen T-Shirt und einer blauen Jeans zu kommen.

- Fällt es den anderen Klassen und euren Lehrern auf?
- Was ist anders an einem Tag, an dem alle ähnlich aussehen?
- Wie fühlt ihr euch damit?

3.2 Zusammenleben in Deutschland

Warum verlassen Menschen ihre Heimat?

Tipp:
Recherchiert weitere Fakten zur Amerika-Auswanderung der Deutschen. Informationen findet ihr z. B. unter *www.dah-bremerhaven.de* oder *www.exil-club.de*

M 1 Menschen auf der Flucht

Deutsche Auswanderer betreten im Hamburger Hafen ein Schiff nach New York um 1850. Zwischen 1821 und 1914 verließen insg. 44 Mio. Europäer ihre Heimat. Ein wesentlicher Grund war die extreme Armut in vielen deutschen Ländern, aber auch politische Verfolgung und religiöse Unterdrückung trieben viele Menschen in die Flucht.

Menschen im Süden Pakistans im Sommer 2010 auf der Flucht vor einer Überschwemmungsflut. Der Fluss Indus war aufgrund extremen Dauerregens zu einer kolossalen Breite angewachsen. Die UNO schätzte, dass die Naturkatastrophe ca. 20 Millionen Menschen in die Flucht trieb.

Migration
Der Begriff bezeichnet die Wanderschaft (lat. migrare = wandern) von kleineren oder auch größeren Gruppen von Menschen oder auch ganzen Völkern. Migration gilt als Normalfall der Geschichte und der menschlichen Existenz. Dabei können die Ursachen ganz unterschiedlich sein.

Emigranten
Menschen, die ihre Heimat verlassen

Immigranten
Menschen, die in ein anderes Land einwandern

M 2 Weltkarte der Migration

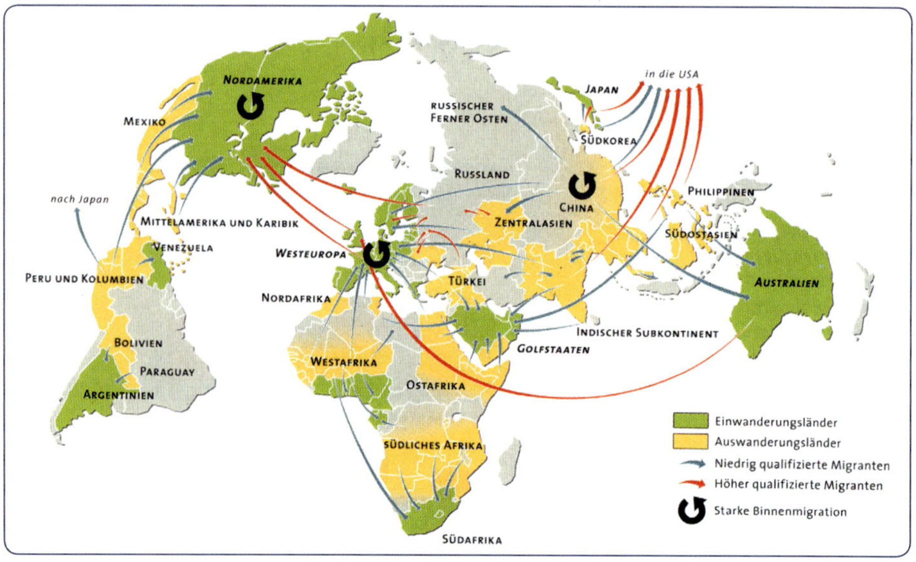

M 3 Menschen müssen ihre Heimat verlassen

„Das 21. Jahrhundert wird mehr und mehr das Jahrhundert der Menschen in Bewegung sein", sagte der Hohe Flüchtlingskommissar der Vereinten Nationen, António Guterres, [...] „ein Jahrhundert der Flüchtlinge." [...] Globale Entwicklungen wie Bevölkerungswachstum, Rohstoffmangel, Nahrungs- und Wasserknappheit und vor allem der Klimawandel seien zunehmend ineinander verwoben, sagte Guterres. „Sie verschärfen Konfliktsituationen und verbinden sich auf eine Weise, die Menschen zwingt, ihre angestammte Heimat zu verlassen."

So seien im Jahr 2009 43,3 Millionen Menschen auf der Flucht gewesen – so viele wie seit Mitte der 1990er Jahre nicht mehr. Hauptherkunftsländer waren erneut Afghanistan, der Irak, Somalia und die Demokratische Republik Kongo. [...]

[Diese] Zahl [umfasst] vor allem die wachsende Masse derer, die innerhalb ihres Landes fliehen müssen. 27,1 Millionen solcher Binnenvertriebenen weist die neue Statistik aus, die meisten von ihnen flohen vor den anhaltenden Konflikten in der Demokratischen Republik Kongo, Pakistan und Somalia. [...]

Marie-Sophie Adeoso, Frankfurter Rundschau, 15.6.2010

Asyl
Das Wort kommt aus dem Griechischen und bedeutet so viel wie Zufluchtsstätte oder Heim. In vielen Ländern wird Menschen, die aufgrund ihrer politischen oder religiösen Überzeugung verfolgt oder gar mit dem Tode bedroht werden, Asylrecht gewährt. In Europa erhalten die Verfolgten aber nur dann Asyl, wenn sie direkt mit dem Flugzeug oder Schiff anreisen und nicht aus einem sogenannten sicheren „Drittland" (alle EU-Staaten, Norwegen und die Schweiz) kommen. Außerdem müssen sie nachweisen, dass ihr Leben in der Heimat bedroht ist.

PROJEKT: Erzählcafé

Erzählcafés sind Veranstaltungen, bei denen Menschen ihre Lebensgeschichte erzählen. „Sie erfreuen sich immer größerer Beliebtheit. Damit eine angenehme Atmosphäre entsteht, gibt es dort häufig Kaffee und Kuchen. Erzählcafés sind mittlerweile auch ein fester Bestandteil im Programm vieler Schulen. So finden beispielsweise in der IGS Oberursel-Stierstadt Erzählcafés zum Thema „Komm, erzähl mir was! Lebensgeschichten entdecken – die eigene Zukunft gestalten" statt. Dort geht es um Traditionen, Feste, familiäre Prägungen, Vorbilder, Freundschaften und unterschiedliche Herkunftskulturen.

Die Schule wurde für die Erzählcafés im Wettbewerb „Trialog der Kulturen" 2010 mit dem ersten Preis ausgezeichnet.

Aufgaben

1. Beide Abbildungen in M 1 zeigen Menschen, die ihre Heimat verlassen müssen bzw. mussten. Beschreibe einige Gemeinsamkeiten.
2. In der Wissenschaft spricht man von sogenannten push- (im Sinne von wegdrücken) und pull- (anziehen) Faktoren, um Migration zu erklären. Nenne für die Beispiele in M 1 - M 3 die Faktoren und ergänze.
3. Überlegt, ob ein Erzählcafé, z. B. im Rahmen des nächsten „Tages der offenen Tür", auch etwas für eure Schule sein könnte.

Deutschland – ein Einwanderungsland?

M 4 Die deutsche Nationalmannschaft 2010

Die deutsche Fußball-Nationalmannschaft ist längst zu einem Spiegelbild der deutschen Gesellschaft geworden. Im 23-köpfigen Kader von Bundestrainer Joachim Löw für die WM 2010 in Südafrika standen elf Spieler mit Migrationshintergrund aus acht verschiedenen Ländern.

M 5 Mit Allah für Deutschland

Deutsche und türkische Fans bei einem Länderspiel in Berlin

Berlin – Es ist früher Nachmittag, auf der Straße plauschen einige Neuntklässlerinnen, bevor sie sich gleich auf den Heimweg machen. Ob sie sich für die WM interessieren? „Na klar", „türlich", kreischt ein vielstimmiger Mädchenchor. Und wer ist für Deutschland? Drei der acht melden sich. „Wir leben hier, das ist auch unser Land", sagt Hivim. Sie ist eine von dreien, die ein Kopftuch trägt, und die Einzige der ansonsten deutsch-türkischen Gruppe, die aus einer arabischen Familie stammt. „Die sind auch nicht für uns, wenn die Türkei spielt", antwortet Rabia. „Aber in dieser Mannschaft spielen auch Özil und Khedira, das sind doch welche von uns", entgegnet schüchtern Gizem. „Die Deutschen finden das aber nur so lange gut, wenn die gut spielen", antwortet Nuray, die vorlauteste der Gruppe. „Ich bin für Ghana", sagt sie die Faust ballend.

Über die Fußballbegeisterung der Mädchen rümpfen die drei Jungs aus der Jahrgangsstufe, die ein paar Meter weiter auf dem Schulhof stehen, die Nase. Denn sie interessieren sich nicht nur während der WM für Fußball. [...]

Alle drei sympathisieren mit dem deutschen Team, aber nicht alle gönnen ihm den Titel: „Natürlich wünsche ich mir, dass die weit kommen. Aber Weltmeister soll Argentinien oder Ghana werden", sagt Mehmet. Fatih widerspricht. „Die deutsche Mannschaft kenne ich am besten." Beim Ghana-Spiel war er auf der Fanmeile, wo er es aber „zu nationalistisch" fand.

Bei Mesut Özils Tor zum 1:0 habe er das Wort „Pass-Deutscher" gehört, das hat ihn aufgeregt: „Wir leben in

sympathisieren
eine Person oder Gruppe (oder deren Überzeugung) unterstützen

der dritten Generation hier und werden trotzdem als Ausländer behandelt." Darin sind sich alle einig. […] „Bei der letzten EM waren wir immer auf dem Kudamm, egal ob für Deutschland oder für die Türkei, wir haben sogar gefeiert, als Deutschland die Türkei besiegt hat. Da gab es viele Türken mit Türkei-Trikot und Deutschland-Fahne. Aber ich habe keinen Deutschen mit einem kleinen türkischen Halbmond gesehen." Das habe ihn enttäuscht.

nach: Deniz Yücel, die tageszeitung, 30.6.2010

M 6 Einwanderung nach Deutschland – eine Chronologie

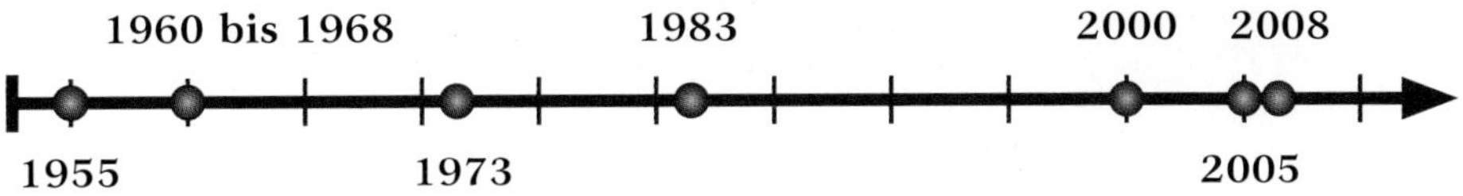

1955: Die Bundesrepublik schließt mit Italien das erste Anwerbeabkommen für Arbeitskräfte. Wegen des Wirtschaftswunders herrscht ein Arbeitskräftemangel. Nach und nach kommen rund 100.000 italienische „Gastarbeiter", wie man die Migranten damals nennt.

1960 bis 1968 weitere Abkommen: 1960 mit Spanien und Griechenland, 1961 mit der Türkei. Es folgen Abkommen mit Marokko (1963), Portugal (1964), Tunesien (1965) und Jugoslawien (1968). […]

1973: Die Bundesregierung verfügt einen Anwerbestopp für ausländische Arbeiter, nachdem sich eine Wirtschaftskrise mit steigender Arbeitslosigkeit abzeichnet. In den folgenden Jahren holen immer mehr Gastarbeiter, die alleine nach Deutschland kamen, die Familien nach.

1983: Gesetz zur Förderung der „Rückkehrbereitschaft": Es beinhaltet finanzielle Hilfen und eine Rentenregelung für Gastarbeiter, die in ihre Heimatländer zurückkehrten. Die Wirkung des Gesetzes ist gering.

2000: Reform des Staatsangehörigkeitsrechts. Neben dem bisherigen Abstammungs- wird nun das Geburtsortsprinzip eingeführt. Damit können in Deutschland geborene Kinder ausländischer Eltern leichter die deutsche Staatsangehörigkeit erhalten.

2000: Start der „Green-Card-Initiative". Mit der Green-Card-Regelung sollen 20.000 ausländische IT-Spezialisten eine fünfjährige Arbeitserlaubnis erhalten. Der erwartete Ansturm bleibt aus.

2005: Die Green-Card-Regelung wird durch ein neues Zuwanderungsgesetz abgelöst. Es regelt seitdem die Zuwanderung in den Arbeitsmarkt und soll die Integration verbessern. Vor allem hoch qualifizierten Fachkräften öffnet das Gesetz den deutschen Arbeitsmarkt. Es verlangt aber auch die Teilnahme an Sprach- und Integrationskursen.

Seit 2008: Die Differenz der Zuzüge und Fortzüge ist negativ: In den Jahren 2008 und 2009 verlassen mehr Menschen Deutschland als zuziehen.

nach: Jan Pfaff, die tageszeitung, 20.12.2005 (aktualisiert)

Wanderungen zwischen Deutschland und dem Ausland

Jahr	Zuzüge	Fortzüge
1999	874.023	672.048
2000	841.158	674.038
2001	879.217	606.494
2002	842.543	623.255
2003	768.975	626.330
2004	780.175	697.632
2005	707.352	628.399
2006	661.855	639.064
2007	680.766	636.854
2008	682.146	737.889
2009	721.014	733.796

Statistisches Bundesamt, 2011

Personen mit Migrationshintergrund
So bezeichnet man alle seit 1950 in das Gebiet der heutigen Bundesrepublik zugewanderten Menschen, alle in Deutschland geborenen Ausländer und alle in Deutschland als Deutsche Geborenen mit zumindest einem nach 1949 zugewanderten oder als Ausländer in Deutschland geborenen Elternteil. Mittlerweile leben mehr als 16 Millionen Personen mit Migrationshintergrund in Deutschland.

M 7 Mit Migrationshintergrund in Deutschland

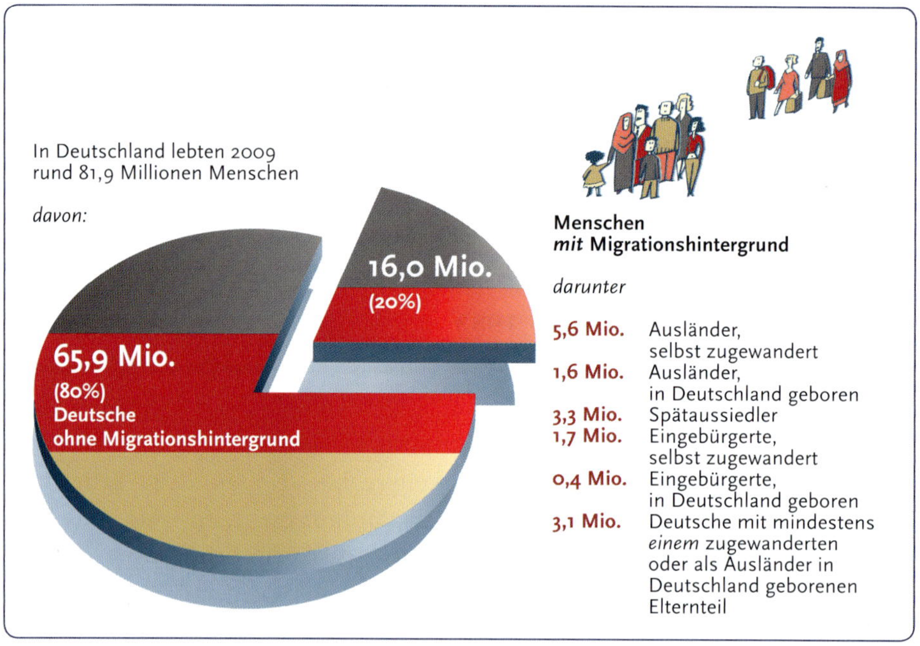

Quelle: Destatis, Mikrozensus 2009, Bergmoser + Höller Verlag AG, Zahlenbilder 35 225

Aufgaben

1. Kennst du die Spieler der deutschen Nationalmannschaft mit Migrationshintergrund (M 4)? Aus welchen Ländern stammen sie?
2. Sport wird auch als „Integrationsmotor“ bezeichnet.
   a) Erläutere am Beispiel der WM in Deutschland (2006) die Wirkung des Fußballs als Integrationsmotor.
   b) Diskutiert in 4er-Gruppen, ob der Fußballsport besonders geeignet ist, diese Integrationsleistung zu vollbringen (M 4, M 5).
3. a) Setze die Tabelle zu den Wanderungen zwischen Deutschland und dem Ausland (Randspalte) in ein Liniendiagramm um. Zeichne hierzu die Jahreszahlen auf der x-Achse ein und die Werte für Zu- und Fortzüge auf der y-Achse. Verwende zwei Farben für die beiden Linien.
   b) Analysiere die Grafik und formuliere eine Hauptaussage.
   c) Überlege, welche Ursachen der Verlauf der Migrationssalden haben könnte.
4. Angesichts sinkender Bevölkerungszahlen fordern einige Politiker mehr Zuwanderung. Diskutiert diese Forderung in der Klasse.

Saldo (Salden, pl.)
Differenzbeträge

Konflikt zwischen Kulturen – eine Diskussion über Toleranz und Grundgesetz

M 8 Beten auf dem Schulgelände wird verboten

An Berliner Schulen wird es keine Gebetsräume für muslimische Schulkinder geben. Mit diesem Urteil hob das Oberverwaltungsgericht Berlin-Brandenburg [...] eine Entscheidung der Vorinstanz auf. Konkret besagt der Richterspruch: Eine Schule darf einem muslimischen Schüler das Gebet auf dem Schulgelände außerhalb des Religionsunterrichts verbieten. [...]

Geklagt hatte ein 16-jähriger Gymnasiast aus Berlin. Um seinen [...] Gebetspflichten nachzukommen, hatte er sich mit einer Handvoll anderer Schüler regelmäßig auf den Boden gekniet und seine Gebetssuren gesprochen. Als die Schulleitung die Ritualhandlung verbot, zog der junge Muslim, unterstützt von seinen Eltern, vor Gericht – und gewann in der ersten Instanz. Weil die Schule nicht wollte, dass der Schüler sein Gebet in aller Öffentlichkeit verrichtete, richtete sie ihm nach dem Urteil einen Gebetsraum ein. [...]

Martin Spiewak, Urteil der Angst im Gebetsstreit, Die Zeit online, 27.5.2010

Das Urteil des Berliner Gerichts hat viele Diskussionen ausgelöst. Das Bild zeigt muslimische Grundschülerinnen aus Hannover, die am islamischen Religionsunterricht ihrer Schule teilnehmen.

M 9 Gleiches Recht für alle – die Urteilsbegründung

Die Vizepräsidentin des Oberverwaltungsgerichts und Vorsitzende Richterin Hildegard Fitzner-Steinmann begründete das [neue] Urteil mit der Vielzahl unterschiedlicher Religionen und Glaubensrichtungen, die an Schulen aufeinandertreffen. Allein am Diesterweg-Gymnasium seien sämtliche Weltreligionen vertreten, darunter unterschiedliche Glaubensrichtungen, so wie beim Islam Sunniten, Schiiten und Aleviten. Diese „Pluralität" berge ein Konfliktpotenzial, das [...] den Schulfrieden gefährde. Der sei in Gefahr, wenn religiöse kultische Handlungen zugelassen würden, wie zum Beispiel das oftmals kollektiv verrichtete islamische Pflichtgebet. Zudem gelte ein Gleichheitsgebot. Auch Schülern anderer Religion müsste die Möglichkeit gegeben werden, ihren Glaubensriten an Schulen nachzugehen. Das aber würde den organisatorischen Rahmen der Schulen sprengen.

Katrin Lange in: Berliner Morgenpost, 27.5.2010

Im November 2011 bestätigte auch das Bundesverwaltungsgericht diesen Urteilsspruch. Grundsätzlich müsse der Staat wegen der Glaubensfreiheit aber religiöse Bezüge in Schulen zulassen.

Methode

M 10 Einen politischen Fall untersuchen

Untersuche einen politischen Fall / ein politisches Problem mithilfe der folgenden Leitfragen. Um den Konflikt in seiner Vielfältigkeit besser durchschauen zu können, unterscheidest du zunächst zwischen drei unterschiedlichen Blickwinkeln auf Politik (Dimensionen) – wie mit einem „Spot" hebst du jeweils einen bestimmten Aspekt des Falles hervor.

Perspektive I: der Inhalt von Politik

- Welches Problem soll gelöst werden?
- Welche Vorschläge zur Lösung des Problems werden diskutiert bzw. sind denkbar?
- Welche Argumente werden für bzw. gegen die vorgeschlagenen Lösungen vorgebracht?

Ins Heft

Perspektive II: der Handlungsrahmen (die „Spielregeln") von Politik

- Wer darf über das Problem entscheiden (z. B. Gemeinderat, Landtag, Bundestag; Gerichte)?
- Wie (nach welchen Regeln) wird entschieden?
- Welche Möglichkeiten haben die Betroffenen, die Entscheidung zu beeinflussen?
- Welche Inhalte des Grundgesetzes und allgemeinen Wertvorstellungen (z. B. Menschenrechte) werden von einer Entscheidung berührt und müssen daher berücksichtigt werden?
- Welche Gesetze, Abkommen oder Verträge werden von einer Entscheidung berührt und müssen daher berücksichtigt werden?

Ins Heft

Perspektive III: der Prozess der Entscheidungsfindung/Auseinandersetzung

- Wer ist an der Auseinandersetzung beteiligt?
- Welche Meinungen und Interessen vertreten die Beteiligten?
- Inwiefern sind Gefühle und Wünsche anderer oder die Belange der gesamten Gesellschaft vom Handeln der unmittelbar Beteiligten betroffen?
- Welche Kompromisse werden erzielt? Gibt es „Gewinner" dieser Lösung oder handelt es sich um einen Kompromiss?

Ins Heft

Aufgaben

1. Überlege zunächst, wie du die Frage „Soll beten auf dem Schulgelände erlaubt sein?" (M 9) für dich beantwortest. Halte deine Meinung in Stichpunkten fest.
2. Untersucht nun den politischen Fall mithilfe der Methode und den Materialien (M 8 - M 14).

M 11 Der rechtliche Rahmen: Religionsfreiheit in den Grund- und Menschenrechten

a) Art. 4 des Grundgesetzes der Bundesrepublik Deutschland schreibt die „Glaubens-, Gewissens- und Bekenntnisfreiheit" als Grundrecht aller in Deutschland lebenden Menschen fest:

(1) Die Freiheit des Glaubens, des Gewissens und die Freiheit des religiösen und weltanschaulichen Bekenntnisses sind unverletzlich.

(2) Die ungestörte Religionsausübung wird gewährleistet. [...]

b) Die Religionsfreiheit ist zugleich ein Menschenrecht; sie ist als Artikel 18 in der „Allgemeinen Erklärung der Menschenrechte" der Vereinten Nationen festgeschrieben:

Vielleicht glaubst du an ein überirdisches Wesen, das dich ins Leben gestellt hat, betest zu ihm, gehst in eine christliche Kirche, islamische Moschee oder jüdische Synagoge oder fühlst dich in einer anderen Religion mit deinen Fragen und Zweifeln gut aufgehoben. Oder du glaubst nur, was wissenschaftlich bewiesen werden kann, und bist überzeugt davon, dass der Mensch eines Tages herausfindet, wo und wie die Welt begann. [...]

Ob und wie ein Mensch sich zu diesen schwierigen Fragen stellt, ist jedermanns eigene Sache. Du musst, wenn du das nicht willst, noch nicht einmal darüber reden. Keiner kann und darf einem anderen vorschreiben, wie er es mit Gott und der Welt zu halten hat. Umgekehrt ist jeder, der das will, frei darin, seinen Glauben anderen Menschen darzulegen und zu versuchen, sie davon zu überzeugen. Auch wie du deinen Glauben lebst, ist deine Sache: Wenn du dich zu einer Religion bekennst, kannst du selbst entscheiden, ob du dich streng an ihre Riten und Vorschriften halten oder ob du es nicht so genau damit nehmen möchtest. Auch in Religionen darf dich niemand zu etwas zwingen [...]. Das gehört zum Menschenrecht der Freiheit des (Un-)Glaubens, auch wenn das manche Religionsführer anders sehen.

Christine Schulz-Reiss, Nachgefragt: Menschenrechte und Demokratie, Bonn 2008, S. 18

M 12 Grundwerte und Hürden des Zusammenlebens

Grundwerte sind Vorstellungen, an denen Menschen ihre eigene Lebensweise und das Zusammenleben mit anderen ausrichten möchten. Andere Haltungen stehen einem guten Zusammenleben entgegen. Hier findest du Definitionen einiger wichtiger Begriffe:

Diskriminierung
Wenn einzelne Menschen oder Gruppen benachteiligt werden, weil sie zum Beispiel eine andere Hautfarbe oder eine andere Religion haben, so werden sie diskriminiert (das Wort stammt aus dem Lateinischen und bedeutet „Unterscheidung"). Die Gründe dafür können sehr unterschiedlich sein. Oft spielen Vorurteile eine Rolle.

Gleichberechtigung
Die Menschen sind gleichberechtigt, wenn sie alle die gleichen Rechte haben. Artikel 3 (GG) garantiert die Gleichberechtigung. Der Staat ist verpflichtet, die Durchsetzung zu fördern.

Toleranz
Passt dir die Nase eines Mitschülers nicht? Oder die andere Meinung einer Mitschülerin? Kannst du es nicht gut ertragen, wenn dir jemand widerspricht oder sich anders verhält, als du es erwartest? Dann bist du nicht tolerant, denn Toleranz bedeutet [...], dass man auch andere Meinungen, Anschauungen oder Haltungen neben seiner eigenen gelten lässt. Denn die Menschen sind unterschiedlich und alle haben in unserem Staat das Recht, im Rahmen der Gesetze nach ihren Vorstellungen zu leben. [...] Das Gegenteil von Toleranz ist übrigens Intoleranz.

nach: Gerd Schneider, Christiane Toyka-Seid, Politik-Lexikon für Kinder, Bonn 2006, S. 68, 120, 274/284

M 13 Junge deutsche Muslime sind gegen das Verbot

In einem Interview mit der ZEIT äußern sich junge, in Deutschland lebende Muslime (zwischen 16 und 19 Jahren) zur Bedeutung von Religion in ihrem Alltag.

DIE ZEIT: In Berlin hat ein Gericht entschieden, dass eine Schule einem muslimischen Schüler das Beten verbieten darf. Was halten Sie davon?

Taoufik: Ich finde das nicht in Ordnung. Wir leben in einem freien Land, da darf jeder seine Religion ausleben und praktizieren. Wenn es den Unterricht nicht stört, ist es falsch zu sagen, man darf das nicht.

Bilge: Generell finde ich so ein Verbot auch nicht richtig, solange es den Schulalltag nicht stört. Wenn einer in seiner Pause beten möchte, ist das doch okay.

Merve: Ich denke auch, dass es den Unterricht natürlich nicht stören darf, aber dass es die Möglichkeit geben sollte, das Gebet zu praktizieren.

DIE ZEIT: Beten Sie denn?

Vanessa: Nein.

Bilge: Ich auch nicht.

Taoufik: Ich bete fünfmal am Tag. Morgens stelle ich mir den Wecker, damit ich das erste Gebet nicht verschlafe, das ist ja um fünf Uhr früh. Ab und zu verpasse ich eines, ich versuche auch in der Schule zu beten, aber nicht während des Unterrichts. Religion ist wichtig, aber Schule ist auch wichtig, ich respektiere die Schule und halte mich an die Regeln, ich möchte es da nicht zu Streitigkeiten kommen lassen. Manchmal sehen es Lehrer, wenn ich im Flur bete, sie haben aber noch nie etwas dazu gesagt.

Merve: Ich bete, so gut ich kann, schaffe es aber nicht immer. In der Schule kann ich nicht einfach auf dem Flur beten. Als Mädchen bräuchte ich einen abgetrennten Raum dafür. Schade finde ich das schon.

Tugçe: Ich bete morgens und abends, sonst nicht. Ich knie mich aber nicht hin, mache das nicht so rituell.

Das Interview führte Arnfrid Schenk, in: Die Zeit Nr. 27, 1.7.2010

Junge Muslimas in Deutschland

M 14 Das Urteil in der Diskussion

Auf der Internetseite der Wochenzeitung „Die ZEIT" befinden sich unter anderem folgende Kommentare zum Berliner Urteil:

a) „Kreuze ja, muslimisches Gebet nein?"
Spätestens nach solchen Urteilen dürfte sich keiner mehr darüber wundern, wenn eine gute Integration in Deutschland scheitert. Wie soll ein gutes Zusammenleben funktionieren, wenn einige Menschen mehr Rechte haben als andere. Wenn ich in der Schule einen Rosenkranz bete, hat niemand etwas dagegen, manchmal wird man dafür bewundert. Wenn aber mein muslimischer Freund sich neben mich kniet und anfängt zu beten, kann man sich fast sicher sein, dass im Laufe der nächsten zehn Minuten jemand den Kopf schüttelt und leise in die Runde fragt, was man denn davon denken solle. Dabei fühle ich als Deutscher mich unwohl und der gläubige Türke erst recht. Kreuze ja, muslimische Gebete nein?
Mir missfallen derartige Urteile zutiefst und ich denke, dass dumme Vorurteile [...] dabei eine wichtige Rolle spielen. *L.L.v.B., 27.5.2010, 19:11 Uhr*

b) „Beten wurde nicht verboten"
Beten kann man überall und ohne dass man dies dem Betroffenen unbedingt anmerken muss. Wenn das Beten allerdings mit auffälligen Ritualhandlungen verbunden wird, muss abgewogen werden zwischen dem Recht, eine Religion auszuüben, und dem Recht, von dieser Ausübung verschont zu bleiben. Ich hätte entschieden etwas dagegen, wenn katholische Schüler in der Pause sich in der Ecke versammeln und laut einen Rosenkranz beten. Hier kommt hinzu, dass sich die Anwesenden nicht ganz freiwillig versammelt haben und sehr unterschiedlichen Religionen bzw. gar keiner angehören. Der demonstrativen Religionsausübung anderer zwangsweise beiwohnen zu müssen, kann ganz schön nervig sein. Aus diesem Grund wurde die Lösung mit einem besonderen Zimmer für den Jungen gefunden. Sie wurde wohl vom Oberverwaltungsgericht deshalb aufgehoben, weil kein Präzedenzfall [= Musterfall] geschaffen werden sollte. Es wäre sicher nur eine Frage der Zeit gewesen, bis andere Religionsangehörige auf das gleiche Recht, sei es an dieser Schule, sei es an anderen, gepocht hätten. Ferner hätte es womöglich bald Streit um Größe und Ausstattung des Zimmers gegeben. [...] *ddkddk, 27.5.2010, 19:14 Uhr*

Zeit online, Beiträge vom 27.5.2010

Was bedeutet Integration?

M 15 Wann ist man integriert?

Eine Person ist in die deutsche Gesellschaft integriert, ...		
	Zustimmung	Ablehnung
wenn sie einen Schulabschluss hat		
wenn sie gut deutsch spricht		
wenn sie eine Berufsausbildung hat		
wenn sie die Gesetze des Landes anerkennt und befolgt		
wenn sie überwiegend deutsche Freunde hat		
wenn sie Alkohol trinkt		
wenn sie von deutschen Nachbarn zum Kaffee eingeladen wird		
wenn sie sich politisch engagiert		
wenn sie die deutsche Staatsbürgerschaft besitzt		
wenn ihre Kinder gut deutsch sprechen		
wenn ihre Kinder in den Kindergarten gehen		
wenn sie Weihnachten und Ostern feiert		
...		

Ins Heft

nach: Wochenschau Nr. 6/2006, S. 211

Integration
Das Wort Integration kommt aus dem Lateinischen und bedeutet die „Herstellung eines Ganzen". Im allgemeinen Sprachgebrauch verstehen wir darunter „Eingliederung" oder „Einbindung" eines Einzelnen oder einer Minderheit in eine größere Gruppe.

M 16 „Fremd wird man durch Blicke"

Salomon Abesi ist mit seinen Eltern als Dreijähriger aus Eritrea geflüchtet und unterrichtet Deutsch und Ethik an einem Frankfurter Gymnasium.*

Sie sprechen deutsch, wie man das von einem Deutschlehrer erwarten darf, also perfekt. Sind Sie noch in irgendeiner Weise fremd?
Vom Äußeren sicher. Vom Inneren (lacht) bin ich schon sehr deutsch. So einen Rest Fremdheit gibt es dann, wenn es irritierte Blicke gibt. Es gibt Menschen, bei denen ich merke, dass ich anders bin durch mein Äußeres.

Sie fühlen sich fremd, wenn man mit Ihnen so umgeht, als seien Sie fremd?
Genau so. Das ist die beste Definition von fremd, die ich gehört habe. Man wird fremd durch Blicke, wenn einen jemand im Bus länger anschaut, als das üblich ist. Wenn die Distanz verloren geht. Es ist mir auch schon passiert, dass jemand einfach anfängt, die Haare anzufassen. Dann wird man fremd.

Warum sind Sie so gut in Deutschland angekommen?
Ich hab selbst oft darüber nachgedacht, was geholfen hat. Meine El-

tern kamen unfreiwillig hier her, sind vor dem Krieg in Eritrea geflohen, haben ihr Haus zurückgelassen, kamen mit ganz wenig hier an. [...] Was meine Eltern kennzeichnet, das ist Ehrgeiz, den ich auch habe, und Fleiß. Sie wollten unbedingt unabhängig sein von Leistungen des Staates.

Wie sah das aus?

Sie haben sich ihr Geld selbst verdient, haben deutsch gelernt, Kurse besucht, Bücher gelesen. Das hat gereicht, um an Elterngesprächen teilnehmen zu können, zu verstehen, was an der Schule passiert, und um uns Kindern klarzumachen, dass Schule wichtig ist. [...]

Man kann etwas werden als Migrant – sind Sie auch in diesem Sinne Vorbild?

Unbewusst sicher ja. Mir wurde gesagt, ich könne als Schwarzer nicht Deutschlehrer werden. Auch meine Eltern haben mir das gesagt (lacht). Die wussten da einfach nicht genug. Aber es gibt keine größere Evidenz als die Wirklichkeit. Man kann in dieser Gesellschaft etwas erreichen, und das hängt nicht von der Hautfarbe ab oder dem Geschlecht.

**Name geändert.*
Peter Hanack, Frankfurter Rundschau, 28.6.2010

Evidenz Augenscheinlichkeit, Klarheit

M 17 Integrieren – aber wie?

Integration kann nicht staatlich „verordnet" werden, sondern ist häufig ein langwieriger Prozess, der sich über mehrere Generationen erstreckt. Nicht nur die Einwanderer, sondern auch die aufnehmende Bevölkerung steht dabei vor großen Herausforderungen: Sie muss bereit sein, Einwanderer integrieren zu wollen. Dabei kommt es häufig zu Problemen und Konflikten, die nur dann gelöst werden können, wenn eine tolerante und integrationsfreundliche Atmosphäre herrscht.

Die Rahmenbedingungen hierfür muss die Politik liefern. So wird in Deutschland nach dem Status von Einwanderern (z. B. Asylsuchende, Menschen mit Aufenthaltsgenehmigung etc.) unterschieden. Davon hängt dann ab, ob jemand in Deutschland bleiben darf oder wieder ausgewiesen wird. Umstritten bleibt, was genau Integration heißt. Wie weit sollen oder müssen sich Zuwanderer in die deutsche Gesellschaft eingliedern? Sollen sie die deutsche Kultur nicht nur akzeptieren, sondern sich an sie anpassen, also sich letztlich assimilieren? Oder reicht es, wenn sie Deutsch lernen und die Verfassung und die Gesetze beachten?

Aufgaben

1. a) Beantworte die Fragen aus M 15 in deinem Heft.
   b) Diskutiert auf der Grundlage eurer Ergebnisse, ab wann jemand als integriert gelten kann.
2. Beende den Satz „Integration bedeutet ...".
3. a) Stellt Aspekte gegenüber, die Integration fördern und die sie behindern. Ergänzt eigene Überlegungen (M 15, M 16).
   b) Sammelt zu den von euch genannten Gründen von misslungener Integration Lösungsvorschläge.

Methode

M 18 Karikaturen analysieren

Karika-Tour

Eine Karikatur stellt zeichnerisch ein aktuelles Thema aus Politik, Gesellschaft oder Wirtschaft dar. Der Karikaturist interpretiert in überspitzter Weise einen Sachverhalt, sodass versteckt seine Sicht des Problems deutlich wird.

In den abgebildeten Karikaturen erfahrt ihr etwas zur Diskussion über die Zuwanderung und Integration in Deutschland.

Vorgehen bei der Karika-Tour

Hängt die Karikaturen an den Wandseiten eures Klassenzimmers aus.

In kleinen Gruppen betrachtet ihr nun die einzelnen Darstellungen: Wie sieht der Karikaturist das Thema? Auf welches Problem macht er aufmerksam? Dies könnten Fragen sein, auf die ihr eine Antwort finden sollt.

Nach 2 - 3 Minuten wechseln die Gruppen auf ein Signal des Lehrers im Uhrzeigersinn zur nächsten Karikatur. Diese wird unter der gleichen Fragestellung betrachtet. Wenn der Rundgang mit der Kurzbesprechung der übrigen Karikaturen abgeschlossen ist, werden die Bilder abgehängt. Der Lehrer lässt nun jede Gruppe verdeckt eine Karikatur ziehen. Mithilfe eines Frage-Leitfadens bespricht nun jede Gruppe ausführlich „ihre“ Karikatur.

Leitfragen

1. Beschreibung:
Was stellt der Zeichner oder die Zeichnerin dar?
Wie und mit welchen Mitteln (Figuren, Objekte, Symbole) wird das Thema dargestellt?
→ zeichnerische Elemente
→ Aussage oder Thema der Karikatur

2. Deutung:
Ist aus der Karikatur eine bestimmte Einstellung, Position oder Deutung des Zeichners oder der Zeichnerin erkennbar?
→ Tendenz der Karikatur

3. Beurteilung:
Wie beurteilt ihr die Aussage?
→ eigene Position
Welche Fragen ergeben sich für euch aus der Karikatur?
→ weitere Fragen

Ergebnisse

Einigt euch in der Klasse auf jeweils eine Kernaussage für jede Karikatur.

a)

Plaßmann, Baaske Cartoons

b)

Plaßmann, Baaske Cartoons

c)

Tomaschoff, Baaske Cartoons

Wie wird man Deutscher?

M 19 Warum ich Deutscher geworden bin

Davut C., 21 Jahre, Mechatroniker: Ich bin Düsseldorfer. Hier bin ich geboren und ich fühle mich nicht als Türke, Deutscher oder Deutschtürke. Die deutsche Staatsangehörigkeit habe ich angenommen, weil ich hier schon immer lebe. Hätte ich mich für die türkische Staatsangehörigkeit entschieden, dann hätte ich den Wehrdienst in der Türkei ableisten müssen. Das wollte ich nicht, denn dort gibt es keinen Zivildienst.

Acelya D., 20 Jahre, Studentin: Meine Mutter ist Griechin, mein Vater Türke und ich bin Deutsche. So einfach ist das. Ich bin in Bochum geboren und lebe dort sehr gerne. Außerdem studiere ich für das Lehramt an Haupt- und Realschulen und möchte Beamtin werden. Das geht nur mit der deutschen Staatsangehörigkeit.

Cyrus P., 19 Jahre, Auszubildender bei einer Bank: Ich bin mit meinen Eltern vor zehn Jahren aus dem Iran geflohen. Wir wurden als politische Flüchtlinge anerkannt. Gefühlsmäßig ist es nicht leicht, die deutsche Staatsangehörigkeit anzunehmen. Aber die Vorteile liegen klar auf der Hand: gesicherter Aufenthaltsstatus, Wahlrecht.

M 20 Wege zur deutschen Staatsbürgerschaft

Staatsangehörigkeit
Als Staatsbürger besitzt man bestimmte Rechte und Pflichten in dem jeweiligen Land. So darf man wählen oder gewählt werden, muss aber auch Steuern bezahlen oder als Mann z. B. Wehr- oder Zivildienst leisten. Die Staatsangehörigkeit regeln die Staaten ganz unterschiedlich.

Abstammung von deutschen Eltern

Ein Kind, bei dem mindestens ein Elternteil deutscher Staatsbürger ist, erhält mit der Geburt die deutsche Staatsangehörigkeit.

Geburt in Deutschland

Ein Kind ausländischer Eltern, die dauerhaft in Deutschland leben, erhält mit der Geburt die deutsche Staatsangehörigkeit und außerdem meist die Staatsangehörigkeit der Eltern (doppelte Staatsbürgerschaft).

Zwischen dem 18. und dem 23. Geburtstag muss es sich für eine der beiden Staatsbürgerschaften entscheiden.

Einbürgerung

Nachträglicher Erwerb der deutschen Staatsbürgerschaft auf Antrag. Voraussetzungen dafür sind unter anderem:

mindestens 8 Jahre Aufenthalt in Deutschland, Bekenntnis zum Grundgesetz, gesicherter Familienunterhalt, ausreichende Deutschkenntnisse, Straflosigkeit, Aufgabe der bisherigen Staatsangehörigkeit, Kenntnisse über die deutsche Rechts- und Gesellschaftsordnung (Einbürgerungstest)

M 21 Würdest du eingebürgert werden?

Seit dem 1. September 2008 gibt es in Deutschland den Einbürgerungstest. Er besteht aus einem Fragebogen mit 33 Fragen. Bei jeder Frage muss man aus vier möglichen Antworten die richtige Antwort auswählen. Man hat genau eine Stunde Zeit. Wenn mindestens 17 von 33 Fragen richtig beantwortet worden sind, hat man den Test bestanden. Dann erst kann man die deutsche Staatsbürgerschaft beantragen. Auszug aus dem Einbürgerungstest des Bundesamtes für Migration und Flüchtlinge:

1. Eine Partei im deutschen Bundestag will die Pressefreiheit abschaffen. Ist das möglich?
   - Ja, aber dazu müssen zwei Drittel der Abgeordneten im Bundestag dafür sein.
   - Nein, denn die Pressefreiheit ist ein Grundrecht. Es kann nicht abgeschafft werden.
   - Ja, wenn mehr als die Hälfte der Abgeordneten im Bundestag dafür sind.
   - Nein, denn nur der Bundesrat kann die Pressefreiheit abschaffen.

2. Deutschland ist ein Rechtsstaat. Was ist damit gemeint?
   - Alle Einwohner / Einwohnerinnen und der Staat müssen sich an die Gesetze halten.
   - Der Staat muss sich nicht an die Gesetze halten.
   - Nur Deutsche müssen die Gesetze befolgen.
   - Die Gerichte machen die Gesetze.

3. Wie heißt die deutsche Verfassung?
   - Volksgesetz
   - Bundesgesetz
   - Deutsches Gesetz
   - Grundgesetz

4. Was steht nicht im Grundgesetz von Deutschland?
   - Die Würde des Menschen ist unantastbar.
   - Alle sollen gleich viel Geld haben.
   - Jeder Mensch darf seine Meinung sagen.
   - Alle sind vor dem Gesetz gleich.

5. Wer beschließt in Deutschland ein neues Gesetz?
   - die Regierung
   - das Parlament
   - die Gerichte
   - die Polizei

6. In Deutschland können Eltern bis zum 14. Lebensjahr ihres Kindes entscheiden, ob es in der Schule am …
   - Geschichtsunterricht teilnimmt.
   - Religionsunterricht teilnimmt.
   - Politikunterricht teilnimmt.
   - Sprachunterricht teilnimmt.

Aufgaben

1. Erläutere, was die deutsche Staatsangehörigkeit für die jeweiligen Personen bedeutet (M 18).
2. Emre S., Deutscher türkischer Abstammung, hat vor vier Jahren im Urlaub in Syrien Zahira kennen gelernt. Zwei Jahre später haben sie geheiratet. Nachdem Zahira erfolgreich einen Sprachtest bei der deutschen Botschaft in Damaskus abgelegt hatte, durfte sie zu ihrem Ehemann nach Düsseldorf ziehen. Im nächsten Monat bekommen die beiden ein Kind. Wer hat welche Staatsangehörigkeit (M 19)?
3. Führt den ganzen Einbürgerungstest durch. Einen (auch interaktiven) Mustertest findest du auf dem Integrationsportal des Bundesamtes für Migration und Flüchtlinge (BAMF): www.integration-in-deutschland.de (z. B. in die Suchmaske „Einbürgerungstest“ eingeben) (M 20).
   a) Tragt Argumente für bzw. gegen einen Einbürgerungstest zusammen. Berücksichtigt dabei, ob sich der Test wohl positiv oder negativ auf die nötige Zuwanderung und die gelungene Integration auswirkt.
   b) Führt eine Debatte durch zum Thema: Braucht Deutschland einen Einbürgerungstest? (Vgl. Methode Pro-Kontra-Debatte)

Was wir wissen

Ursachen von Migration
M 3

Migration, also der Wohnortwechsel von Personen und Gruppen innerhalb von Staatsgrenzen oder über Staatsgrenzen hinweg, gibt es schon so lange, wie es Menschen gibt. Wanderungsmotive werden allgemein in Push- (abstoßen) und Pull-Faktoren (anziehen) unterteilt. Zu den Push-Faktoren zählen Krieg, religiöse und politische Verfolgung, Armut, Hunger, Umweltkatastrophen im eigenen Land. Zu den Pull-Faktoren gehören allgemein die Aussicht auf bessere Lebensbedingungen, Sicherheit, Familienzusammenführung oder auch die gezielte Anwerbung von Arbeitskräften.

Deutschland als Einwanderungsland
M 7

Die Annahme, dass insbesondere die Gastarbeiter wieder in ihre Heimatländer zurückgehen würden, hat sich nicht erfüllt. Viele weitere Menschen kamen bis Mitte der 90er Jahre des vergangenen Jahrhunderts durch Familiennachzüge der hier lebenden Ausländer, als Aussiedler oder durch die Beantragung von Asyl hinzu. Heute leben in der Bundesrepublik Deutschland deshalb rund 16 Millionen Menschen mit Migrationshintergrund, das entspricht rund einem Fünftel der Bevölkerung.

Zuwanderung und Integration
M 6, M 12, M 17

Erst nach der Jahrtausendwende hat man damit begonnen, die Steuerung der Zuwanderung und die Integration der hier lebenden Bevölkerung mit Migrationshintergrund als umfassende Aufgabe der Politik zu begreifen. Seit 2005 hat Deutschland ein Zuwanderungsgesetz, seit 2007 gibt es einen nationalen Integrationsplan. Doch bleibt politisch umstritten, wie viel und welche Form der Zuwanderung Deutschland angesichts einer schrumpfenden Bevölkerung braucht und wie eine erfolgreiche Integration der hier lebenden Menschen mit Migrationshintergrund gelingen kann. Die Offenheit der aufnehmenden (deutschen) Gesellschaft und eine gemeinsame Diskussion über grundlegende Werte sind nötig.

Integrationsprobleme

Als Haupthindernisse für eine erfolgreiche Integration gelten in erster Linie mangelnde Deutschkenntnisse und fehlende Bildungsabschlüsse. Es ist deshalb weitgehend unumstritten, dass Maßnahmen zur Verbesserung von Sprachkenntnissen und zur Förderung von (höheren) Bildungsabschlüssen die Integration erleichtern. Keine Einigkeit besteht darüber, wie weit sich Menschen mit Migrationshintergrund an die Mehrheitsgesellschaft anpassen sollen.

Wie wird man Deutscher?
M 20

Die deutsche Staatsbürgerschaft erhält man durch Geburt (mindestens ein Elternteil ist Deutscher) oder durch Einbürgerung. Ausländer haben demnach einen Anspruch auf den Erwerb der deutschen Staatsbürgerschaft, wenn sie sich länger als acht Jahre rechtmäßig in Deutschland aufhalten, ihren Lebensunterhalt selbst finanzieren und Kenntnisse der Sprache, Rechts- und Gesellschaftsordnung nachweisen können. Mit dem Erwerb der Staatsbürgerschaft sind Rechte (z. B. Wahlrecht) und Pflichten (z. B. Steuern) verbunden.

Was wir können

Wie viel Integration muss sein?

1. Bildet in der Klasse zwei Gruppen, „Zuwanderer“ und „Einheimische“, die zunächst unabhängig voneinander arbeiten. Formuliert als „Einheimische“ eure Erwartungen an die „Zuwanderer“ – z. B. Voraussetzungen, die sie mitbringen, oder Regeln, die sie akzeptieren sollten. Als „Zuwanderer“ vertretet ihr entsprechend die Haltung der „Gastarbeiter“ oder Asylsuchenden. Berücksichtigt möglichst viele Bereiche wie Sprache und Kultur, Bildung und Religion, Beruf und Arbeit, Politik und Gesellschaft.

Einheimischer (Deutscher):	**Zuwanderer („Gastarbeiter“):**
Ich erwarte von den Zuwanderern, dass ...	Ich erwarte von Deutschland und den Deutschen, dass ...
Einwanderer aus fremden Kulturen verändern auch die heimische Lebensweise. Ich bin bereit Folgendes mitzutragen:	Ich bin bereit, mich folgendermaßen zu ändern und (an die deutsche Lebensweise) anzupassen:
Nicht tolerieren kann ich:	Nicht aufgeben kann/möchte ich:

2. Vergleicht die Erwartungen der Einheimischen mit der Anpassungsbereitschaft der Zuwanderer und die Erwartungen der Zuwanderer mit der Aufnahmebereitschaft bzw. Abwehrhaltung der einheimischen Bevölkerung. Reichen die Übereinstimmungen für eine insgesamt erfolgreiche Integration aus? Wo bestehen konfliktträchtige Unterschiede? Gibt es unüberbrückbare Gegensätze?
3. Gibt es ein Leitbild „des“ Deutschen, an dem der Integrationserfolg zu messen wäre? Einigt euch in der Klasse auf einen Minimalkatalog (rechtlich) verbindlicher Regeln für das Zusammenleben in einer multikulturellen Gesellschaft.

aus: Bruno Zandonella, Themenblätter im Unterricht 32/2003, Bundeszentrale für politische Bildung, S. B

Ich lass' mich nicht verarschen!!
ICH BIN DOCH NICHT BLÖD!
KASSE
BEIGE
SONIE
DUELL
EPSOHN
FISCHER
HANDLE WITH CARE
GEIZ IST GEIL!

01
44.99
02
24.99
03

4

Jugendliche im Wirtschaftsgeschehen

Jeden Tag treffen Menschen sehr viele Entscheidungen, die zum großen Bereich des Wirtschaftens, der Ökonomie, gehören. Was kann ich mir vom nächsten Taschengeld leisten? Welches Produkt soll ich kaufen? Welche Rechte habe ich? Und wie kommt überhaupt der Preis zustande? Wie alles aus deiner Sicht als Verbraucher zusammenhängt, erfährst du in diesem Kapitel.

Kompetenzen

Am Ende dieses Kapitels solltest du Folgendes können:

- verschiedene Einflüsse auf Kaufentscheidungen kennen und beurteilen
- Gefahren der Verschuldung beurteilen
- Möglichkeiten des Verbraucherschutzes beschreiben und dessen Notwendigkeit beurteilen
- erklären, wie sich Preise auf Märkten bilden
- den erweiterten Wirtschaftskreislauf erläutern

Was weißt du schon?

Wodurch werden deine Entscheidungen als Konsument beeinflusst?

a) Erstelle eine Liste mit Begriffen.

b) Bringe die Begriffe in eine Reihenfolge.

4.1 Jugendliche Konsumenten

Was soll ich kaufen?

M 1 Was ist entscheidend beim Handykauf?

Die Auswahl ist riesig. Doch wie findet man das passende Produkt?

Derzeit gibt es in Deutschland mehr Handys als Bundesbürger. Das bedeutet, dass viele Deutsche nicht nur ein, sondern gleich mehrere Mobiltelefone besitzen. Doch was sind die wichtigsten Auswahlkriterien beim Kauf eines neuen Handys? Eine aktuelle Studie des Marktforschungsunternehmens Konzept & Analyse unter 400 Probanden ging dieser Frage nach. Das überraschende Ergebnis: Bei den meisten Konsumenten (39 Prozent) entscheiden der Markenname und das Design darüber, welches Handy sie erwerben. Erst an zweiter Stelle steht die Funktionalität des Telefons. So machen 31 Prozent der Befragten ihre Kaufentscheidung von der technischen Ausstattung des Handys abhängig. Lediglich 16 Prozent der Konsumenten finden es am wichtigsten, dass das Mobiltelefon möglichst günstig ist beziehungsweise sie bei einem Vertragsabschluss nichts dazubezahlen müssen.

Besonders interessant: Marke und Optik sind für Frauen noch wichtiger als für Männer (Frauen: 41 Prozent, Männer: 36 Prozent). Männer wiederum begründen ihre Entscheidung beim Handykauf stärker mit der technischen Ausstattung des Telefons (Frauen: 28 Prozent, Männer: 35 Prozent). Für Jugendliche haben der Herstellername und das Aussehen im Vergleich mit den älteren Altersgruppen die weitaus größte Bedeutung beim Kauf eines bestimmten Mobiltelefons. Über die Hälfte der 14- bis 17-Jährigen (52 Prozent) macht ihre Kaufentscheidung von diesen beiden Aspekten abhängig. Bei den Befragten über 60 Jahre entscheidet dagegen vor allem die Funktionalität beziehungsweise eine möglichst unkomplizierte Handhabung (39 Prozent) des Telefons über den Kauf.

http://www.inside-handy.de/news/13729.html (20.4.2010)

Konsumenten
Verbraucher, Nachfrager

Aufgaben

1. Arbeite die Auswahlkriterien für den Handykauf, die in M 1 genannt sind, heraus. Ergänze gegebenenfalls weitere Kaufkriterien.
2. Bildet Vierer-Teams. Diskutiert im Team eure Prioritätenlisten (Rangfolge) der Kaufkriterien und einigt euch auf eine gemeinsame.

Methode

M 2 Webquest – angeleitet recherchieren und präsentieren

Fall 1

Dein Onkel will sich zum ersten Mal überhaupt ein Handy zulegen. Er hat keine Ahnung von all den technischen Details, schon gar keinen Überblick über die unterschiedlichen Tarife. Hilfe suchend wendet er sich an dich. Du empfiehlst ihm ein passendes Modell und einen geeigneten Tarif. Erläutere deinen Vorschlag in einem kurzen, aber anschaulichen Brief, dem noch eine illustrierte Seite beigefügt ist, damit der Onkel sich das Gerät und alle wichtigen Details wirklich vorstellen kann.

Fall 2

Dein Freund kennt sich schon ganz gut aus mit Handys. Er hat zur Konfirmation Geld geschenkt bekommen und möchte sich endlich ein Multimedia-Handy kaufen. Er muss allerdings seine Eltern noch von dem Gerät und dem Tarif überzeugen. Sucht ein geeignetes Gerät für ihn aus und macht einen Tarifvorschlag anhand eines selbst gestalteten Prospekts, den er dann auch seinen Eltern zeigen kann.

Arbeitsschritte bei einem Webquest

1. Arbeitet zu zweit oder zu dritt an einem Rechner.
2. Diskutiert zunächst, nach welchen Gesichtspunkten ihr die Handy-Angebote untersuchen wollt. Achtet darauf, dass ihr möglichst viele relevante Gesichtspunkte erfasst. Versetzt euch in die Perspektive eures Adressaten. Berücksichtigt dabei, welche Bedürfnisse, welche Erfahrungen und Vorkenntnisse, welche finanziellen Möglichkeiten die Person jeweils haben könnte. Überlegt euch, wozu die jeweilige Person das Handy benötigt oder wie sie es nutzen will. Entscheidet danach, welche Ausstattung jeweils notwendig oder geeignet sein könnte.
3. Recherchiert auf den angegebenen Seiten (siehe Quellen) die erforderlichen Informationen.
4. Erstellt einen arbeitsteiligen Zeitplan, damit ihr den Arbeitsprozess übersichtlich strukturieren und jederzeit verfolgen könnt.
5. Achtet darauf, dass ihr die zeitlichen Vorgaben einhaltet.
6. Gestaltet nun den Brief oder den Prospekt (wahlweise auch eine PowerPoint-Präsentation oder ein Plakat). Achtet darauf, dass ihr den Adressaten von eurem Vorschlag überzeugen wollt.
7. Vergleicht eure Ergebnisse und diskutiert über die unterschiedlichen Vorschläge.
8. Ermittelt jeweils einen Top-Vorschlag. Orientiert euch bei der Auswahl dabei an den Bewertungskriterien.

Quellen

Allgemeine Infos zu Handys

www.checked4you.de (Verbraucherzentrale NRW)
www.handywissen.info (Landesstelle Kinder- und Jugendschutz Sachsen-Anhalt e.V.)
www.handysektor.de (Landesanstalt für Medien NRW)

Testberichte/Vergleiche

www.inside-handy.de/handyvergleich
www.chip.de/handy
www.geizkragen.de
www.preisvergleich.de
www.blitztarif.de
www.handytarife.de
www.testberichte.de
www.test.de
www.oekotest.de

Bewertung der Ergebnisse

1. Wie weit sind die gestellten Aufgaben inhaltlich gelöst worden?
   - die Aufgaben/Probleme wurden nicht oder falsch gelöst
   - die Lösungen weisen noch Lücken auf
   - die Aufgaben wurden vollständig gelöst
2. Wie ist die Präsentation der Ergebnisse zu bewerten?
   - technischer Anspruch der Präsentation
   - inhaltliche Qualität und Strukturierung
   - Design, Layout, grafische und mediengerechte Darstellung
   - mündliche Kommentierung

Kostenfalle Handy? Die Gefahr der Verschuldung

M 3 Böse Überraschung: Handyrechnung

Ein Handynutzer aus Norddeutschland bekam eine Mobilfunkrechnung in Höhe von 11.498,05 Euro. Dabei hatte er sein neues Smartphone kaum benutzt. Auf dem Gerät war jedoch eine Navigationssoftware installiert, die automatisch nach einer Aktualisierung gesucht hat. Für das umfangreiche Update wurde dann eine Verbindung mit dem Internet aufgenommen, die zu den hohen Kosten geführt hat.

www.handysektor.de, Stand: 8.10.2011

M 4 Versteckte Kosten und was man tun kann ...

Handys sind doch wunderbar: Mal kurz mit den Freunden sprechen, noch eine SMS hinterher schicken, eben ins Internet einwählen und das Lieblingslied als Klingelton herunterladen. Wenn das Alles nur nicht so teuer wäre. [...]

Neben der Nutzung des Handys zum Telefonieren und für SMS gibt es einige Kostenfallen, die richtig ins Geld gehen können. Das Runterladen von Klingeltönen oder Logos kann schnell mal einige Euros kosten. Außerdem passiert es bei diesen Downloads schnell, dass man ohne es zu wollen ein Abo bestellt hat und monatlich zahlen darf. Viele neuen Handys können ins Internet gehen. Häufig braucht man dafür nur einen einzigen Knopfdruck und schon ist man im Netz. [...] Es kann schnell passieren, dass diese eine Taste aus Versehen gedrückt wird. [...] Besonders teuer wird das, wenn man im Ausland ist.

Wenn du merkst, dass dir dein Handy mehr Geld aus der Tasche zieht als du dir eigentlich leisten kannst, dann solltest du vorsichtig sein. Um deine Finanzen in den Griff zu bekommen, helfen einfache Fragen: Wie viel Geld hast du im Monat zur Verfügung? Wofür gibst du das Geld aus? Manchmal kann es hilfreich sein, dies einmal genau aufzuschreiben und sich eine Übersicht zu verschaffen. Wenn du besonders mit dem Handy ein Geldproblem hast, solltest du dir mal genauer anschauen, wofür das Geld draufgeht: Telefonierst du viel? Wenn ja, rufst du andere Handys an oder eher Festnetznummern? Schickst du viele SMS? Lädst du dir viele Sachen herunter? Wenn du das genau aufschlüsselst, kann es dir helfen, Geld zu sparen. Vielleicht fällt dir dann auch auf, welcher Handytarif der Beste für dich ist.

Martin Pinkerneil, auf: www.handysektor.de, 11.10.2011

M 5 Warum verschulden sich Jugendliche?

Gründe für die Verschuldung von Jugendlichen gibt es viele. Hier ist auch das Verhalten der Erwachsenen, insbesondere der Eltern, zu nennen. Kinder sehen, wie ihre Eltern sorglos mit Krediten und Schulden umgehen. In einem solchen Umfeld schrecken Schulden und die damit verbundenen Konsequenzen nicht ab. Erwachsene wie Jugendliche werden täglich zum Kauf von Konsumgütern durch Werbung animiert. Was Nachbarn, Bekannte oder Freunde konsumieren und kaufen, möchte man ebenso haben, weil man glaubt, sonst nicht mithalten zu können und nicht den erwünschten gesellschaftlichen Status zu besitzen (Statusdenken). Gerade bei Jugendlichen übt häufig der Freundes- und Bekanntenkreis versteckt oder offen Druck aus: Wenn man dazugehören will, muss auch genügend Geld für z. B. Markenklamotten, iPhone, Urlaubsreisen vorhanden sein. Kinder und Jugendliche verlieren leicht den Überblick über ihre finanzielle Situation, weil sie sich ihr Haushaltsbudget nicht ausrechnen und es ihnen die Banken teilweise leicht machen, das Konto zu überziehen oder nach der Volljährigkeit Kredite aufzunehmen. Für viele ist es sehr schwer, aus eigener Kraft aus der Schuldenspirale herauszukommen, weil es in aller Regel nur über Einschränkungen des Konsums und/oder höhere Einnahmen und Einteilung der vorhandenen Geldmittel möglich ist.

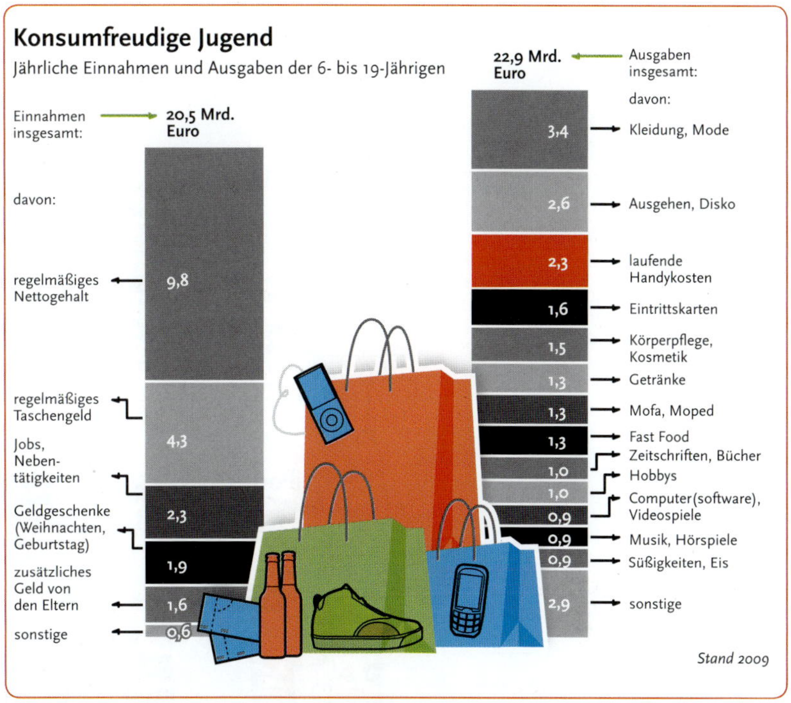

Quelle: Iconkids & youth; Globus-Grafik 3998

Hilfen bieten die Schuldnerberatungsstellen. Die Beratung ist kostenlos. Bei einem Gespräch können Experten die Situation des Schuldners analysieren und mögliche Lösungswege erarbeiten und vorschlagen. Die Berater helfen auch dabei, einen vernünftigen Haushaltsplan zu erstellen.

Verschuldung
bedeutet, dass man alle Forderungen in absehbarer Zeit tilgen kann. Die Aufnahme eines Kredites und damit eine Verschuldung ist ein normaler wirtschaftlicher Vorgang und sagt noch nichts über die Zahlungsfähigkeit an sich aus.

Überschuldung
Hier sind die monatlichen Gesamtausgaben beständig höher als die Summe der Einnahmen mit der Folge, dass sich die Forderungen stetig erhöhen und unmöglich begleichen lassen.

Aufgaben

1. Hast du eigene Erfahrungen mit Kostenfallen oder Verschuldung gemacht (M 3)? Tragt zusammen, welche Folgen eine solche Situation hat.
2. Arbeitet zu zweit an einer „Tippliste für kostenbewusstes Telefonieren“ (M 4).
3. Erläutere die Gründe für Verschuldung von Jugendlichen (M 5).

Wie wichtig ist die Marke?

M 6 my brands – Jugendliche und Marken

Bauer Media KG, BRAVO Faktor Jugend 10, November 2009

M 7 Warum gibt es Jeans für 9 und für 900 Euro?

8,99 Euro für eine Jeans – solche Angebote finden wir immer wieder in den Prospekten der Discounter. Und gleichzeitig gibt es auf der Welt Läden, in denen Jeans mehr als 900 Euro kosten. Der Designer Roberto Cavalli verlangt sogar manchmal mehr als 2.000 Euro. Die Jeans unterscheiden sich durch ein paar Stickereien – und dadurch, dass die teuren oft deutlich älter aussehen. Trotzdem finden Jeans in beiden Preisklassen Käufer. Warum?

Weil auf der teuren Jeans auch ein Name aufgestickt ist, zum Beispiel der von Roberto Cavalli. Dass die Jeans von ihm kommt, macht sie für einige Käufer hundertmal so wertvoll wie die unbestickte Jeans vom Discounter: Cavallis Name ist zur Marke geworden. Und dass Markenartikel teuer sind, hat eine lange Tradition. Schon im alten Mesopotamien sollen Händler ihre Transportkrüge mit speziellen Siegeln markiert haben. Im Mittelalter wurde diese Praxis noch populärer: Sogar Käse zeigte spezielle Herkunftsmarken, und Michelangelo hinterließ auf seinen Werken seine Meistermarke. Der Grund war immer der gleiche: Der Verkäufer wollte den Preis für seine Ware in die Höhe treiben, indem er mit seinem Zeichen für die Qualität bürgte. [...] Doch blicken wir auf unsere Jeans: Sind Roberto Cavallis Hosen mehr als den 100-fachen Preis wert, weil sie länger halten? Sicher nicht. Angenommen, die Discounter-Jeans hält mindestens ein halbes Jahr: Dann müsste man die Cavalli-Jeans mindestens 50 Jahre tragen – und in dieser Zeit auch noch die Kleidergröße halten.

Es muss also noch etwas anderes geben, das uns dazu bringt, 900 Euro für eine Jeans auszugeben. [...]

Die Wissenschaftler sehen: Wenn wir einkaufen, findet im Gehirn ein Kampf statt. [...] Das Engelchen, das ist die Schmerzregion in der Nähe der Schläfen. Sie ärgert sich darüber, dass wir so viel Geld ausgeben wollen. Das Teufelchen ist das Lustzentrum, das zum Teil direkt hinter den Augen und zu einem anderen Teil tief im Gehirn sitzt. Dort hat nicht nur die Freude an gekauften Dingen ihre Heimat, sondern beispielsweise auch der Kick beim Drogenrausch. Die Entscheidung lässt sich recht einfach zusammenfassen: Wenn das Teufelchen im Lustzentrum aktiver ist als das Engelchen im Schmerzzentrum, dann schlagen wir zu.

[...] Und welche Belohnung verspricht nun die 900-Euro-Jeans? Individualismus. Sie grenzt die Käufer von all denen ab, die so eine Jeans nicht haben. Das sei eine der wichtigsten Belohnungen überhaupt. Die Abgrenzung kann an unterschiedlichen Eigenschaften erfolgen: Wir fühlen uns schlauer, cooler oder trendiger als andere. Oder eben reicher. Kurz gesagt – wir sind deshalb bereit, so viel Geld für die 900-Euro-Jeans zu zahlen, weil sie so teuer ist.

Patrick Bernau, Frankfurter Allgemeine Sonntagszeitung, 18.11.2007

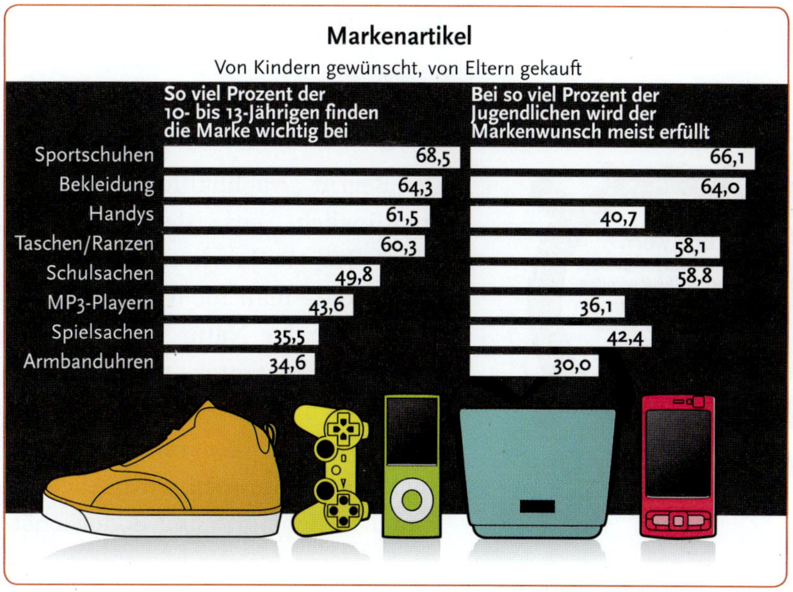

Quelle: KVA 2009, Globus-Grafik 3052

Aufgaben

1. Beschreibe die Darstellung in M 6.
2. Erläutere, warum Menschen teure(re) Markenprodukte kaufen (M 7).
3. Entwerft und spielt ein Rollenspiel zwischen Mutter und Tochter zum Kauf von einem Markenprodukt. Formuliert hierzu vorab in Kleingruppen Stichworte für die Rollenkarten.

Nachhaltiger Konsum – wie teuer ist billig?

Weissagung der Cree

M 8 Nachhaltigkeit – gestern und heute

Der Begriff „Nachhaltigkeit" stammt ursprünglich aus der Forstwirtschaft des 17. Jahrhunderts. Er bedeutet, dass man nicht mehr ernten soll, als in der Natur nachwachsen kann. [...] Heutzutage versteht man unter Nachhaltigkeit, dass auf die nachfolgenden Generationen mehr Rücksicht genommen wird. Auch sie brauchen Rohstoffe und Bodenschätze wie zum Beispiel Holz, Wasser, Erdöl, Kohle. Wir müssen auch dafür sorgen, dass unsere Umwelt nicht durch Fabrikabgase, Schmutzwasser oder Gifte geschädigt wird. Denn kranke Bäume zum Beispiel wachsen nicht so gut wie gesunde oder sterben ganz ab.

Gerd Schneider, Christiane Toyka-Seid, Das junge Politik-Lexikon, Bonn 2009, S. 196

M 9 Geiz ist geil, oder?

Näherinnen in einer südostasiatischen Textilfabrik

Die Textilkette Kik boomt auch in der Krise – mit konkurrenzlos niedrigen Preisen. Doch die Zeche zahlen junge Näherinnen in Bangladesch, unterbezahlte Beschäftigte und oft auch die Kunden.

Vor 15 Jahren gründete Stefan Heinig den Textildiscounter Kik. Seither arbeitet der ehemalige Handelsassistent daran, die Preise zu drücken. Er verkauft den Deutschen die billigsten Klamotten, die es gibt. Heißt es. Jeans kosten bei Kik mitunter nur 2,99 Euro. Mithilfe der „Bild"-Zeitung deckte Heinig die Nation im Frühjahr (2009) mit „Volks-T-Shirts" ein, für 1,99 Euro. Hauptsache billig – mit dieser simplen Idee hat Heinig ein Geschäftsimperium aufgebaut, das trotz Krise immer weiter wächst. Selbst auf Sylt finden sich zwei Geschäfte der Billigkette, 2.800 Filialen in sechs Ländern gibt es mittlerweile, und es werden immer mehr. Der Umsatz des Unternehmens, das zum Tengelmann-Konzern gehört, lag im abgelaufenen Geschäftsjahr bei 1,1 Milliarden Euro.

Doch der Erfolg beruht auf einer Täuschung. Genau genommen sind Kiks Preise nicht billig – sie kommen Mitarbeiter, Zulieferer und oft auch Kunden teuer zu stehen. Den höchsten Preis für den hiesigen Geiz zahlen die Näherinnen in den Fabriken in Bangladesch. Fast die Hälfte der Waren stammt von dort. Es sind Mädchen wie Sathi Akhter, die für Heinigs vermeintliche „Volks"-Preise sorgen. Sathi Akhter ist 16 Jahre alt. Sie arbeitete in einer Kik-Zulieferfabrik in der Hauptstadt Dhaka, 10,

12, manchmal 16 Stunden pro Tag – für umgerechnet 25 Euro im Monat. Mit ihren Eltern und ihrem Bruder teilt sie sich einen knapp sechs Quadratmeter großen Verschlag als Wohnung. Frisches Wasser, erzählt Sathi Akhter, gebe es in der Fabrik nicht, oft nicht mal Spülwasser in den dreckigen Toiletten. Zusammen mit zwei Kolleginnen berichtet sie vom Fabrikmanager, der „regelmäßig zuschlage", zu spät bezahle und Überstunden oft gar nicht vergüte. Und davon, dass in der Fabrik Kinder unter 14 Jahren beschäftigt würden, was auch in Bangladesch verboten ist. Und dennoch: Selbst für solche Jobs findet sich immer irgendwer in diesem Land, in dem 156 Millionen Menschen leben und 35 Millionen hungern.

Nils Klawitter, Spiegel online, 26.9.2009

M 10 Was kann ein Einzelner tun?

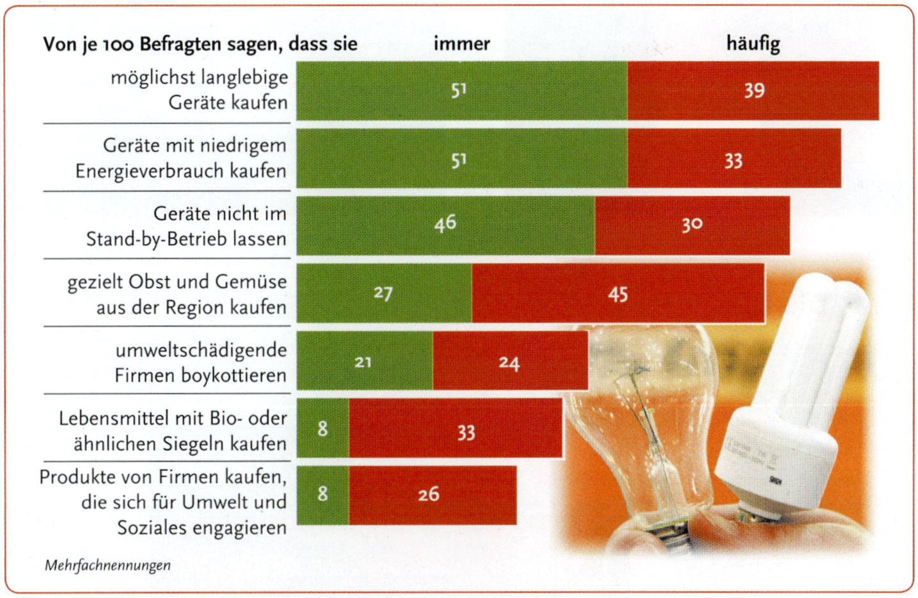

Quelle: BMU, Globus-Grafik 1307, Stand 2006

Aufgaben

1. a) Was verbindest du mit dem Begriff „Nachhaltigkeit"? Tauscht euch mit einem Partner aus.
   b) Erläutere, warum die Weissagung der Cree (gerade) heute gültig ist (M 8).
2. Erläutere, warum billig manchmal teuer sein kann (M 9).
3. Stelle in der Klasse ein Produkt vor, das du mit Alternativen verglichen hast, und überprüfe deine Kaufentscheidung auf Nachhaltigkeit (M 10).

Wie funktioniert die Werbung?

M 11 Unwiderstehlich?

M 12 Die Faustformel der Werbung

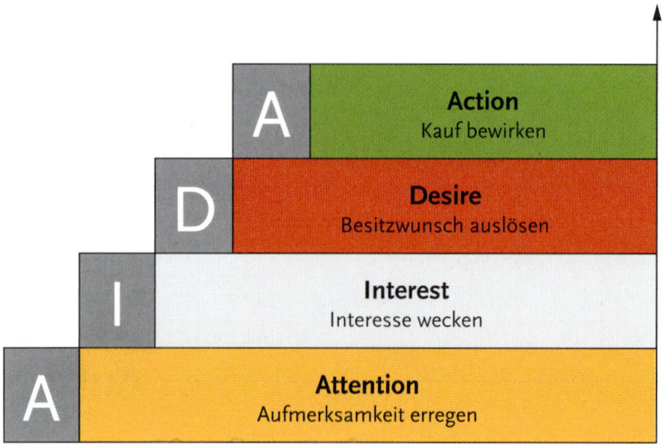

M 13 Wie Kunden verführt werden – die geheime Macht der Sinne

Sehen, hören, riechen, fühlen – die Werbeindustrie rüstet zum Großangriff auf alle Sinne. Einer Studie zufolge hat jeder Deutsche ungefähr 3.000 Markenkontakte täglich, das heißt, er wird mit rund 3.000 Plakaten, Spammails, Fernsehspots oder Zeitungsanzeigen bombardiert. Logisch, dass die einzelnen Produkte in der Werbeflut untergehen. Deshalb will die Branche nun mit raffinierten Sinnesreizen die Aufmerksamkeit der Kunden lenken [...]. „Stellen Sie sich vor, Sie kommen abends an einem Schaufenster vorbei und interessieren sich für einige der Waren, die dort ausgestellt sind", sagt der Forschungsmanager von Philips, Ulrich Schiebel, während er auf das elegante Bekleidungsgeschäfts zuläuft. „Dann melden sich diese Waren, und das Fenster empfiehlt ihnen dazu passende andere Produkte." Kaum hat Schiebel die letzten Worte gesprochen, geht im Ladeninneren wie ein sanfter Spot an, der auf ein Paar schwarze Schuhe gerichtet ist. Der Trick: im Schaufenster des Ladens haben die Lichtingenieure unauffällig einige Kameras installiert, die die Blickrichtung des Passanten genau erfassen. [...] Und das Schaufenster kann noch mehr. Es kann zugleich Leinwand und Fenster sein, denn im Inneren des Ladens befinden sich mehrere Bildprojektoren, die Bilder der Kollektion auf die aufgeraute Scheibe projizieren. So entsteht ein Touchscreen, ein Bildschirm, der bei Berührung Daten anzeigt, ohne dass die Schaufensterfunktion verloren geht. „Mit dieser Technik kann sich der Kunde selbständig durch das ganze Warensortiment klicken und sich auch abends oder sonntags über das Produktangebot informieren", erklärt Ulrich Schiebel. [...]

„Düfte können die Fantasie inspirieren, Gefühle entfachen und bei richtigem Einsatz über das Wohlbehagen der Kunden entscheiden", sagt Andrea Gröppel-Klein, die Direktorin des Instituts für Konsum- und Verhaltensforschung an der Universität des Saarlands. Allerdings muss man beim Dufteinsatz vorsichtig sein. „So muss der Duft zwar bemerkbar sein, aber er darf auf keinen Fall überdosiert werden", sagt Gröppel-Klein. Ähnlich verhält es sich mit der Musik. Sie soll beim Einkaufen von störenden Geräuschen ablenken und auch eine oft als bedrückend empfundene Stille vermeiden.

nach: Eckart Granitza, Stuttgarter Zeitung, 4.4.2008

Als ein englischer Supermarkt in seiner Weinabteilung deutsche Volksmusik abspielte, kauften die Kunden zu zwei Dritteln deutsche Weine, hörten sie französische Chansons, wurden zu 80 Prozent französische Tropfen gekauft.

Marketing
So bezeichnet man alle Maßnahmen im Unternehmen, die dem erfolgreichen Absatz von Gütern dienen.

Aufgaben

1. Analysiert die Werbeanzeigen mithilfe eurer Vorkenntnisse (auch aus früheren Jahrgangsstufen) und der AIDA-Formel (M 11, M 12).
2. Merkst du selbst, wie Werbung auf dich wirkt? Tauscht euch mit einem Partner aus: Von welchen Produkten, die ihr regelmäßig kauft, kennt ihr die Werbung? Hat sie die Kaufentscheidung beeinflusst?
3. a) Arbeitet heraus, mit welchen Tricks die Werbeindustrie arbeitet (M 13).
   b) Diskutiert in der Klasse, was Konsumenten gegen die Verführungstricks der Marketingspezialisten tun können.
4. a) Entwerft in Kleingruppen eine Werbeanzeige für ein Produkt eurer Wahl.
   b) Wertet gemeinsam in der Klasse aus, inwiefern die AIDA-Formel umgesetzt wurde (M 12).

Was wir wissen

Kaufentscheidungen und Verschuldung
M 2, M 5

In die Entscheidung für den Kauf eines bestimmten Produkts fließen unterschiedliche Aspekte ein. Der Preis hat häufig den größten Einfluss auf die Kaufentscheidung. Aber nicht immer ist bei einer Kaufentscheidung der Endpreis absehbar – vor allem Handy und Telefonkosten bringen Jugendliche häufig in finanzielle Schwierigkeiten. Hier muss jeder seine finanziellen Spielräume und damit den Rahmen kennen. Außerdem müssen die Verpflichtungen und Kosten eines Vertrags genau gelesen werden – und auf das eigene Verhalten angepasst werden (telefoniere ich viel oder surfe ich eher im Internet ...).

Marken
M 7

Die Orientierung an Marken, die bei Jugendlichen ausgeprägt ist, wird vor allem durch die Anerkennung und das Ansehen in der Gruppe bestimmt. Markenprodukte sind somit auch Statussymbole. Die Nutzung der Güter zu ihrem Gebrauch tritt in den Hintergrund zugunsten des Nutzens, welcher z. B. aus der Anerkennung in der Gruppe gewonnen wird.

Werbung
M 12, M 13

Werbung ist fester Bestandteil unseres täglichen Lebens. Ziel jeder Werbung ist, wie der Name schon sagt, für ein Produkt zu werben, sodass es vom Kunden gekauft wird und Umsatz und Ertrag der Unternehmen steigen. Werbung informiert deshalb über die Eigenschaften des beworbenen Produkts und verschafft dem Konsumenten so einen Überblick über die angebotenen Güter. Zu beachten gilt jedoch, dass über ausgefeilte Strategien häufig „künstliche" Bedürfnisse erzeugt, Preise verschleiert und die Nachteile eines Produktes verheimlicht werden. Der Konsument bezahlt die Werbung letztlich über höhere Produktpreise.

Nachhaltigkeit
M 8, M 10

Der niedrige Preis eines Produkts verschleiert, dass die Kosten an anderer Stelle anfallen und Schäden anrichten, z. B. bei den schlechten Arbeitsbedingungen in der Herstellung und bei Umweltschäden. Als „nachhaltig" bezeichnet man Entscheidungen, die diese Faktoren berücksichtigen.

Was kann der Konsument zum nachhaltigen Wirtschaften beitragen? Die Konsumenten können durch ihren Kauf oder Nichtkauf letztlich darüber entscheiden, was produziert wird. Entschließen sie sich zum Kauf ökologisch vertretbarer Produkte, werden auch solche produziert. In der Realität haben jedoch häufig andere Kaufkriterien (Preis, Prestige) Vorrang. Darüber hinaus ist es auch für den ökologisch aufgeklärten Konsumenten oft schwierig, genügend zuverlässige Informationen über die Umweltverträglichkeit von Produkten zu erhalten.

Haushaltsplan gegen Schuldenfalle

Um die eigenen Finanzen im Blick zu behalten und nicht in die „Schuldenfalle“ zu geraten, empfiehlt sich die Erstellung eines Haushaltsplans. Ergänze die Tabelle um deine persönlichen Geldquellen und Ausgabeposten. Rechne einmalig erhaltene Geldbeträge auf die Bezugsgröße deines Haushaltsplans (Woche/Monat) um. Hier kannst du auch schätzen. Ziehst du von den Einnahmen die Ausgaben ab, erhältst du den Saldo. Ist dieser positiv, hast du einen Überschuss, ist er negativ, ein Defizit.

Zeitraum (z. B. Woche, Monat):			
Einnahmen		**Ausgaben**	
Taschengeld		Süßigkeiten	
Nebenjob	Ins Heft	Handy	Ins Heft
Geldgeschenke		Kleidung	
...		...	
		Sparen	
Gesamt		Gesamt	
Einnahmen – Ausgaben (Saldo) =			

Insider-Porträt aus der Werbeindustrie

Der Romanheld in dem Buch Neunundddreißig neunzig arbeitet in der Werbeindustrie und stellt sich auf den ersten Seiten des Buches selbst vor.

Ich heiße Octave und kaufe meine Klamotten bei APC [= französische Modemarke]. Ich bin Werber: ja, ein Weltverschmutzer. Ich bin der Typ, der Ihnen Scheiße verkauft. Der Sie von Sachen träumen lässt, die Sie nie haben werden. Immerblauer Himmel, [...] perfektes Glück, Photoshop-retuschiert. Geleckte Bilder, Musik im Trend. Wenn Sie genug gespart haben, um sich den Traumwagen leisten zu können, den ich in meiner letzten Kampagne lanciert [= bekannt gemacht] habe, ist der durch meine nächste Kampagne längst überholt. Ich bin Ihnen immer drei Wellen voraus und enttäusche Sie zuverlässig. Glamour ist das Land, in dem man nie landet. Ich fixe Sie mit Neuheiten an, die den Vorzug haben, dass sie nicht neu bleiben. Es gibt immer eine neue Neuheit, die die vorige alt aussehen lässt. Mein Amt ist es, Ihnen den Mund wässrig zu machen. In meinem Metier [= Beruf] will keiner Ihr Glück, denn glückliche Menschen konsumieren nicht.

Ihr Leiden dopt den Handel. In unserem Jargon nennen wir das die „Post-Shopping-Frustration“. Sie müssen unbedingt ein bestimmtes Produkt haben, und kaum dass Sie es haben, brauchen Sie schon das nächste. [...] Devise: „Ich gebe Geld aus, also bin ich.“ Um Bedürfnisse zu schaffen, muss man Neid, Leid, Unzufriedenheit schüren – das ist meine Munition. Meine Zielscheibe sind Sie.

Frédéric Beigbeder, Neununddreißig neunzig, Reinbek bei Hamburg 2002, S. 15

Aufgaben

1. a) Arbeitet konkrete Elemente heraus, wie Octave die AIDA-Formel umsetzt.
   b) Erläutere, welche Rolle die Unzufriedenheit spielt.
2. Sammelt in einer Tabelle Argumente für und gegen den Einfluss von Werbung.

4.2 Welchen Schutz braucht der Konsument?

Wie schützt das Recht den Konsumenten beim Kauf?

M 1 Der Kunde – König oder Bittsteller?

M 2 Laptopkauf mit Hindernissen

Die 18-jährige Maria hat im PC-Fachgeschäft „Xenia“ ein Notebook gekauft. Allerdings hat sie wenig Freude daran: Selbst bei der Verwendung gängiger Programme stürzt das Notebook immer wieder ab. Sie bringt es daher zu „Xenia“ zurück. „Dieses Notebook habe ich vorigen Monat als Sonderangebot bei Ihnen gekauft – und jetzt funktioniert es bereits nicht mehr!“, wendet sich Maria an den Händler, Herrn Peze. „Nanu – was fehlt denn?“, hakt Peze in überraschtem Ton nach. „Immer, wenn ich eine CD einlegen will, stürzt der Rechner ab und es geht nichts mehr.“ Herr Peze erinnert sich: Das Laptop stammte aus einer Lieferung, bei der es Probleme mit den Laufwerken gab. Mit einem listigen Lächeln bietet Herr Peze Maria an: „Ich werde es gerne für Sie einschicken – das dauert allerdings zwei Wochen und die Reparatur kostet Sie ca. 40 €!" Maria reißt jetzt langsam der Geduldsfaden. „Wie bitte? – Ich will ein neues Gerät von Ihnen und zwar schnell." „Aber junge Frau, nun übertreiben Sie doch nicht gleich", erwidert Peze in herablassendem Ton, „wir können doch auch nichts für solche Fehler! Und wie Sie wissen, war das ein sehr günstiges Gerät, da müssen Sie schon mit kleineren Problemen rechnen. Vielleicht haben ja auch Sie den Fehler verursacht. Sie nutzen das Gerät ja nun schon einige Wochen! Übrigens sehen unsere Vertragsbedingungen ausdrücklich vor, dass bei Sonderangeboten keine volle Gewährleistung übernommen werden kann. Wir könnten Ihnen aber sicher beim Preis für die Reparatur ein wenig entgegenkommen ..."

M 3 Vertragstypische Pflichten beim Kaufvertrag

Pflichten aus einem Kaufvertrag (§ 433 BGB)

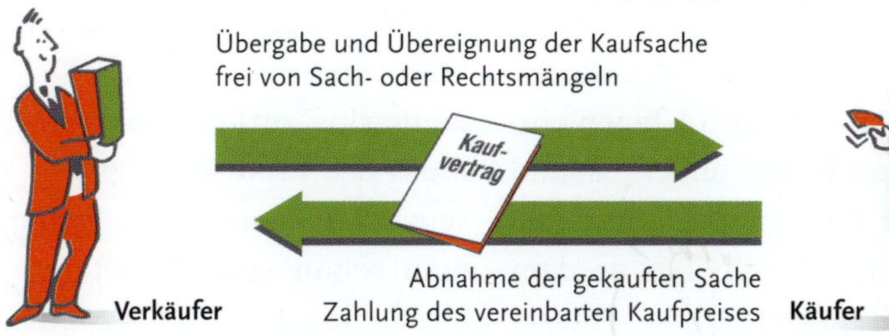

Bürgerliches Gesetzbuch
Es enthält die wichtigsten Regelungen, die das Zusammenleben der Bürger betreffen, z. B. zum Kaufvertrag, Familienrecht, Erbrecht.

Kaufvertrag
wird geschlossen durch Antrag und Annahme, kann auch mündlich erfolgen

M 4 Wie ist geregelt, wenn die Kaufsache einen Mangel hat?

Bei Mängeln hat der Käufer folgende Rechte (§ 437 BGB):

Nacherfüllung (innerhalb angemessener Frist)	**wird die Nacherfüllung verweigert oder schlägt sie fehl:**	Unter Umständen: **Schadensersatz**
Beseitigung des Mangels *oder*	Rücktritt vom Vertrag *oder*	
Lieferung einer mangelfreien Ware	Minderung des Kaufpreises	

Verjährungsfristen:
Ansprüche müssen innerhalb einer Frist von 2 Jahren geltend gemacht werden (§ 438 BGB).
Nach 6 Monaten ändert sich die Beweislast: Danach muss der Käufer nachweisen, dass die Sache bereits bei der Übergabe einen Mangel hatte (§ 476 BGB).

Sachmangel
Ein Sachmangel liegt vor, wenn eine Sache bei Übergabe nicht die vertraglich vereinbarte oder übliche Beschaffenheit hat oder sich nicht für die vertraglich vorausgesetzte oder gewöhnliche Verwendung eignet.

M 5 Hannah und das neue Kleid

Hannah hat sich ein neues Kleid gekauft. Stolz zeigt sie es ihrer besten Freundin. Nach einer abfälligen Bemerkung über die Farbe gefällt Hannah das Kleid plötzlich auch nicht mehr. Kann sie es zum Händler zurückbringen? Kundenfreundliche Händler nehmen in der Regel Ware innerhalb einer bestimmten Frist (meist 14 Tage) zurück, wenn sie nicht benutzt ist. Dies ist eine freiwillige Leistung, rechtlich verpflichtet sind die Händler dazu nicht. Meist erhält man gegen Vorlage des Kassenbons einen Gutschein über den Kaufpreis, manche Händler zahlen aber auch den Kaufpreis wieder aus. Bei reduzierter Ware ist der Umtausch oft ausgeschlossen.

M 6 Rechte beim Kauf im Internet

Da der Kunde das Produkt beim Einkauf im Netz nur am Bildschirm sieht und nicht testen kann, räumt ihm der Gesetzgeber in § 355 des Bürgerlichen Gesetzbuches ein Widerrufs- und Rückgaberecht von 14 Tagen ein, ohne dass der Kunde einen Grund angeben oder reklamieren muss. Die Frist läuft meist ab dem Tag, an dem der Kunde die Ware erhält. Ausgeschlossen sind wenige Waren wie frische Lebensmittel, Heizöl, Arzneimittel, entsiegelte Software oder Sonderanfertigungen. Liegt der Warenwert über 40 Euro, muss der Verkäufer die Rücksendekosten tragen. Widerruf ist per Brief, E-Mail oder Fax möglich. Die Versandbestätigung sollte aufbewahrt werden. Als Widerruf gilt auch, wenn der Kunde die Ware innerhalb von 14 Tagen kommentarlos zurückschickt. Allerdings muss das Produkt in gutem Zustand sein. „Mit dem neuen Fahrrad kann man schon eine Probefahrt auf der Straße machen, den Waldweg sollte man aber meiden", sagt Online-Rechtsexperte Lutz Wilde von der Stiftung Warentest.

nach: Fabian Heckenberger, Süddeutsche Zeitung, 11.12.2010, S. 31

Aufgaben

1. Stimmt ab, welcher Auffassung von der Stellung des Konsumenten ihr spontan zustimmen würdet (M 1).
2. a) Fasse alle geäußerten Forderungen bzw. Argumente aus M 2 zusammen.
   b) Schreibe einen Brief an den Computerhändler, indem du ihm die rechtliche Problematik auseinandersetzt und ihn dazu aufforderst, entsprechend der gesetzlichen Regelungen zu handeln (M 2 - M 4).
3. Erkläre, wie sich das in M 5 beschriebene Umtauschrecht von den Rechten des Käufers bei Sachmängeln unterscheidet.
4. Erläutere, welche besonderen Rechte der Käufer bei einem Kauf im Internet hat (M 6).

Können Jugendliche Kaufverträge abschließen?

M 7 Oliver und das Mountain-Bike

Der 14-jährige Oliver träumt schon lange von einem Mountain-Bike. Sein Fahrrad ist schon ziemlich alt und eigentlich viel zu klein. Nach dem letzten Freibadbesuch war die rostige Kette zur Erheiterung seiner Freunde bei voller Fahrt abgesprungen. Als Oliver beim Fahrradhändler ein tolles Angebot sieht, entschließt er sich kurzerhand, mit seinem Sparbuch, auf das seine Eltern monatlich 50 € Taschengeld einzahlen und über das er frei verfügen darf, zur Bank zu gehen. Er hebt 400 € ab und kauft sich das neue Rad, ein echtes „Schnäppchen", wie der Händler versichert. Olivers Freund Manuel findet das Rad toll, aber er meint, Oliver hätte das Rad alleine nicht kaufen dürfen.

Darf ein 14-Jähriger von seinem Taschengeld ein neues Fahrrad kaufen?

M 8 Was sagt das BGB zum Taschengeld?

§ 106 Beschränkte Geschäftsfähigkeit Minderjähriger
Ein Minderjähriger, der das siebente Lebensjahr vollendet hat, ist nach Maßgabe der §§ 107 bis 113 in der Geschäftsfähigkeit beschränkt.

§ 107 Einwilligung des gesetzlichen Vertreters
Der Minderjährige bedarf zu einer Willenserklärung, durch die er nicht lediglich einen rechtlichen Vorteil[1] erlangt, der Einwilligung seines gesetzlichen Vertreters.

§ 108 Vertragsschluss ohne Einwilligung
(1) Schließt der Minderjährige einen Vertrag ohne die erforderliche Einwilligung des gesetzlichen Vertreters, so hängt die Wirksamkeit des Vertrags von der Genehmigung des Vertreters ab. [...]

§ 110 Bewirken der Leistung mit eigenen Mitteln
Ein von dem Minderjährigen ohne Zustimmung des gesetzlichen Vertreters geschlossener Vertrag gilt als von Anfang an wirksam, wenn der Minderjährige die vertragsmäßige Leistung mit Mitteln bewirkt, die ihm zu diesem Zwecke oder zur freien Verfügung von dem Vertreter oder mit dessen Zustimmung von einem Dritten überlassen worden sind.

[1] *z. B. durch eine Schenkung*

Rechtsfähigkeit
§ 1 Bürgerliches Gesetzbuch
Die Rechtsfähigkeit des Menschen beginnt mit der Vollendung der Geburt.

Unter Rechtsfähigkeit versteht man die Fähigkeit, Träger von Rechten und Pflichten zu sein.

Natürliche Personen
alle lebenden Menschen

Juristische Personen
z. B. Unternehmen, eingetragene Vereine

M 9 Stufen der Geschäftsfähigkeit

Geschäftsfähigkeit		
geschäftsunfähig	**beschränkt geschäftsfähig**	**voll geschäftsfähig**
Kinder unter 7 Jahren; geistig behinderte Menschen	Kinder und Jugendliche von 7 bis 18 Jahren	Volljährige (ab 18 Jahren)
Rechtsgeschäfte sind nichtig; kleinere Alltagsgeschäfte geistig behinderter Erwachsener gelten aber als wirksam.	Taschengeldgeschäfte sind wirksam; andere Rechtsgeschäfte nur mit Genehmigung der Eltern.	Rechtsgeschäfte sind wirksam.

M 10 Der Taschengeldparagraf

Nehmen wir an, du bist auf Shopping-Tour: also erst mal in einen Laden vom Taschengeld eine CD gekauft. Du hast von deinen Eltern außerdem noch 250 Euro extra für neue Klamotten sowie fürs Sparbuch bekommen, aber da du gerade in der Abteilung für Unterhaltungselektronik bist, kaufst du dir von der Kohle einen MP3-Player. Sind nun beide Käufe das Gleiche? Nicht so ganz: Gegen den CD-Kauf werden deine Eltern wohl nicht viel sagen – außer vielleicht, dass sie die Musik scheußlich finden oder so, aber der Kauf ist erst mal deine Sache. Aber das mit dem MP3-Player wäre schon eher ein Problem: Deine Eltern kriegen einen dicken Hals („Du solltest dir doch was zum Anziehen kaufen!") und können im Laden darauf bestehen, dass der Kauf rückgängig gemacht wird. [...]

Der entscheidende Unterschied ist der Zweck der Kohle! Dein Taschengeld hast du zum freien Verjubeln bekommen – also kannst du auch genau das damit tun (O.K., in der Praxis gibt es trotzdem oft Diskussionen Zuhause deswegen, aber so weit die theoretische Rechtslage). [...] Die 150 Euro in dem Beispiel waren dagegen für einen bestimmten Zweck, nämlich Klamotten – was anderes zu kaufen ist da nicht angesagt, und schon werden deine Möglichkeiten, Geschäfte zu tätigen, reduziert – beschränkte Geschäftsfähigkeit also. Ist aber keine gesetzliche Schikane für Jugendliche, sondern hat gute Gründe! [...]

Jeder Nepper könnte die Unerfahrenheit von Kindern oder Jugendlichen ausnutzen, sie irgendwas unterschreiben lassen und hinterher müssten sie zahlen, wenn ihre Unterschrift schon vollständig gültig wäre. [...] Der Kauf gilt, wenn die Kohle für genau diesen Kauf oder sowieso zum Verjubeln bestimmt war.

www.checked4you.de, 9.3.2011

M 11 Problemfälle

A Der Malerazubi Tim, 18 Jahre, kauft von seiner Nachbarin Katrin, 23 Jahre, deren Fahrrad für 30 Euro. Kurz darauf will Katrin ihr Fahrrad aber wiederhaben. Ihre Begründung: Es fehle der schriftliche Kaufvertrag. Darf Tim das Fahrrad behalten?

B Der 16-jährige Thomas hat von seinem Bekannten einen gebrauchten Roller für 1.200 Euro gekauft. Als sein Vater das Geschäft ablehnt und kein Geld rausrückt, sitzt Thomas in der Klemme. Muss er den abgeschlossenen Vertrag einhalten?

C Denise, 19 Jahre, kauft sich einen Fernseher, reist aber wenige Tage später ins Ausland, um dort ein Praktikum zu absolvieren. Den Fernseher lässt sie original verpackt bei ihren Eltern zurück. Nach zweieinhalb Jahren kommt sie zurück, stellt den Fernseher auf ... und sieht nur ein Flackern. Kann sie den Fernseher umtauschen?

D Hobbyfilmemacherin Tina, 18 Jahre, hat in einem Supermarkt eine Digicam für 320 Euro gekauft. Am nächsten Tag liest sie, dass die Kamera in einem Test schlecht abgeschnitten hat. Nun will sie die Kamera zurückgeben. Muss der Händler den Kaufpreis zurückzahlen?

E Sven, 21 Jahre, kauft einen CD-Player für sein Auto. Als er das Gerät ein paar Tage später einbaut, stellt er fest, dass es nicht funktioniert. Muss der Verkäufer ihm einen neuen Player geben?

F Giovanni, 19 Jahre, kauft sich eine CD für 19 Euro, um sich auf ein Casting vorzubereiten. Als sie ihm zu Hause nicht gefällt, will er sie zurückgeben. Bekommt er sein Geld zurück?

Nach: Wilfried Dorsch, Heinz Klippert, Wirtschaftslehre mit Pfiff, Bd. 2, Stuttgart 2010, S. 29

Aufgaben

1. Löse den in M 7 geschilderten Fall und verfasse eine kurze, sachliche Antwort auf Manuels Frage (M 7 - M 10).
2. Erkläre deinem 7-jährigen Geschwister, welche Geschäfte er oder sie ab sofort tätigen darf und welche nicht (M 8, M 9).
3. Beantworte die Fragen der Personen in M 11 und erkläre ihnen die rechtlichen Grundlagen (M 3 - M 10).

Wie kann sich der Verbraucher informieren?

M 12 Was verschafft dem Konsumenten den Durchblick?

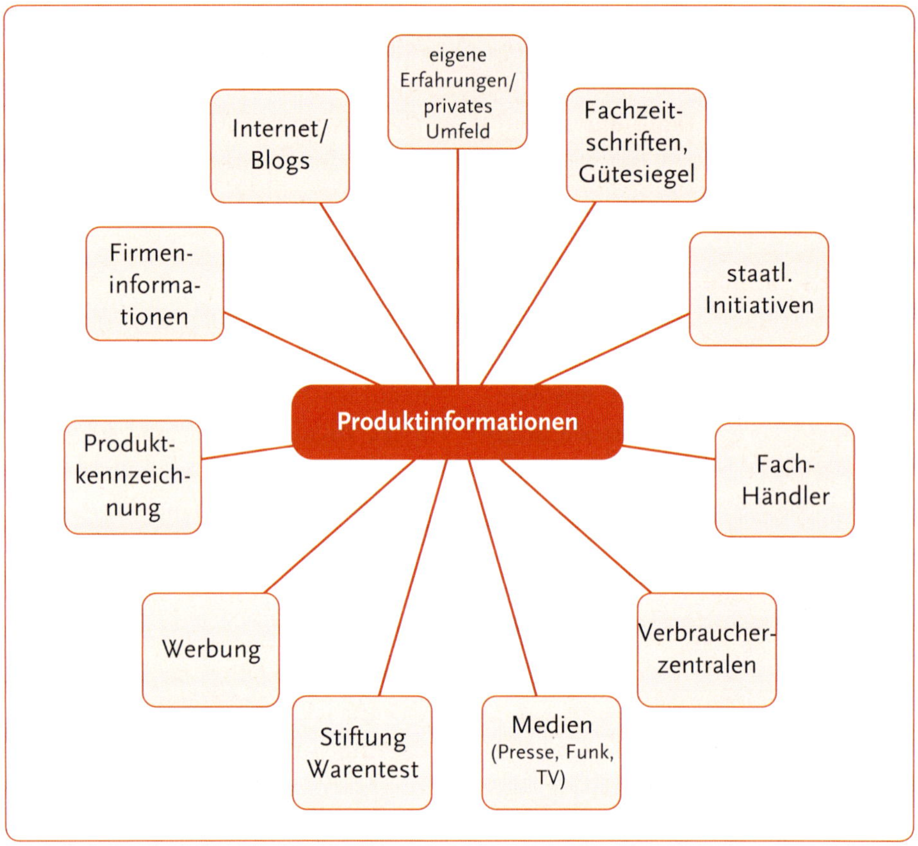

Verbraucherzentralen
Jedes der 16 Bundesländer hat eine Verbraucherzentrale. Die Verbraucherzentralen bieten Beratung zu sehr vielen Verbraucherfragen, wie z. B. zu den Themen Finanzen, Ernährung und Ökologie. Eine sehr ansprechend aufbereitete Seite betreibt die Verbraucherzentrale Nordrhein-Westfalen unter *www.checked4you.de*.

Stiftung Warentest
Die Stiftung Warentest ist eine deutsche Verbraucherschutzorganisation, die mit dem Anspruch der Unabhängigkeit Waren und Dienstleistungen verschiedener Anbieter untersucht und vergleicht. Die Ergebnisse der Warentests, Dienstleistungsuntersuchungen und Verbraucherinformationen werden z. B. im Internet, in Zeitschriften, Sonderheften, Ratgebern oder Jahrbüchern veröffentlicht (*www.test.de*).

STIFTUNG WARENTEST
GUT (1,9)
test
www.test.de

M 13 Stiftung Warentest testet Foto-Entwickler

Discounter, Drogerie oder Online-Dienste – wer Digitalfotos entwickeln möchte, hat die Qual der Wahl. Die Stiftung Warentest hat zwölf Anbieter getestet. […] Am besten schnitt Aldi ab. Der Discounter liefert Abzüge im 10er-Format für neun Cent pro Stück und bietet damit das beste Preis-Leistungs-Verhältnis.

Auf Platz zwei hat es Foto Quelle geschafft. Bildqualität, Angebotsumfang und Bestellabwicklung waren bei beiden Diensten für Fotos wie für Poster immer mindestens „gut". Das gilt zwar auch für die Anbieter dm, Saturn und Schlecker – allerdings sind bei ihnen die Fotos teurer als bei den Testsiegern. Hinzu kommt: Nur Aldi und Foto Quelle gehen auch „gut" mit Nutzerdaten um.

Bei fast allen Anbietern lief die Bestellung weitgehend problemlos. Auf ihre Fotos mussten die Besteller im Schnitt zwei Tage warten, auf Poster einen Tag länger. […] Am Online-Auftritt hapert es aber nicht nur dort.

ino, http://www.n-tv.de/ratgeber/Am-besten-geht-s-bei-Aldi-article1357451.html (26.8.2010)

M 14 Multimediahandys im Test

Hier ist ein Tabellenausschnitt eines aufwändigen Tests von Multimediahandys abgedruckt. Durch die Gewichtung der Prüfkriterien kommt die Stiftung Warentest zu einem Gesamt-Qualitätsurteil.

test Multimediahandys	Gewichtung	Samsung Corby S3650	Samsung S5620	Nokia C5	Nokia X3
Mittlerer Preis in Euro ca.		229	259	169	149
test-QUALITÄTSURTEIL	100%	GUT (2,2)	GUT (2,2)	GUT (2,3)	GUT (2,3)
TELEFON	20%	gut (2,3)	gut (2,2)	gut (2,4)	gut (2,4)
Sprachqualität		+	+	○	+
Funktion im GSM-/UMTS-Netz		+/Entfällt	+/+	+/+	+/Entfällt
SMS		○	+	○	○
KAMERA	15%	befried. (2,8)	befried. (2,9)	befried. (3,0)	befried. (2,7)
Bild bei normaler/geringer Beleuchtung		+/⊖	+/⊖	○/○	+/⊖
Auslöseverzögerung		+	+	++	++
MUSIKSPIELER	15%	gut (2,5)	gut (2,3)	befried. (2,8)	gut (2,2)
Klang/Kompatibilität		○/+	+/+	○/+	+/+
GPS	5%	Entfällt	gut (2,4)	gut (1,8)	Entfällt
HANDHABUNG	20%	gut (2,2)	gut (2,2)	gut (2,1)	gut (2,2)
Gebrauchsanleitung und Inbetriebnahme		○	○	+	+
Display/Tastatur		○/+	+/+	○/+	○/○
Bedienung Telefon/Kamera/Musikspieler		+/+/+	+/+/+	+/+/+	+/+/++
Transport		+	+	+	+
STABILITÄT	5%	sehr gut (1,4)	sehr gut (1,5)	gut (2,5)	gut (2,5)
AKKU	20%	gut (1,7)	gut (1,7)	gut (1,7)	gut (1,8)
AUSSTATTUNG/TECHNISCHE MERKMALE					
Länge x Breite x Dicke in cm		10,3 x 5,7 x 1,4	10,9 x 5,4 x 1,5	11,3 x 4,6 x 1,4	9,6 x 4,9 x 1,5
Gewicht in g		92	94	90	104
Musikformate: MP3/AAC/WMA		■/■/■	■/■/■	■/■/■	■/■/■
Kopfhörerbuchse 3,5 mm/2,5 mm		■/□	■/□	■/□	■/□

Ausschnitt aus: Stiftung Warentest, test 9/2010, S. 38

Ausgewählte Produktsiegel

FAIRTRADE

Recherchiert weitere Produktsiegel und sammelt Informationen dazu: Wofür stehen die Siegel, wer vergibt sie, welche Kriterien muss ein Produkt erfüllen, um das Siegel zu erhalten? Beurteilt abschließend, ob das Siegel für den Verbraucher nützlich ist.

Aufgaben

1. Mit welchen Informationsquellen für den Verbraucher (M 12) hast du schon Erfahrungen gemacht? Berichte darüber und notiere Beispiele.
2. Arbeite aus M 13 heraus, nach welchen Kriterien die Foto-Entwickler getestet wurden.
3. a) Tausche dich mit einem Partner aus, wie du die Testergebnisse bei bevorstehendem Kauf eines Multimediahandys nutzen könntest (M 14).
   b) Erläutere, für welches Gerät von den vieren du dich entscheiden solltest, wenn du ein begrenztes Budget hast und dir der Musikspieler besonders wichtig ist.
4. Bildet Gruppen. Wählt ein Produkt, das ihr testen wollt, und entwickelt geeignete Kriterien für euren Test.

Betrüger im Internet – wie kann man sich schützen?

M 15 Bildschirm an, Gehirn aus

Etwa 35 Millionen Menschen nutzen in Deutschland das Internet zum Einkauf. Ein Großteil davon besucht die Seiten bekannter Portale, wie eBay oder Amazon. Aber viele Computernutzer werden im Internet verführt, belogen und betrogen – wenn sie nicht aufpassen. Ob Model-Casting, Ahnenforschung, Intelligenztest, Führerscheintest, Routenplaner oder Lehrstellensuche: Der Einfallsreichtum der Anbieter nimmt kein Ende. Hinter scheinbar kostenlosen Seiten oder Kleinanzeigen stecken im Kleingedruckten oft teure Dienste oder Abonnements mit mehrjähriger Laufzeit. „Bei manchen Käufern schaltet sich vor dem Bildschirm der gesunde Menschenverstand ab", sagt Jutta Gurkmann vom Bundesverband der Verbraucherzentralen.

M 16 Betrug im Internet – die Fälle

Schwarz und verlockend schimmerte der Sportwagen auf dem Bild im Internet. Der 21-jährige Anton war begeistert. Ein Anbieter hatte den neuen Audi TT ins Netz gestellt, für 6.000 Euro. Der Wagen müsse schnell verkauft werden, schrieb der Mann. Ihm stehe ein Scheidungsprozess bevor, er wolle verhindern, dass die künftige Exfrau das Auto bekomme. Wer als Erster den Betrag auf ein Konto in London überweise, erhalte den Zuschlag. Anton leuchtete das ein und das Auto wollte er schon lange. Also überwies er 6.000 Euro. Er war nicht der einzige, der dem Unbekannten Geld überwies – das Fahrzeug erhielt aber keiner.

Fragwürdige Rechnungen verschickte das Internetportal „top-of-software.de" der Antassia GmbH. Die Masche war stets gleich: Lena, 15, hatte auf der Seite nach kostenlosen Programmen wie „OpenOffice", „Adobe Flash Player" oder nach Virenschutzprogrammen gesucht. Nach mehreren Klicks kam sie zu einer Anmeldeseite. Neben einer Eingabemaske für persönliche Daten fand sich dort ein kaum erkennbarer Hinweis auf Kosten in Höhe von 96 Euro und eine Laufzeit von einem Jahr. In der Annahme, die geforderten Daten seien lediglich für den kostenlosen Download der Software nötig, übersah sie diese Klausel. Die Rechnung und auch die Mahnung vom Rechtsanwalt kamen per E-Mail.

Sogenannte Live- und Cent-Auktionen sind der neueste Trend im Internet. Der entscheidende Unterschied zu üblichen Einkaufs- und Versteigerungsportalen wie etwa eBay: Während bei den Internet-Klassikern das Bieten kostenlos ist, kassieren die Neulinge für jedes Gebot ab: mal 10 Cent, meistens jedoch 50 Cent. So wurde der 18-jährige Sven zum Beispiel verführt, aufs angepeilte Produkt nicht nur einmal, sondern zehn- oder auch 100-mal zu steigern. Investiert hatte er 250 Euro – und ging dennoch leer aus.

M 17 In die Falle getappt – welche Rechte hat man?

Was sagen Gerichte zum Versuch, Menschen mit Abo-Fallen und Vertragsfallen im Internet um ihr Geld zu bringen? Verträge können schriftlich, mündlich oder auch durch sogenanntes schlüssiges Verhalten (z. B. Einsteigen in ein Taxi) geschlossen werden. Im Internet können Verträge auch per E-Mail oder durch Anklicken von Buttons zustande kommen. Voraussetzung für einen gültigen Vertrag ist allerdings, dass der Empfänger die Erklärung als ein Vertragsangebot verstehen darf. Dazu muss der Anbieter eine Reihe von Informationspflichten erfüllen. Zum Beispiel müssen die Allgemeinen Geschäftsbedingungen gut einsehbar sein. Im Streitfall muss der Dienste-Anbieter den Abschluss eines Vertrages beweisen. Wenn er auf seiner Seite nur versteckt auf die Kostenpflicht hingewiesen, ansonsten aber mehrfach mit „gratis" geworben hat, darf er nicht davon ausgehen, dass der Verbraucher mit der Anmeldung ein kostenpflichtiges Abo eingehen wollte. So hat das Amtsgericht Gummersbach in einem Urteil klargestellt: „Es kann dem Verbraucher nicht zugemutet werden, versteckten Hinweisen auf eine Vergütungspflicht nachzugehen und erst nach Anklicken mehrerer Internetseiten das zu zahlende Entgelt, das immerhin einen Hauptbestandteil des Dienstvertrags darstellt, zu ermitteln. Die zu zahlende Vergütung muss vielmehr bereits bei Beginn des Registrierungsvorgangs klar und eindeutig erkennbar sein."

www.computerbetrug.de (12.1.2011)

M 18 Tipps gegen Internetabzocker

Internet-Abzocker schicken überraschend Rechnungen und Mahnungen (oft nur per E-Mail) und fordern von dir für eine unseriöse oder gar keine Dienstleistung hohe Geldbeträge mit extrem kurzer Zahlungsfrist. Oft kommen die E-Mails am Wochenende. Drohungen mit einer Anzeige wegen Betrugs oder einem Eintrag in das Erziehungsregister brauchst du nicht ernst zu nehmen, auch wenn sie von einem Rechtsanwalt kommen. Am besten, du unternimmst gar nichts. In der Regel hören die Forderungen irgendwann auf, denn die Betrüger wissen, dass sie vor Gericht keine Chance haben. Um die Forderungen zu unterbinden, kann man auch einen Brief an das Unternehmen senden, Mustervorlagen dafür gibt es bei den Verbraucherzentralen.

nach: Tipps gegen Internetabzocker, Verbraucherzentrale Niedersachsen

Aufgaben

1. „Bei manchen Käufern schaltet sich vor dem Bildschirm der gesunde Menschenverstand ab." – Wie erklärst du dir, dass Konsumenten im Internet so sorglos einkaufen (M 15)?
2. Bildet Beraterteams und beratet Anton, Lena und Sven hinsichtlich der Rechtslage (M 16, M 17).
3. Erarbeitet eine Broschüre mit Verhaltensregeln für einen sicheren Einkauf im Internet (M 18).

Was wir wissen

König Kunde?

Ist der Verbraucher in der Lage, für sich das beste Produkt auszuwählen? Dazu müsste er die Angebote auf dem Markt überblicken können. Dies ist nur selten der Fall. Verbraucher müssen sich heute orientieren in einer großen Auswahl an Waren mit unterschiedlichen Produktmerkmalen und Qualitäten. Werbestrategen erschweren häufig eine rationale Kaufentscheidung.

Rechte des Käufers
M 3, M 4

Täglich werden zahllose Kaufverträge geschlossen. Ein Kaufvertrag begründet Rechte und Pflichten für den Verkäufer (Übereignung der mangelfreien Sache) und den Käufer (Zahlung des Kaufpreises). Liegt ein Sachmangel vor, so hat der Käufer innerhalb von zwei Jahren Anspruch auf Nacherfüllung, d. h. er erhält nach seiner Wahl entweder eine neue, mangelfreie Ware (Ersatzlieferung) oder die Sache wird repariert (Nachbesserung). Schlägt die Nacherfüllung fehl, so kann der Käufer bei erheblichen Mängeln vom Vertrag zurücktreten. Bei einem unerheblichen Mangel ist auch eine Minderung des Kaufpreises möglich.

Geschäftsfähigkeit
M 8, M 9

Voraussetzung, um einen Vertrag schließen zu können, ist die Geschäftsfähigkeit der Vertragspartner. Geschäftsunfähig ist, wer das siebte Lebensjahr nicht vollendet hat. Beschränkt geschäftsfähig sind Minderjährige zwischen dem siebten und achtzehnten Lebensjahr. Ein Minderjähriger kann wirksam nur dann Verträge schließen, wenn er lediglich einen rechtlichen Vorteil (z. B. Schenkung) daraus hat oder wenn die Einwilligung beziehungsweise Genehmigung durch den gesetzlichen Vertreter (das sind in der Regel die Eltern) gegeben ist.

„Taschengeldparagraf"
M 10

Ein von einem Minderjährigen geschlossener Vertrag gilt als von Anfang an wirksam, wenn der Minderjährige mit Taschengeld („eigenen Mitteln") bezahlt, das ihm zu einem bestimmten Zweck oder zur freien Verfügung von seinem gesetzlichen Vertreter oder mit dessen Zustimmung von Dritten überlassen worden ist.

Verbraucherschutz
M 6

Eine Fülle rechtlicher Regelungen stärken die Stellung des Verbrauchers gegenüber den Herstellern (z. B. Gewährleistungsrecht, Fernabsatzgesetz, Kennzeichnungspflichten).
Verbraucher sollten sich vor allem gut über das Produkt oder die Dienstleistung informieren, um eine abgewogene Kaufentscheidung treffen zu können. Wichtige Informationsquellen sind z. B. Verbraucherberatungsstellen, Warentest-Organisationen, Produktsiegel uvm.

Pro und Kontra: Lebensmittel im Gesundheitscheck

Mehr als jeder zweite Deutsche ist übergewichtig, auch Kinder und Jugendliche werden immer dicker. Ein Grund dafür ist falsche Ernährung, viele Lebensmittel enthalten zu viel Zucker und zu viel Fett. Soll bei Lebensmitteln in Zukunft der Gehalt an Energie, Fett, gesättigten Fettsäuren, Kohlenhydraten, Zucker, Eiweiß und Salz gekennzeichnet werden, um eine gesündere Ernährung zu ermöglichen?

Bisherige Kennzeichnung

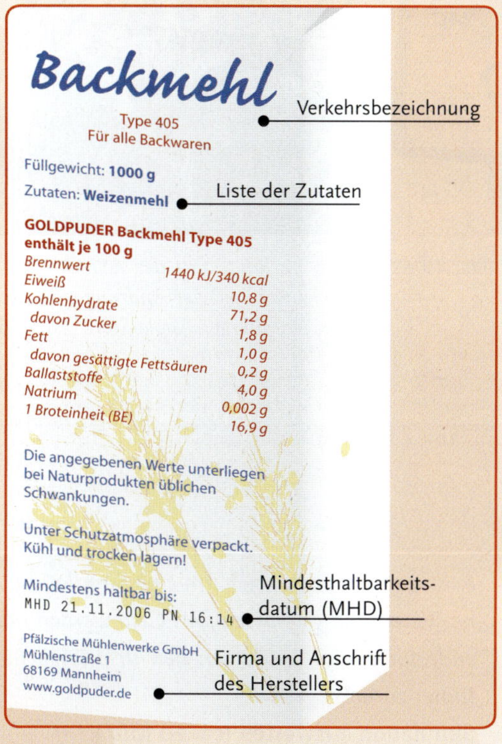

Gesundheitscheck (z. B. „Ampelkennzeichnung“)

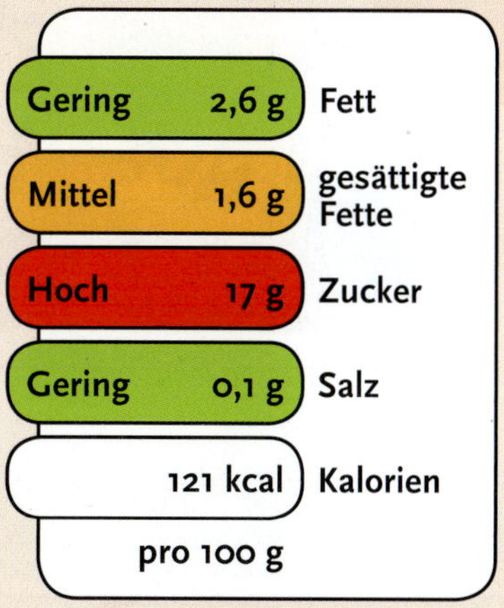

Ampelkennzeichnung:
Dabei werden für jedes Produkt direkt auf der Vorderseite der Verpackung die Gehalte an den wichtigsten Nährwerten (Fett, gesättigte Fettsäuren, Zucker und Salz) in absoluten Grammzahlen angegeben. Und zwar einheitlich pro 100 Gramm bzw. 100 Milliliter, damit man verschiedene Produkte miteinander vergleichen kann. Zur leichten Orientierung wird jeder dieser vier Werte mit einer der Signalfarben Rot (für einen hohen Gehalt), Gelb (mittel) und Grün (niedrig) hinterlegt.

Aufgabe

Bildet Arbeitsgruppen und sammelt Argumente für und wider die Erweiterung der Kennzeichnungspflicht. Führt anschließend eine Pro-Kontra-Debatte.

Nützliche Internetadressen

www.agv.de (Arbeitsgemeinschaft der Verbraucherzentralen)
www.oekotest.de (Zeitschrift Ökotest)
www.stiftung-warentest.de (Unabhängige Stiftung Warentest)
www.bmg.de (Bundesministerium für Gesundheit)
www.bml.de (Bundesministerium für Landwirtschaft und Ernährung)
www.checked4you.de (Online-Jugendmagazin der Verbraucherzentrale Nordrhein-Westfalen)

4.3 Wie funktioniert der Markt?

Wo sich Anbieter und Nachfrager treffen …

M 1 Angebot und Nachfrage

Markt
Unter dem Markt verstehen wir den Ort, wo Verkäufer und Käufer aufeinandertreffen: der Verkäufer bietet Waren oder Dienstleistungen an, der Käufer fragt Güter oder Dienstleistungen nach. Insofern ordnet der Markt das wirtschaftliche Verhalten der Menschen und unterscheidet sie in Anbieter (Angebotsseite) und Konsumenten (Nachfrageseite).

Wie viel ist die Jacke wert – 119 € oder 49 €?

Zum Verkaufsstart des neuen iPad war auch in Deutschland der Andrang groß: Kunden vor dem Hamburger Apple-Store (28.5.2010).

Methode

M 2 Simulation zum Marktgeschehen

Simulation vorbereiten (einen Tag vorher):

- Ihr benötigt folgende Rollen: Verkäufer (entsprechend der Anzahl der anzubietenden Waren, hier 9), Käufer (die übrigen Schülerinnen und Schüler).
- Die Verkäufer bringen folgende Gegenstände zum Handeln am Markt mit und bestimmen zuvor deren Preis (Preisschild schreiben!): 3 besonders begehrte Gegenstände (z. B. iPod oder Handy), 6 gleiche Schulbücher.

Simulation durchführen (ca. 20 Min.):

- Die anzubietenden Waren werden auf „Verkaufstischen" ausgestellt. Der Anbieter wartet nun auf seine Kunden.
- Die übrigen Schüler spazieren im Klassenzimmer als Kunden herum, informieren sich über das Warenangebot und erwerben – je nach Bedarf – einzelne Produkte.

Achtung: Es handelt sich um eine Simulation, erworbene Waren und gegebenenfalls Geld werden nach Spielende unbedingt wieder an den ursprünglichen Eigentümer zurückgegeben!

Simulation auswerten (ca. 20 Min.):

Verkäufer und Käufer

- Beschreibt, was aus eurer Sicht auf „eurem" Markt passiert ist:
  Sind alle Waren verkauft worden? Was ist mit den vom Verkäufer festgelegten Preisen passiert? Sind sie eingehalten worden?
- Erklärt jeweils die Strategien, die ihr während des Handelns entweder als Käufer oder aber als Verkäufer am Markt verfolgt habt.
- Gab es Probleme? Wenn ja, welche? Wie könnten diese gelöst werden?

M 3 Die Märkte – der Markt

Rossmarkt um 1900

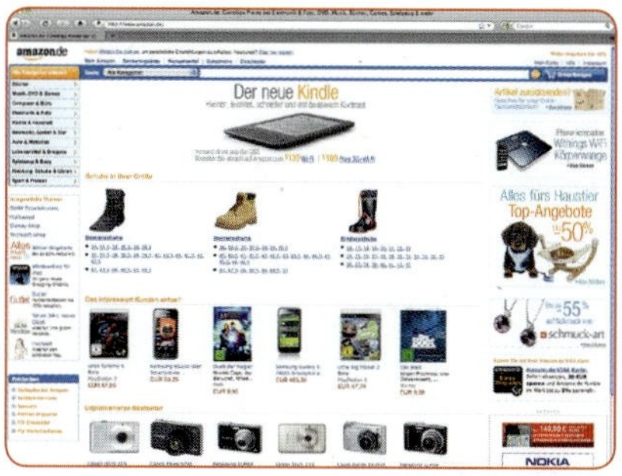

Virtueller Marktplatz

Börse in Frankfurt

Märkte sind eine der erstaunlichsten Entwicklungen der Menschheit. Es gab sie zu allen Zeiten und überall auf der Welt. Niemand hat jemals das Prinzip des Marktes „erfunden", die Menschen entwickelten es unbewusst, indem sie einfach ihren eigenen Bedürfnissen nachgingen. Es funktionierte auf den Wochenmärkten im Mittelalter nicht anders als auf den Basaren der arabischen Städte, auf Flohmärkten oder an den modernen Börsen: Wer etwas anzubieten hat, möchte dieses möglichst teuer verkaufen, wer etwas braucht, will dafür möglichst wenig bezahlen.

nach: Nikolaus Piper, Geschichte der Wirtschaft, Weinheim u. a. 2002, S. 52

Marktwirtschaft
In einer Marktwirtschaft wie in Deutschland entscheidet keine Regierung, kein Parlament und kein Beamter über das Angebot (von Waren, Dienstleistungen ...). Die Entscheidung kann jeder Einzelne (Anbieter) treffen.

M 4 Wie kalkuliert Bauer Ernst den Preis?

Bauer Ernst hat viele Apfelbäume. Seine Äpfel verkauft er auf dem Wochenmarkt. Woche für Woche stellt er sich die Frage, zu welchem Preis er seine Äpfel verkaufen soll. Natürlich will er - wie alle Unternehmer - einen möglichst hohen Gewinn erzielen. Er hat aufgrund seiner Kosten [z. B. Ausgaben für Saatgut, Maschinen, Mitarbeiter ...] seinen „Wunschpreis" kalkuliert, zu dem er seine Äpfel am liebsten verkaufen würde [und damit viel Gewinn machen könnte]. Doch da gibt es noch die Konkurrenz. Schließlich ist Bauer Ernst in Deutschland und auf der Welt nicht der Einzige, der Äpfel verkauft.
Er muss sich also überlegen, welchen Preis seine Konkurrenten verlangen könnten. Und schließlich sind da noch die Käufer: Schmecken ihnen die Äpfel? Schmecken sie ihnen vielleicht sogar besser als die von Bauer Hansen? Und sind sie deshalb bereit, einen höheren Preis dafür zu zahlen? Auf jeden Fall stellt sich Bauer Ernst darauf ein, von seinem Wunschpreis Abstriche zu machen.

Wilfried Dorsch, Heinz Klippert, Wirtschaftslehre mit Pfiff, Bd. 2, Stuttgart 2010, S. 18

Preis
der Gegenwert für Güter und Dienstleistungen, die auf einem Markt angeboten werden

M 5 Angebot und Nachfrage im Preis-Mengen-Diagramm

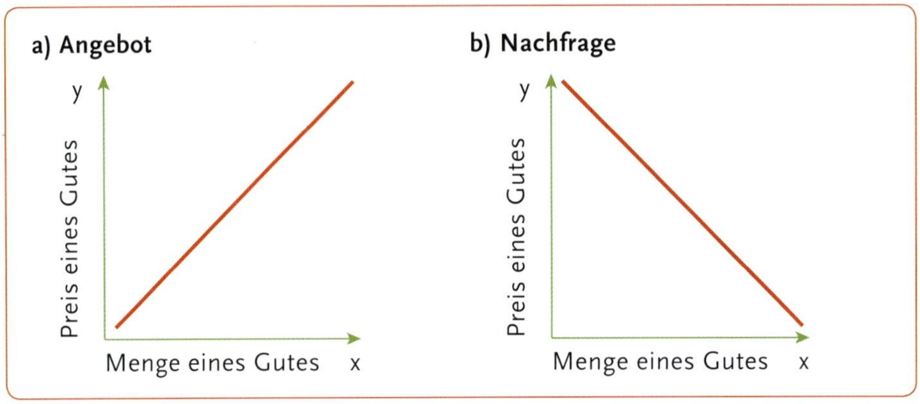

Den Zusammenhang zwischen Angebot, Nachfrage und Preis kann man grafisch in einem Koordinatensystem mit einer Mengen- und einer Preisachse darstellen.

Bei einem niedrigen _____ ist ein Unternehmer nicht bereit, eine größere Menge seines _____ anzubieten. Entweder weil er nicht auf seine _____ kommt oder ihm der Gewinn zu niedrig ist. Die angebotene _____ steigt erst, wenn sich der Preis erhöht. Die Angebotskurve verläuft daher von _____ unten nach rechts oben.

Bei einem hohen _____ kann oder will ein Kunde nicht kaufen. Seine nachgefragte _____ ist damit sehr klein. Erst wenn der Preis fällt, steigt seine _____. Die Nachfragekurve verläuft daher von links oben nach _____ unten.

Gutes **Kosten** **links** **Menge** **Preis**

Menge **Nachfrage** **Preis** **rechts**

Wilfried Dorsch, Heinz Klippert, Wirtschaftslehre mit Pfiff, Bd. 2, Stuttgart 2010, S. 18

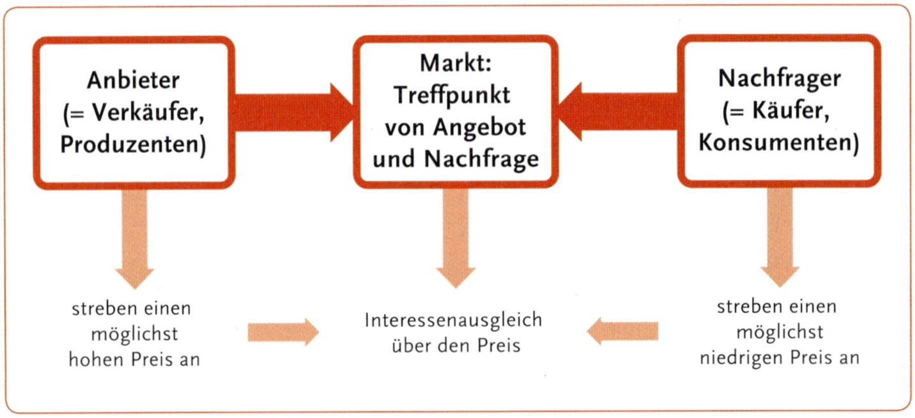

M 6 Der Gleichgewichtspreis

Nehmen wir einmal an, auf dem Wochenmarkt verlangen alle Händler für ein Kilo Äpfel 1,80 Euro. Zu diesem Preis sind sie alle ihre Äpfel losgeworden. Angebot und Nachfrage waren zu diesem Preis also gleich (Gleichgewichtspreis).

Der Gleichgewichtspreis (Wettbewerbspreis, ______ -preis) ist für Anbieter und Nachfrager gleichermaßen befriedigend. Der ______ kann die angebotene Menge verkaufen, der ______ die zu diesem Preis gewünschte Menge erhalten.

Anbieter | **Markt** | **Nachfrager**

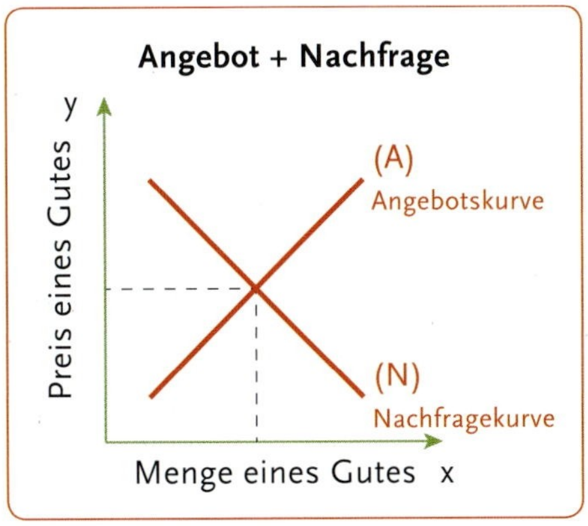

Die Kurven schneiden sich in einem Punkt, dem Gleichgewichtspreis.

Wilfried Dorsch, Heinz Klippert, Wirtschaftslehre mit Pfiff, Bd. 2, Stuttgart 2010, S. 19

Der Mechanismus des Gleichgewichtspreises geht auf Adam Smith (1723 - 1790) zurück. Er sprach von der „unsichtbaren Hand" des Marktes und dem Eigennutz des Einzelnen, der das Interesse der Gesellschaft (Wohlstand!) fördere.

M 7 Eigennutz, der allen nutzt?

Ökonomen glauben, dass der Eigennutz eine der Hauptursachen ist, warum ein Markt funktioniert: Der Kaufmann will viel Geld für sich und seine Familie einnehmen. Deswegen sucht er Produkte, die andere Menschen haben wollen. Er stellt sie ins Regal und bietet sie ihnen zum Verkauf an. Ganz schlicht ausgedrückt: Sein Egoismus macht die Regale voll. […] Das bedeutet nicht, dass Menschen im Weltbild der Ökonomen kaltherzig sind. Denn der Nutzen des einen ist nicht unbedingt der Schaden des anderen. Im Gegenteil: Der Händler liefert Tütensuppen, weil er auf mein Geld scharf ist. Ich gebe ihm mein Geld, weil ich auf seine Tütensuppen scharf bin. Beide, ich und er, sind wir nach dem Geschäft ein Stück zufriedener.

Winand von Petersdorff, Das Geld reicht nie, 2. Aufl., Frankfurt 2008, S. 16 - 20

Aufgaben

1. Führt die Simulation (M 2) durch und wertet sie aus.
   a) Konntet ihr ähnliche Reaktionen wie in M 1 abgebildet auf eurem Markt beobachten?
   b) Diskutiert, inwiefern euer „Marktgeschehen" mit dem Ablauf an realen Märkten übereinstimmt. Wo vermutet ihr Unterschiede? Weshalb?
2. Vergleiche die abgebildeten Märkte. Was haben sie gemeinsam, was unterscheidet sie (M 3)?
3. Übertrage die Sätze aus M 5 in dein Heft und fülle die Lücken sinnvoll mit den darunterstehenden Begriffen (M 4).
4. a) Welche Werte müssten für dieses Beispiel an den Schnittpunkten gestrichelte Linie / x-Achse bzw. gestrichelte Linie / y-Achse stehen (M 6)?
   b) Erläutere den Gleichgewichtspreis mithilfe des Diagramms.
5. Erkläre die Rolle des Eigennutzes in Marktwirtschaften, wie sie die Wirtschaftswissenschaftler verstehen (M 7).

Welche Rolle spielt das Geld in der Wirtschaft?

Römische Goldmünze, 141 n. Chr. Das Geld der Römer gilt als erste Weltwährung der Geschichte. Die römischen Münzen zirkulierten zwar nicht auf dem gesamten Globus, aber doch im größten Teil der damals bekannten Welt. Die Versorgung aller Provinzen des Weltreichs mit Münzen war ein logistisches Meisterwerk. Selbst nach dem Ende des Römischen Reichs zirkulierten die Münzen noch lange weiter.

M 8 „Ohne Moos nix los“

Seit die Menschen arbeitsteilig produzieren, müssen sie auch miteinander tauschen. […]

Um dieses Verfahren zu erleichtern und um auch mal einen Wert speichern zu können (also etwas weggeben, ohne sofort etwas dafür zu tauschen), suchte man nach einem universalen Tauschmittel, das bestimmte Eigenschaften aufweisen sollte: Es musste allgemein anerkannt sein und sich gut aufbewahren lassen. Außerdem musste sich das Tauschmittel teilen und auch transportieren lassen. Schließlich musste es in seinem Umlauf begrenzt sein, das heißt, es musste gegen Fälschungen (und damit beliebige Vermehrungen) gesichert sein.

Es zeigte sich im Laufe der Geschichte, dass Münzen diese Anforderungen am besten erfüllten. Sie waren meist aus Edelmetall und hatten dadurch einen bestimmten Wert, oder der Wert war ihnen aufgeprägt. Im Mittelalter wurden die Münzen dann durch Papiergeld ergänzt. Ursprünglich war dieses Papiergeld nichts anderes als ein Depotschein für hinterlegte Münzen. Die Geldscheine, die sich dadurch als praktisches Zahlungsmittel herausgebildet haben, sind stoffwertlos, das heißt, sie haben keinen eigenen Gebrauchswert (mit Gold und Silber kann man ja noch einiges Praktische anfangen), sie verfügen nur über einen Tauschwert.

Durch die Einführung des Geldes war es möglich, alles gegen alles zu handeln, der Wert konnte aufbewahrt (gespart) werden, und es gab eine gemeinsame Größe, in der sich der Wert aller Produkte, egal ob es sich um einen Liter Milch handelt oder um einen Teppich, miteinander vergleichen ließ.

[…] Das meiste Geld, das wir ausgeben, sehen wir allerdings nie. Es erscheint als Einnahme (z. B. als Gehaltszahlung) auf unserem Kontoauszug und geht als Ausgabe (z. B. für die Miete) wieder runter. Dieses sogenannte Buchgeld (im Gegensatz zum Bargeld) spielt in modernen Gesellschaften eine immer größere Rolle, gezahlt wird per Überweisung oder mit „Plastik“, also per Kredit- oder Maestro-Karte, zunehmend sogar per SMS mit dem Handy.

Eckart D. Stratenschulte, Wirtschaft in Deutschland, Bonn 2006, S. 70 f.

Aufgaben

1. Erläutere, welche Eigenschaften Geld als universales Tauschmittel besitzen muss und welche Funktionen es in der Wirtschaft erfüllt (M 8).
2. Es wird unterschieden nach Einkommen aus unselbständiger Tätigkeit, aus selbständiger Tätigkeit und aus Vermögen. Wende diese Begriffe auf die Einkommen der Familie Muster an (M 9).

M 9 Geldflüsse der Familie Muster

Vater Muster arbeitet in der Produktion eines großen Automobilherstellers und bezieht daraus Lohneinkünfte. Außerdem hat er Aktien seiner Firma und erhält daraus einen Anteil an dem erwirtschafteten Gewinn, den man Dividende nennt. Aus seinen Sparguthaben bei seiner Bank bezieht er jedes Jahr Zinseinkünfte.
Mutter Muster arbeitet stundenweise in einem Lebensmittelgeschäft und bezieht daraus Lohneinkünfte. Sie hat von ihren Eltern ein Haus vererbt bekommen, welches sie als Geschäftshaus vermietet hat. Daraus bezieht sie jährliche Mieteinkünfte.
Sohn Markus steht kurz vor dem Abitur und jobbt in einem Getränkehandel, Tochter Marion geht in die 9. Klasse und gibt Mitschülern Nachhilfeunterricht.
Familie Muster bezieht also Einkünfte aus allen drei volkswirtschaftlichen Produktionsfaktoren: dem Faktor Arbeit, dem Faktor Boden und dem Faktor Kapital. Außerdem erhält die Familie für die beiden Kinder Kindergeld vom Staat. Sozialleistungen des Staates werden als Transfereinkommen bezeichnet, weil sie vom Staat an die privaten Haushalte „übertragen" (transferiert) werden.

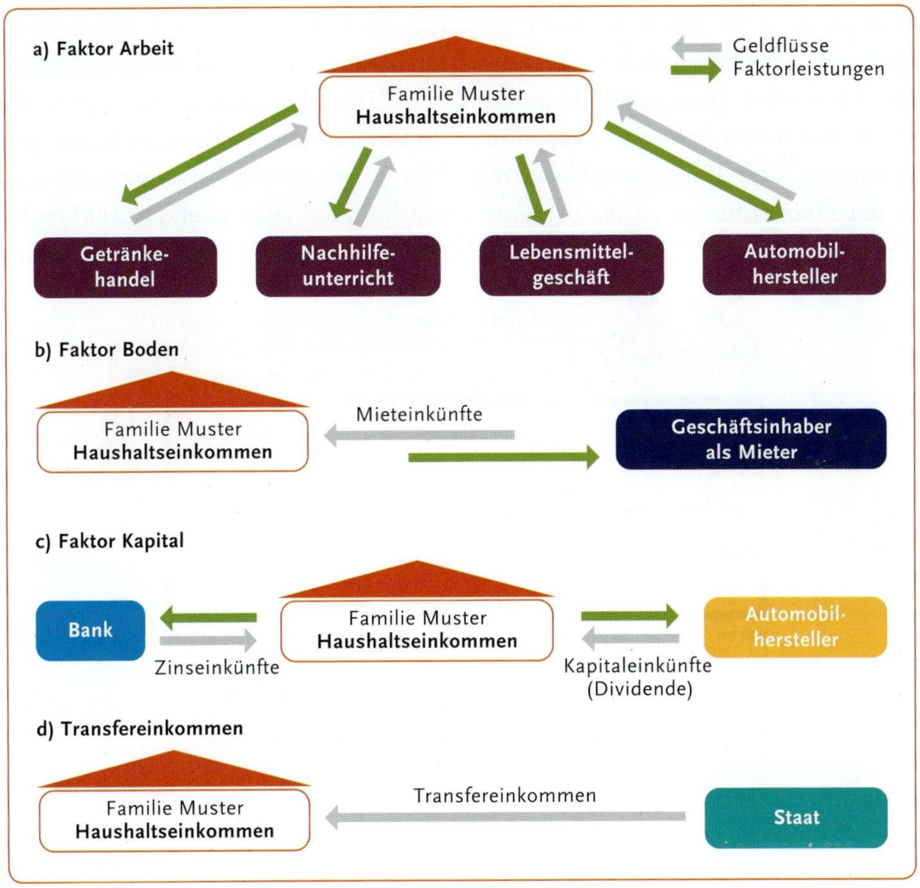

Wie kann man die komplizierte Wirtschaft übersichtlich gestalten?

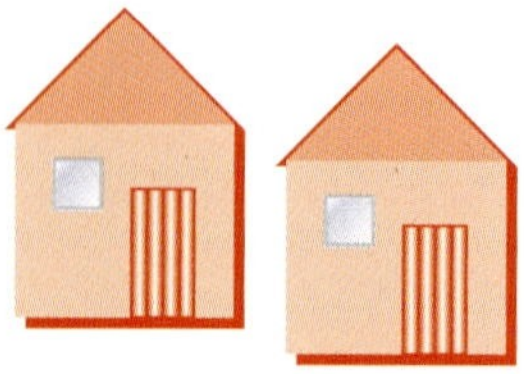

private Haushalte

Unternehmen

M 10 Haushalte und Unternehmen im einfachen Wirtschaftskreislauf

Um die Vielzahl der wirtschaftlichen Verflechtungen in einer Volkswirtschaft überschaubar darzustellen, fasst man die Akteure in einer Wirtschaft zu Sektoren zusammen. Dabei werden bestimmte Vereinfachungen vorgenommen. So geht man von der Annahme aus, dass ökonomisch relevante Entscheidungen (z. B. über eine bestimmte Anschaffung, d. h. über die Verwendung der erzielten Einkommen) in der Regel von den einzelnen Mitgliedern des in einer Wohneinheit zusammenlebenden sozialen Verbundes (z. B. einer Familie) gemeinsam getroffen werden. Es wird also unterstellt, dass mehrere Individuen als Einheit handeln. Diese Einkommens- und Konsumeinheit wird in der Ökonomie als „privater Haushalt" bezeichnet. Und die Gesamtheit dieser privaten Haushalte in einer Volkswirtschaft wird in einem weiteren Schritt zum „Sektor der privaten Haushalte" zusammengefasst.

In gleicher Weise werden so verschiedene Unternehmen wie ein großer Automobilkonzern oder das kleine Lebensmittelgeschäft im „Sektor Unternehmen" zusammengefasst.

Sowohl Haushalte als auch Unternehmen haben Einnahmen und Ausgaben. Familie Muster z. B. gibt einen Teil ihres Haushaltseinkommens für die Beschaffung von Waren und Dienstleistungen aus (Konsumausgaben). Diese Ausgaben sind gleichzeitig Einnahmen der Unternehmen, die Waren und Dienstleistungen auf den Märkten anbieten (siehe Abbildung).

Volkswirtschaft
Alle privaten Haushalte, sämtliche kleinen und großen Firmen und Unternehmen sowie Einrichtungen des Staates bilden zusammen die Volkswirtschaft.

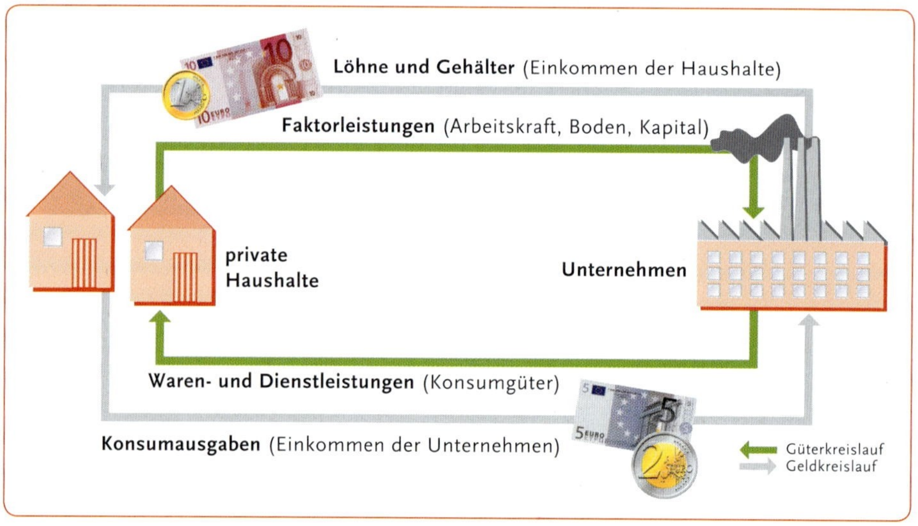

M 11 Der Staat im Wirtschaftskreislauf

Im einfachen Wirtschaftskreislauf wird davon ausgegangen, dass die Haushalte ihre Einkünfte vollständig für den Konsum ausgeben und die Unternehmen ihren Gewinn für Löhne und Gehälter. Das entspricht natürlich nicht der Realität.

Daneben beeinflusst auch der Staat den Wirtschaftskreislauf:

1. Er zieht Steuern, Abgaben und Sozialleistungen von den Haushalten und Unternehmen ein.
2. Mit dem Geld zahlt er Löhne und Gehälter, zum Beispiel an die Beamten.
3. Natürlich kauft er auch ein, zum Beispiel Papier für die Beamten, aber auch Baumaterial für Schulen, Autobahnen usw.
4. Der Staat fördert gelegentlich Unternehmen oder Wirtschaftszweige, zum Beispiel neue Energien (das sind sogenannte Subventionen).
5. Schließlich finanziert der Staat die Renten, Arbeitslosengeld und sonstige Sozialleistungen, das nennt man Transferzahlungen.

A) Konsumausgaben

B) Transferzahlungen

C) Löhne

D) Subventionen

E) Steuern (2x)

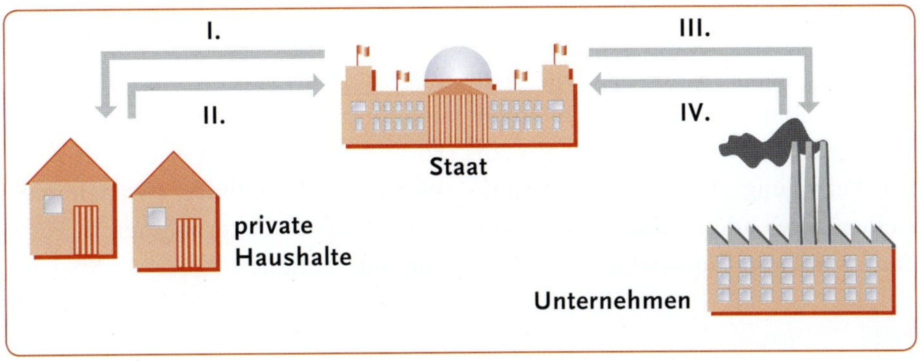

Aufgaben

1. Im Modell des Wirtschaftskreislaufs (M 10) gehörst du zu den privaten Haushalten. Überlege, welche deiner wirtschaftlichen Tätigkeiten sich im einfachen Wirtschaftskreislauf abbilden lassen und welche nicht.
2. Im einfachen Kreislaufmodell wird davon ausgegangen, dass die Haushalte ihre Einkünfte vollständig für den Konsum ausgeben und die Unternehmen ihren Gewinn für Löhne und Gehälter. Überlege, inwiefern das Modell hier von der Wirklichkeit abweicht und in welcher Beziehung z. B. die Banken zu den Sektoren Haushalt und Unternehmen stehen (M 10).
3. Unternehmen und die Arbeitnehmervertretungen einigen sich auf höhere Löhne. Erkläre anhand des einfachen Kreislaufmodells, wie sich dies auf die Ströme zwischen Unternehmen und privaten Haushalten auswirken könnte (M 10).
4. a) Ordne zunächst die Beschreibungen im Text (1 - 5) den Namen der Geldflüsse auf den Kärtchen (A - E) zu (M 11).
   b) Ordne die Kärtchen den Strömen im Wirtschaftskreislauf (I - IV) zu.

M 12 Ist eine Erweiterung des Modells nötig?

Im Modell des einfachen Wirtschaftskreislaufs werden wichtige Größen einer realen Volkswirtschaft außer Acht gelassen. Um zu einem nahezu realistischen Modell zu gelangen, müssen Erweiterungen vorgenommen werden.

Der erweiterte Wirtschaftskreislauf ist die bildhafte Darstellung der zusammengefassten Beziehungen zwischen den Unternehmen, den Kapitalsammelstellen (Banken und Versicherungen), dem Staat und den Haushalten einer Volkswirtschaft.

In der Realität stellen sowohl Haushalte als auch Unternehmen den Banken und Versicherungen nicht verwendete Teile ihrer Einnahmen zur Verfügung. Die Kapitalsammelstellen verwenden diese Gelder, um damit anderen Haushalten und Unternehmen Kredite zur Verfügung zu stellen. Für die ausgegebenen Kredite werden Schuldzinsen eingenommen, andererseits werden den Einlegern Guthabenzinsen bezahlt.

Der Staat erhält von den Haushalten und den Unternehmen Steuern, Gebühren und Beiträge. Von diesen Einnahmen zahlt der Staat Beträge für sehr verschiedene Zwecke: Investitionen (z. B. Straßenbau, Bau von Schulen) und andere Sachleistungen; Gehaltszahlungen an die Angestellten und Beamten des öffentlichen Dienstes; Transferzahlungen (Zahlungen ohne direkte Gegenleistung des Empfängers) an die Haushalte in Form von sozialen Leistungen (z. B. Wohngeld, Sozialhilfe); Transferzahlungen an die Unternehmen in Form von Subventionen.

Methode

M 13 Einen Text erfassen und nutzbar machen

1. Überfliegen

Zunächst verschaffst du dir einen ersten Eindruck, um was es geht. Welches Wort in der Überschrift ist das wichtigste? Wenn es dein Buch oder eine Kopie ist, unterstreiche es. Gibt es fett oder kursiv gedruckte Begriffe oder Zwischenüberschriften? Formuliere: Der Text handelt von ... .

2. Fragen

Hast du Fragen an den Text, die sich aus dem Thema ergeben? Welche stellen sich dir eventuell gerade jetzt? Notiere sie alle.

3. Genau lesen

Nimm nun jeden Textabschnitt einzeln in den Blick. Am besten nummerierst du die Textabschnitte. Suche nach Schlüsselwörtern. Beachte dabei die Frage des Textes (Was behandelt der Text?) und deine Frage (Was will ich wissen?).

Achte besonders auf die Denkrichtung des Textes. Bestimmte Wortgruppen helfen dir dabei: Wörter wie *und*, *außerdem*, *genauso* zeigen an, dass der Kerngedanke beibehalten wird. *Aber*, *dennoch*, *hingegen* ändern die Denkrichtung.

4. Begriffe klären

Wenn du wichtige Begriffe nicht verstehst, schlage diese in einem Lexikon nach. Für erste Informationen genügt ein allgemeines, für weitergehende Aspekte brauchst du ein Fachlexikon.

5. Zusammenfassen

Fasse den Inhalt jeden Abschnitts kurz zusammen. Welche deiner im zweiten Schritt notierten Fragen lassen sich beantworten?

M 14 Der erweiterte Wirtschaftskreislauf

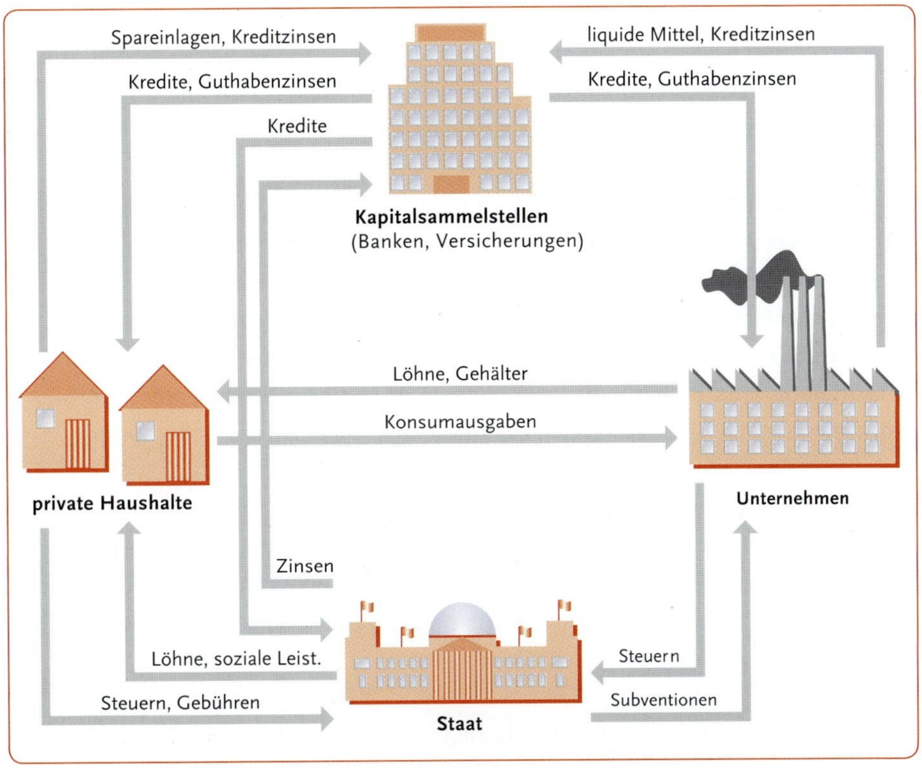

M 15 Wirtschaftskreislauf im Alltag

Frau Schmidt arbeitet bei der Entertainment AG und verdient damit ihren Lebensunterhalt.

Clemens erhält 2,5 Prozent Zinsen für sein auf dem Sparbuch angelegtes Geld.

Clemens kauft sich fast jeden Monat ein neues Computerspiel von seinem Taschengeld.

Die Entertainment AG zahlt für ihren Kredit jeden Monat Zinsen an die DCB-Bank.

Die DCB-Bank hat der Entertainment AG einen Kredit über 250.000 Euro gewährt, damit sie neue Investitionen tätigen und expandieren kann.

Die Entertainment AG führt monatlich 13.000 Euro Umsatzsteuer und 7.000 Euro Gewerbesteuer ab.

Aufgaben

1. Lies den Text (M 12) mithilfe der Methode (M 13) und formuliere Zwischenüberschriften.
2. Nenne einige Güter, die den Steuern und Gebühren gegenüberstehen, die die Haushalte an den Staat zahlen (M 14).
3. Die Entertainment AG verkauft u. a. PC-Spiele. Ordne die Aussagen den Strömen des erweiterten Wirtschaftskreislaufs (M 14, M 15) zu.

Was wir wissen

Markt
M 3

Der Markt ist der „Ort“ des Tausches von Gütern. Sowohl Verbraucher als auch Verkäufer befriedigen auf den Märkten ihre Bedürfnisse. Dabei treffen Anbieter und Nachfrager, die beide das Ziel der Nutzenmaximierung verfolgen, mit gegensätzlichen Interessen aufeinander.

Preisbildung
M 4 - M 6

Der Interessengegensatz äußert sich in unterschiedlichen Preisvorstellungen. Anbieter wollen zum höchsten Preis verkaufen, Nachfrager zum geringsten Preis kaufen. Angebot und Nachfrage bilden den Preis. Ist die angebotene Menge größer als die nachgefragte, dann sinkt der Preis. Neben dem Preis als Faktor für Kauf- und Verkaufsentscheidungen haben für den Konsumenten das Einkommen und der Bedarf, für den Produzenten die Produktionskosten und die Konkurrenzsituation entscheidende Bedeutung.

Funktionen des Geldes
M 8

Ohne Geld könnten wir heute nicht wirtschaften. Das Geld in Form von Bargeld, also Banknoten oder Münzen, ist Tausch- und Zahlungsmittel, es kann gespart werden und als Wertaufbewahrungsmittel dienen; schließlich ist es eine Recheneinheit, die als Maßstab für den Wert von Waren und Dienstleistungen benutzt wird.

Wirtschaftskreislauf und Sektoren
M 10, M 14

Um sich einen Überblick über die vielschichtigen Vorgänge einer Volkswirtschaft zu verschaffen, fasst man die wirtschaftlich Handelnden modellhaft zu Wirtschaftseinheiten oder Sektoren zusammen. Einzeln oder zusammen lebende Menschen, die eine Wirtschaftsgemeinschaft bilden, werden als „private Haushalte“ bezeichnet. Ihnen gegenüber stehen die Produzenten von Gütern, die im Sektor „Unternehmen“ zusammengefasst werden. Zwischen Haushalten und Unternehmen fließen Geld- und (im weiteren Sinne) Güterströme. Die Haushalte beziehen ihr Einkommen dadurch, dass sie den Unternehmen Produktionsfaktoren (Arbeit, Boden, Kapital) zur Verfügung stellen. Dafür erhalten sie Lohn-, Miet- und Zinseinkünfte. Die Unternehmen erstellen durch die Kombination von Produktionsfaktoren Güter, die von den Haushalten gekauft werden. Sie beziehen Einkünfte, weil die Haushalte ihre Einkommen in Form von Konsumausgaben wieder an die Unternehmen zurückgeben.
Um die Abläufe in einer Volkswirtschaft möglichst realistisch darzustellen, werden auch der Staat und die Kapitalsammelstellen (Banken und Versicherungen) in einem erweiterten Modell mit dargestellt.

Das Modell des Marktes

Auf dem Markt produzieren die _____ Güter und bieten Dienstleistungen an. Haushalte _____ solche Güter und Dienstleistungen nach. Auf dem _____ für Güter und Dienstleistungen treffen _____ und Nachfrage aufeinander. Um ihre Leistung zu erstellen, müssen die Unternehmen Produktions- _____ einsetzen. Die Produktionsfaktoren heißen _____, Boden und Kapital.
Für die von den Haushalten angebotenen Produktionsfaktoren müssen die Unternehmen Löhne, _____ und Pacht bezahlen. Auf dem Markt für Produktionsfaktoren treffen Angebot und _____ aufeinander.

Angebot **Arbeit** **Faktoren** **fragen** **Markt**

Zinsen **Unternehmen** **Nachfrage**

Wilfried Dorsch, Heinz Klippert, Wirtschaftslehre mit Pfiff, Bd. 2, Stuttgart 2010, S. 16

Richtig oder falsch?

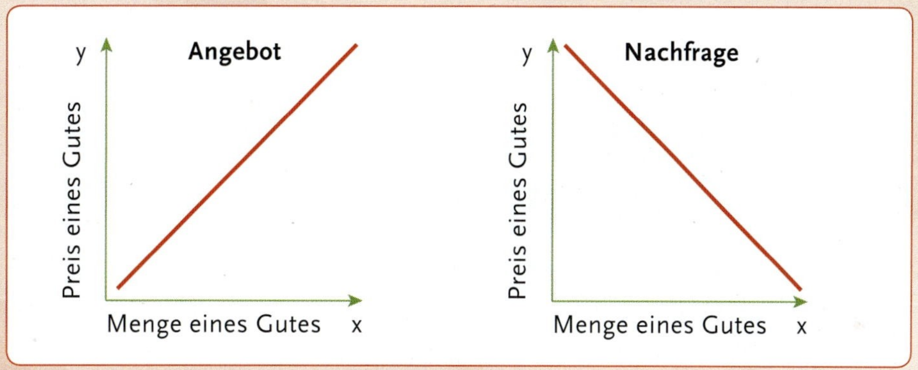

1. Auf der x-Achse im Preis-Mengen-Diagramm wird die Menge dargestellt.

2. Der Gleichgewichtspreis liegt immer bei 1 Euro.

3. Wenn beim Verkauf von einem Gut ein hoher Preis erzielt werden kann, wird eine größere Menge davon angeboten.

4. In der Theorie werden alle angebotenen Güter und Dienstleistungen verkauft (also nachgefragt), wenn diese zum Gleichgewichtspreis angeboten werden.

5. Wenn Haushalte, Unternehmen oder der Staat Geld sparen, wird dies im Wirtschaftskreislauf mit Pfeilen zu den Kapitalsammelstellen (Banken, Versicherungen) dargestellt.

6. Im Wirtschaftskreislauf werden nur die Güterströme dargestellt.

Lösung am Ende des Buches

Aufgaben

1. Sind die Aussagen richtig oder falsch? Ordne zu.
2. Begründe deine Zuordnung zur Preisbildung, indem du die beschriebene Situation jeweils im Preis-Mengen-Diagramm verortest.

Duisburger Innenhafen 1956, Kupferhütte

Duisburger Innenhafen heute

Bottrop – Alpincenter mit Indoor-Skipiste 2010

Seit 1994 ist der Gasometer als außergewöhnliche Ausstellungshalle das neue Wahrzeichen der Stadt Oberhausen

Der Gasometer in Oberhausen kurz nach seiner Fertigstellung im Jahr 1929

Bottrop – Zeche Prosper 1926-1938

5

Wirtschaft und Arbeitswelt im Wandel

Unsere Arbeitswelt unterliegt einem ständigen Wandel, der sich in den letzten Jahrzehnten vor allem durch technologische Entwicklungen und die Globalisierung beschleunigt hat. Diese Veränderungen haben große Auswirkungen auf die Berufswahl und den Lebens- und Arbeitsalltag der Menschen.

Kompetenzen

Am Ende dieses Kapitels solltest du Folgendes können:

- erste Ansätze der Berufswahlorientierung kennen und nutzen
- eigene Stärken und Interessen im Hinblick auf die spätere Berufswahl erkunden und einschätzen
- die Bedeutung der Arbeit für den Menschen beurteilen
- ausgewählte Aspekte des Wandels der Arbeitswelt darlegen
- Ursachen und Auswirkungen von Arbeitslosigkeit erläutern
- die Funktionsweise eines Unternehmens beschreiben

Was weißt du schon?

Beschreibt auf der Grundlage der Fotos den Wandel, der sich in den vergangenen Jahrzehnten im Ruhrgebiet vollzogen hat. Leitet daraus erste Vermutungen über den Wandel der Arbeitswelt ab.

5.1 Arbeit und Beruf

Berufsorientierung – warum denn jetzt schon?

M 1 Wo will ich arbeiten?

„Kind, mit einem guten Abschluss hast du die halbe Miete!" Wie oft hatte Martin Schlüter diesen Spruch schon gehört. Aber jetzt steht das Berufspraktikum bevor und er merkt, dass er sich über die Zeit nach der Schule noch nicht allzu viele Gedanken gemacht hat. Wo und mit was möchte er später arbeiten, wahrscheinlich den ganzen Tag und viele Jahre lang? Welche Richtung soll er einschlagen von den vielen möglichen? Er hat viele Talente, welchem soll er nachgehen?

„Als ich klein war wollte ich immer Flugzeuge bauen. Mit meinem Vater habe ich viel an Modellfliegern gebastelt." Sein Onkel arbeitet als Techniker bei einem Hersteller für Medizintechnik, das klingt auch sehr spannend. Auf jeden Fall möchte er nicht so viel am Schreibtisch sitzen wie sein Vater im Steuerbüro.

Kevin Schlüter, Steuerfachangestellter, Martins Vater:

„Ich könnte mir gut vorstellen, dass dir ein technischer Beruf Spaß macht. Da waren doch in letzter Zeit auch Arbeitsplätze frei, oder? Ob du nun an Autos oder Waschmaschinen bastelst, ist vielleicht nicht so entscheidend. Eine Ausbildung zum Feinwerkmechaniker wäre sicher keine schlechte Voraussetzung. Über Weiterbildungen, zum Beispiel an einer Meister- oder Technikerschule, kannst du dann später auch Personalverantwortung übernehmen oder an einer Fachhochschule studieren."

Sandra, Martins ältere Schwester:

„Du hast eine große soziale Intelligenz, bist ehrlich und kannst konstruktive Kritik gut anbringen. Mach bitte nicht nur was mit Schrauben und Technik! Am Ende hast du während der Arbeit nur sehr wenig Kontakt mit Menschen und das wäre doch schade. Aber es gibt ja in fast allen Bereichen auch Tätigkeiten, bei denen der persönliche Umgang wichtig ist, z. B. die Arbeit im Vertrieb oder bei den Preisverhandlungen im Einkauf. Aber dafür müsstest du wohl eher eine kaufmännische Ausbildung machen."

Berufsberater der Bundesanstalt für Arbeit:

„Sie interessieren sich für Technik? Sie suchen gerne nach den Lösungen für ein Problem und tauschen sich darüber aus? Ich glaube, wir haben da was Passendes für Sie: Werden Sie doch Informationselektroniker!"

Anne Schlüter, Erzieherin, Martins Mutter:

„Du hast schon immer so gerne getüftelt, da hast du eine große Begabung und viele gute Ideen, klar. Aber denk doch auch mal daran, wie viel Spaß es dir gemacht hat, in den Ferien am Haus mit zu bauen. Und Handwerker werden immer gebraucht."

M 2 Was kann ich? – Selbst- und Fremdeinschätzung

über: **Name:** **Datum:**

	trifft völlig zu	trifft eher zu	trifft eher nicht zu	trifft gar nicht zu
	+2	+1	−1	−2
Organisation				
A. Ich kann meine Zeit einteilen (z. B. bei Hausaufgaben)				
B. Bevor ich einen Auftrag erledige, überlege ich mir die einzelnen Schritte				
C. Unter Zeitdruck gerate ich nicht in Panik				
D. Ich kann schnell und überlegt entscheiden				
E. Ich halte ein, was ich zugesagt habe, und vergesse keine Termine				
Arbeitsweise				
A. Ich lege Wert auf Ordnung				
B. Schriftliche Arbeiten fertige ich schnell und übersichtlich an				
C. Ich kann rasch und zügig arbeiten				
D. Ich arbeite meistens selbständig und benötige kaum Hilfe				
E. Ich kann länger konzentriert bei einer Sache bleiben				
F. Ich arbeite sehr sorgfältig und genau				
G. Ich kann Wichtiges von Unwichtigem unterscheiden				
Gruppenverhalten				
A. Ich kann gut in einer Gruppe arbeiten				
B. Ich bin kontaktfreudig und lerne schnell neue Leute kennen				
C. Anderen helfe ich gern				
D. Ich übernehme Aufgaben für die Schulgemeinschaft				
E. Ich kann bei einem Streit auch nachgeben				
F. Ich kann es hinnehmen, wenn ich für Fehler kritisiert werde				
Begabung				
A. Ich kann Entfernungen und Größen gut einschätzen				
B. Ich komme mit Mathematik-Aufgaben gut zurecht				
C. Ich kann Zusammenhänge schnell und leicht begreifen				
D. Texte lese und verstehe ich schnell				
E. Ich kann mich mündlich und schriftlich gut ausdrücken				
F. Fremdsprachen erlerne ich schnell				
G. Bei Problemen fallen mir verschiedene Lösungswege ein				
H. Ich bin handwerklich geschickt und arbeite gern praktisch				

www.berufswahlpass.de/seiten/pdf_usw/BWP+Variante+C+2009-01.pdf, S. 18

M 3 Was ist mir wichtig?

Spaß an der Arbeit	viel Freizeit	mit anderen zusammen arbeiten	eigene Fähigkeiten / Neigungen
Umgang mit Menschen	gute Verdienst-möglichkeit	Selbständigkeit	Ansehen des Berufs
Aufstiegschancen	sicherer Arbeitsplatz	Nähe des Arbeitsplatzes	kurze Ausbildungsdauer
eigene Erfahrungen (z. B. im Praktikum)	saubere Arbeit	Tradition (weil Vater oder Mutter den Beruf hatten)	Möglichkeit im Ausland zu arbeiten

Aufgaben

1. Beschreibe die Situation, in der sich Martin befindet. Was erfährst du über seine Stärken und Interessen (M 1)? Was würdest du Martin raten?
2. a) Bearbeite M 2, um ein realistisches Bild deiner Stärken zu ermitteln. Notiere dazu für jede der genannten Fähigkeiten bzw. Eigenschaften die Ausprägung, die auf dich zutrifft.
   b) Bitte drei andere Personen, deine Stärken anhand von M 2 einzuschätzen. Frage möglichst Personen, die dich aus verschiedenen Situationen kennen (Schule, Familie, Sport ...). Vergleiche Selbst- und Fremdeinschätzung. Übereinstimmungen zeigen dir, welche Stärken eindeutig auf dich zutreffen. Abweichungen fordern dich auf, zu überprüfen, was stimmt.
3. Überlege, was dir bei deinem Berufswunsch besonders wichtig ist. Lege eine „Top-10“-Liste mit Kriterien an. Dabei kannst du Vorschläge aus M 3 aufgreifen, vielleicht hast du aber auch eigene Ideen.

Methode

M 4 Eine Betriebserkundung durchführen

Die Erkundung eines Betriebes soll nicht einer Besichtigung gleichen, bei der ihr in einer großen Gruppe schnell durch alle Bereiche eines Betriebes geführt werdet und die vielen Eindrücke nur schwer auf eure Berufsorientierung übertragen könnt. Vielmehr sollt ihr bei der Erkundung tiefergehende und praktische Einblicke in bestimmte Bereiche eines Betriebes bekommen. Die Schwerpunkte sollt ihr selbst setzen, dazu müsst ihr euch gut vorbereiten!

Organisatorischen Ablauf vorbereiten

Für eine gute Erkundung muss sich auch der Betrieb vorbereiten. Daher stellt in der Regel eure Lehrkraft den Kontakt zu einer Firma her und klärt die Rahmenbedingungen:

- **Wann** genau kann die Erkundung stattfinden?
- **Wie lange** wird die Erkundung dauern?
- Welche Vorstellungen / **Wünsche** hat der **Betrieb** an den Besuch der Klasse?
- Wie soll der **grobe Ablauf** und die **Organisation** aussehen (Zeitplan, Gruppeneinteilung, Treffen mit Auszubildenden?, Ton- oder Filmaufnahmen?, Schutzkleidung?)?

Eure Schwerpunktsetzung vorbereiten

1. Informationen einholen

Wie ist der Betrieb aufgebaut, welche Arbeitsfelder gibt es?

Braucht ihr grundlegende Informationen zu dem Wirtschaftszweig (evtl. speziell in eurer Region), damit ihr gleich in die Details einsteigen könnt?

Welche Bereiche interessieren euch am meisten?

Gibt es Auszubildende (mit denen ihr sprechen könnt)?

→ *Verantwortliche: Wer übernimmt diese Aufgabe? Wann und in welcher Form werden diese Informationen in der Klasse ausgetauscht?*

2. Fragebogen erstellen

Welche Fragen habt ihr an den Betrieb, welche an die einzelnen Mitarbeiter?

Wäre es für euch hilfreich, die Berufsbezeichnungen und die Namen der Ausbildungsgänge zu erfahren, damit ihr eure Eindrücke aus diesem Betrieb evtl. auf andere übertragen könnt?

→ *Verantwortliche: Wer übernimmt diese Aufgabe? Vielleicht könnt ihr zunächst gemeinsam ein Brainstorming durchführen und die Interessen in der Klasse zusammentragen. Anschließend würde eine kleine Gruppe die Fragen ausformulieren. Denkt auch daran, die Fragebögen (evtl. mit Platz für Notizen) auszudrucken und mitzunehmen!*

3. Erkundung durchführen

Wer ist der / sind die Sprecher und übernimmt die Befragung?

Wer führt Protokoll und macht sich während der Erkundung ausführliche Notizen?

4. Erkundung auswerten

Vor allem wenn ihr in unterschiedlichen Gruppen durch den Betrieb gegangen seid, müsst ihr die Ergebnisse anschließend zusammentragen.

Wer gestaltet die Präsentation(en) und wer trägt sie vor?

Was waren die wichtigsten Eindrücke, die ihr aus der Erkundung mitgenommen habt?

Würdet ihr noch einmal eine Erkundung machen und wenn ja, wo?

Was würdet ihr bei einer nächsten Erkundung verändern?

M 5 Berufswünsche und -träume

Meine Wünsche und Träume für die Zeit, wenn ich	Beruf	Freunde / Hobbys	Familie / Partnerschaft
... 18 bin.			
... 25 bin.			
... 40 bin.			
... 65 bin.			

Ins Heft

M 6 Berufswahlfahrplan

Sammle erste Informationen: Welche Interessen und Fähigkeiten hast du? Welche Berufe und Ausbildungswege gibt es überhaupt? Informiere dich in Medien und sprich mit Eltern, Bekannten, Berufsvertretern und der Berufsberatung. Auch ein Besuch im Berufsinformationszentrum (BIZ) ist unbedingt einzuplanen. Und ein Betriebspraktikum zeigt dir die berufliche Wirklichkeit und die Anforderungen, die ein Beruf an dich stellt.

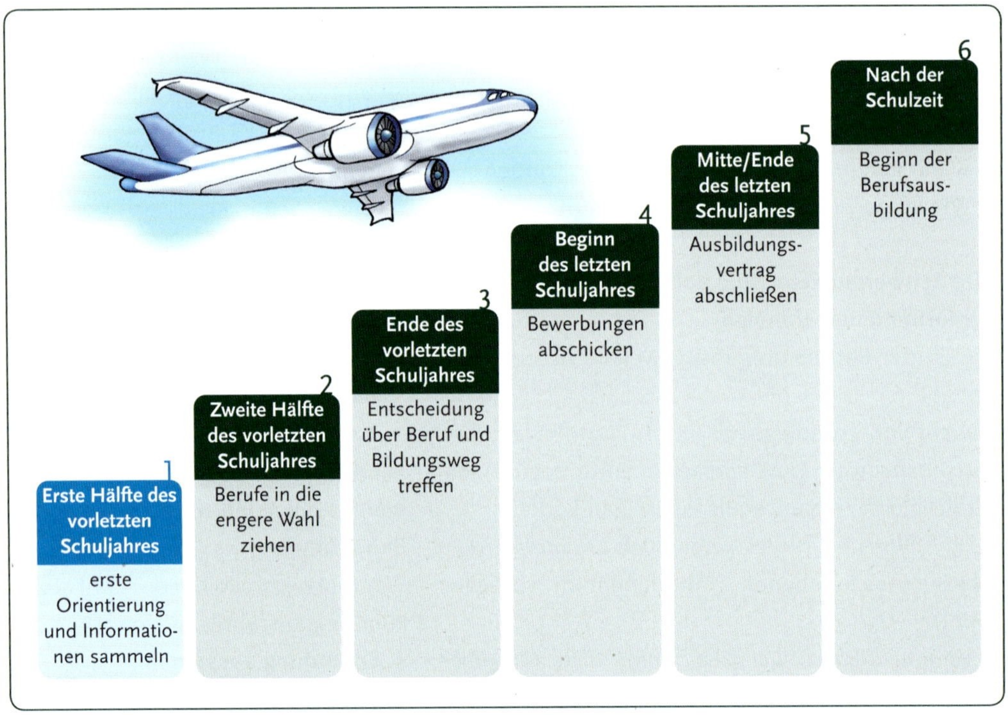

Nach: Wilfried Dorsch, Heinz Klippert, Wirtschaftslehre mit Pfiff, Bd. 1, Stuttgart 2011, S. 36

Aufgaben

1. a) Übertrage die Tabelle zu den Wünschen und Träumen auf einen Zettel und hebe ihn ausgefüllt gut für dich auf (M 5).
   b) Hast du einen Unterschied zwischen Wünschen und Träumen gemacht? Welche Schlüsse ziehst du daraus?
2. Notiere dir zwei konkrete Vorhaben, die du als erste Schritte im Rahmen deiner Berufswahl bis zum nächsten Schuljahr angehen willst (M 5, M 6).

M 7 Das Betriebspraktikum vorbereiten

Vor dem Betriebspraktikum

Im kommenden Schuljahr werdet ihr ein Betriebspraktikum absolvieren. Ein Betriebspraktikum ist kein Betriebsausflug. Es ist vielmehr der gezielte Versuch, Betriebs- und Arbeitswelt in Handwerks-, Industrie- oder Wirtschaftsunternehmen kennen zu lernen. Betriebspraktika sollten vorwiegend durchgeführt werden, um Einblicke in bestimmte Arbeitsbereiche und soziale Aspekte des Betriebs zu ermöglichen. Wenn das Betriebspraktikum gut vorbereitet wird, kann es besonders gewinnbringend sein. Besonders wichtig ist, dass vor dem Praktikum Interessenschwerpunkte und Erwartungen zu bestimmten Berufsfeldern bereits geklärt sind.

Auswahl eines geeigneten Betriebs

Zuerst solltet ihr z. B. mithilfe des Selbsteinschätzungsbogens M 2 klären, welche Interessen ihr habt, was ihr besonders gerne macht und gut könnt. Klären solltet ihr aber auch, was ihr überhaupt nicht mögt. Eltern, Freunde und Bekannte und eure Lehrer können euch bestimmt wertvolle Hinweise geben.

Erstellt dann euer Persönlichkeitsprofil und überlegt, welcher Beruf bzw. welcher Betrieb für ein Praktikum in Frage kommen kann. Hilfreich dabei sind ein Besuch im Berufsinformationszentrum der örtlichen Arbeitsagentur oder einer Ausbildungsmesse, die „Gelben Seiten", Werbeanzeigen in der Tagespresse, Berichte von Freunden und Bekannten und ehemaligen Praktikanten. Allgemein über Berufe informiert man sich am besten auf der Homepage der Agentur für Arbeit unter *http://berufenet.arbeitsagentur.de*.

Weitere nützliche Seiten mit Informationen sind: *www.meinpraktikum.de* und *www.praktikant24.de*

Hier zeigt ein Werkstattlehrer den Praktikanten, wie man einen Fernmeldeverteiler montiert.

Für die Auswahl des Betriebs sollten einige Verhaltensregeln beachtet werden:

a) Die erste Kontaktaufnahme – ob schriftlich, mündlich oder telefonisch – ist besonders wichtig. Denn der erste Eindruck bleibt haften.

b) Die schriftliche Anfrage oder Bewerbung um eine Praktikumsstelle enthält:
- ein Anschreiben
- einen tabellarischen Lebenslauf
- das Begleitschreiben der Schule

Befragt dazu euren Deutsch-Fachlehrer.

c) Habt ihr euch gleichzeitig bei mehreren Stellen beworben, teilt ihr nach Zusage einer Stelle den anderen Stellen mit, dass ihr eure Bewerbung zurückzieht.

d) Achtet auf ein entsprechendes äußeres Erscheinungsbild, vor allem dann, wenn das Praktikum mit Kundenkontakten verbunden ist.

e) Korrektes Verhalten im Betrieb wird von euch erwartet. Dazu gehören: Höflichkeit, Pünktlichkeit, Zuverlässigkeit, Rücksichtnahme, vertrauliche Behandlung von Interna, rechtzeitige Information der Praktikumsstelle bei Erkrankung, ein Dankeschön am Ende des Praktikums.

Wie viel Arbeit braucht der Mensch?

M 8 Welchen Stellenwert hat die Arbeit?

a) *Brigitte Schüssler-Plewka, 60, war 43 Jahre lang Krankenschwester.*

Haben Sie gern gearbeitet?

Sehr gern. Mein Beruf - also die Krankenpflege - war für mich ein Wunschberuf. Ich wollte immer Menschen in schwierigen Situationen helfen.

Krankenschwester - das klingt nach schwerer, unterbezahlter Arbeit.

Ich habe meinen Job nicht als unterbezahlt empfunden. Ich habe ja neben meinem Lohn auch viel von den Menschen zurückbekommen. Da gab es eine Patientin, die dem Chefarzt gesagt hat, ich habe ihr Leben gerettet, weil ich ihr so gut zugehört habe. Selbst zur Nachtschicht bin ich gern gegangen, obwohl die über elf Stunden ging - von 19.45 Uhr bis morgens um sieben. [...]

Das Interview führte Oliver Gehrs, in: fluter, Tu doch mal was. Thema Arbeit, Herbst 2010, S. 36

b) *Markus Metint, 20, Informationstechnischer Assistent (ITA)*

Wer Spaß am Computer hat, für den ist dieser Beruf genau richtig. Ich mache eine schulische Ausbildung am Berufskolleg, die deckt Elektro- und Prozesstechnik, Betriebssysteme und Netzwerke, Datenbanken, Programmierung, Rechner- und Systemtechnik ab. Als ITA kann man später gut verdienen, die Jobs sind sicher, da heute nichts mehr ohne Computer geht. Und auch die Aufstiegschancen sind super: Man kann sich zum Fachinformatiker weiterbilden oder ein Studium beginnen.

Schule und Job, Berufsmagazin der Süddeutschen Zeitung (24.9.2008), S. 23

c) *Gertraud Freisinger, 71*

Schon meine Großeltern und meine Eltern hatten auf dem Viktualienmarkt einen Stand, an dem sie Blumen und Kränze verkauften. 1949, als ich 14 Jahre alt war, starb meine Mutter. Deswegen musste ich mit anpacken. Markt bedeutet: Aufstehen um fünf Uhr, bei jedem Wetter, und um sechs Uhr morgens hier sein. Ich habe mich daran gewöhnt. Inzwischen arbeite ich drei Tage in der Woche, bis vor wenigen Jahren hatte ich nur sonntags frei. Ich habe am Stand meiner Eltern gearbeitet, 1960 bin ich an den Gemüsestand meines Mannes gewechselt. Kennen gelernt und verliebt haben wir uns auf dem Markt. Wir haben fast nur Stammkunden: vom Angestellten über Millionäre bis zu so manchem Münchener Lokalpromi. Die Gespräche gehen über kleine Nettigkeiten hinaus, eine Bindung, die ins Private reicht, baut man aber trotzdem kaum auf.

Das Interview führte André Kerner, in: fluter, März 2007, S. 31

M 9 Wofür arbeiten wir?

Plaßmann, Baaske Cartoons

M 10 Die Funktionen der Arbeit

Bei einer Umfrage zur Funktion der Erwerbsarbeit für die Menschen heute wurden u. a. folgende Antworten gegeben:

- gibt Selbstbewusstsein
- sichert Lebensunterhalt
- Herausforderung
- Zeitvertreib
- Spaß
- finanzielle Absicherung
- beschäftigt sein
- Selbstbestätigung
- Erkennen der eigenen Fähigkeiten
- Lebensinhalt
- Kurzweil
- Broterwerb
- Sinn
- Einkommen
- kaum Zeit für anderes haben
- Anregung
- Erfüllung von Zukunftsträumen
- Kontakte zu Kollegen
- Identität
- soziale Sicherheit
- Dazugehören
- Kreativität
- Anerkennung
- vermittelt Gefühl nützlich zu sein
- Selbstentfaltung
- Steigerung des Selbstwertgefühls
- Geldverdienen

nach: Claudia Lenz u.a. (Hg.), Hauptsache Arbeit? Was wird... Maßstäbe. Modelle. Visionen, Hamburg 2001, S. 18-19

Aufgaben

1. Welche Auffassungen über ihre Arbeit bzw. ihren Beruf vertreten die Personen in M 8? Was ist ihnen jeweils wichtig?
2. Analysiere die Karikatur (M 9, vgl. Methode Karikaturanalyse).
3. Wähle die fünf für dich wichtigsten Begriffe aus und erläutere sie mit konkreten Beispielen (M 10).

Wie hat sich die Wirtschaft im Ruhrgebiet gewandelt?

M 11 Kohle und Stahl

Kohle und Stahl haben das Ruhrgebiet groß gemacht. Dank seiner Steinkohlevorkommen entwickelte es sich zu einem der größten industriellen Ballungsräume Europas mit einer Gesamtbevölkerung von rund fünf Millionen Menschen und einer hohen Bevölkerungsdichte. Der Boom begann im Jahr 1860 und dauerte rund 100 Jahre. Kohle, Eisen und Stahl („Montanindustrie") bestimmten die wirtschaftliche Struktur und das Leben der Menschen in der Region.

Die Wende kam in den 1960er Jahren: Der internationale Handel nahm zu, Importkohle war billiger, andere Rohstoffe wie Erdgas und Erdöl verdrängten die Steinkohle, Kernenergie wurde zur Konkurrenz. Die damit verbundenen Absatzschwierigkeiten von heimischer Kohle führten zur Schließung erster Zechen. Insgesamt verringerte sich die Zahl der Zechen zwischen 1960 und 1976 von 148 auf nur noch 35, von den ehemals 400.000 Bergleuten waren nur noch 150.000 beschäftigt.

Die Weltwirtschaftskrise Mitte der 1970er Jahre bewirkte einen Einbruch auch in der Stahlerzeugung. Zudem hatten neue, effektivere Produktionsverfahren eine Überkapazität und die Stilllegung vieler Betriebe zur Folge. Allein in Duisburg verloren zwischen 1980 und 1992 42,5 Prozent aller Arbeiterinnen und Arbeiter in der Bergbau- und Stahlindustrie ihren Job.

Sven Sendfeld, Das Ruhrgebiet. Eine multimediale Lehr- und Lerneinheit, www.sendfeld.de/staatsarbeit/oberthemen/ruhrgebiet/r9.htm (20.11.2010)

Wirtschaftssektoren
Die Wirtschaftswissenschaften unterteilen die Produktionsbereiche einer Volkswirtschaft in drei Wirtschaftssektoren:
Der **Primäre Sektor** beinhaltet die Produktgewinnung der Land- und Forstwirtschaft sowie Fischerei.
Im **Sekundären Sektor** werden Produkte verarbeitet (Industrie und Handwerk, Bergbau und Baugewerbe).
Der **Tertiäre Sektor** umfasst die Dienstleistungen, z. B. Handel, Verkehr, Kultur Kommunikation, Verwaltung, Bildung, Wissenschaft, Beratung, Gesundheits- und Sozialwesen.
Mit dieser Einteilung kann man die langfristigen Veränderungen einer Volkswirtschaft beschreiben und erklären.

M 12 Entwicklung des Steinkohlebergbaus im Ruhrgebiet

Jahr	Zahl der Förderanlagen	Beschäftigte (in 1.000)	davon Arbeiter unter Tage	Förderung in Mio. t
1958	140	489	305	122
1961	120	388	231	116
1966	61	287	161	103
1971	55	197	108	91
1978	31	146	81	67
1981	28	143	79	70
1988	22	114	64	56
1991	19	95	53	51
1998	11	59	30	32
2001	8	42	19	20
2009	4	21	k. A.	10

www.kohlenstatistik.de (20.11.2010)

M 13 Strukturwandel im Ruhrgebiet

Dienstleistungsgesellschaft
So bezeichnet man eine Gesellschaft, in der der größte Teil der Bevölkerung nicht mehr im landwirtschaftlichen und industriellen, sondern im tertiären Sektor tätig ist.

Entwicklung der Beschäftigtenstruktur im Ruhrgebiet 1960 - 2009 in %

	1960	1970	1980	1991	2000	2009
Primärer Sektor	2,4	1,5	1,4	1,3	1,22	0,9
Sekundärer Sektor	61,0	58,4	51,7	44,0	33,35	27,8
Tertiärer Sektor	36,6	40,1	47,0	54,7	65,43	71,2

www.kohlenstatistik.de (20.11.2010)

Als Strukturwandel bezeichnet man die langfristigen Veränderungen innerhalb der Wirtschaft eines Landes. Diese Veränderungen werden durch die Entstehung neuer und das Verschwinden alter Wirtschaftszweige bzw. Wirtschaftssektoren hervorgerufen. So hat es in den letzten Jahrzehnten in den meisten Ländern die Entwicklung von der Agrar- (Landwirtschaft) zur Industrie- und schließlich zur Dienstleistungsgesellschaft gegeben.

Recherchiere die Unternehmensentwicklung der Ruhrkohle AG (inklusive „Evonik Industries"). Zeige anhand ihrer Geschäftsfelder den Strukturwandel in dem Unternehmen auf (M 14).

M 14 Das Ruhrgebiet: Eine Region verändert sich

In nur drei Autostunden Entfernung können rund um das Ruhrgebiet geschätzte 50 Millionen Verbraucher erreicht werden. Das macht die Region zu einem der strategisch wichtigsten Standorte für Logistikunternehmen in ganz Europa [...].
Im Zuge des Strukturwandels hat sich auch die Kultur- und Kreativwirtschaft zu einer wichtigen Standortgröße im Ruhrgebiet entwickelt. Mit dem Begriff umschrieben sind im Wesentlichen die Branchen Musik, Werbung, Software, Computerspiele, Design und Kunst sowie Film, Fernsehen, Buch und Presse. [...]
Wie schon in der Vergangenheit ist die Region auch heute Deutschlands größter Energieproduzent – mit Kraftwerken, die sowohl mit Kohle wie auch mit Gas oder Öl betrieben werden. Die gesamte Energiebranche ist darüber hinaus im Revier ein bedeutender Umsatzbringer und Wachstumsmotor. So ist Essen das Zentrum der deutschen Energiewirtschaft mit Sitz der Branchenriesen RWE, Evonik und Europas führender Ferngasgesellschaft Ruhrgas. In Essen werden rund 60 Prozent des deutschen Energieverbrauchs abgerechnet. Wo früher in erster Linie Energie produziert wurde, wird heute Energie vor allem auch verwaltet und im Zuge der internationalen Aktivitäten der hiesigen Energiekonzerne europaweit verteilt.

Aus: Frank Bretschneider, Das Ruhrgebiet im Umbruch. Strukturwandel einer Region, o. O. 2009, o. S.

Bei der Eröffnungsfeier zur Kulturhauptstadt Europas 2010 wurde vor der Kulisse der Zeche Zollverein in Essen ein Feuerwerk gezündet.

Aufgaben

1. Stelle die Ursachen und Folgen der Krise in der Kohle- und Stahlerzeugung und den Strukturwandel in einem Schaubild dar (M 11).
2. Setze die Tabellen M 12 und M 13 in Schaubilder um und fasse die wichtigsten Entwicklungstendenzen zusammen.
3. Erarbeite aus dem Text M 14 die neuen „Standbeine" des Ruhrgebiets.

Wie und wo wird in Zukunft gearbeitet?

M 15 Der letzte seines Standes? Die Arbeit eines Schriftsetzers

Ein Schriftsetzer bei der Arbeit – diesen Beruf gibt es nicht mehr.

Oskar Bernhard ist einer der letzten Schriftsetzer in Deutschland. [...] Im Gegensatz zum normierten Großbetrieb macht er seinen Kunden Vorschläge, welche Schriftart, welche Größe oder Farbe die Schrift haben könnte. Aus in Blei gegossenen Buchstaben, die der Schriftgießer herstellt, setzt der Schriftsetzer einen Text zusammen, den ihm ein Autor vorgelegt hat. Die Buchstaben, die er verwendet, haben eine genau genormte Höhe. Das ist später wichtig für einen gleichmäßigen Druck in der Druckmaschine. Auch Bilder oder Schmuckbestandteile der Seite müssen diese Höhe einhalten. Dabei geht es manchmal um Hundertstel-Millimeter. Damit die Höhe stimmt, werden die Nicht-Text-Bestandteile einzeln vermessen, bevor sie in die Seite eingebaut und gegebenenfalls unterlegt werden. [...] Die gesamte Arbeit des Schriftsetzers erinnert sehr an einen Baukasten: Aus vorgenormten Teilen entsteht immer wieder etwas Neues. [...] Der Schriftsetzer wurde nach Zeit bezahlt. 1.000 bis 1.200 Buchstaben in der Stunde waren normal. Wer also schnell setzte, konnte mehr arbeiten und mehr verdienen.

http://www.br-online.de/bayerisches-fernsehen/der-letzte-seines-standes/handwerker-schriftsetzer-tradition-ID671192801539242189.xml (12.9.2010)

M 16 Mediengestalter – Alleskönner am PC?

Mediengestalter am PC – Pixel haben das Blei abgelöst.

Dieser Ausbildungsberuf hat die „alten" Berufe Schriftsetzer, Reproherstellen, Medien- und Werbevorlagenhersteller und den Fotogravurzeichner abgelöst. Mediengestalter Digital und Print arbeiten bei Marketingkommunikationsagenturen, Designstudios, Unternehmen der Druck- und Medienwirtschaft, Mediendienstleistern, Verlagen sowie in Marketing- und Kommunikationsabteilungen von Unternehmen und öffentlichen Institutionen. Ihre Arbeitsaufgaben sind so unterschiedlich wie die Medien, die sie herstellen und bearbeiten. Ausgebildet wird dieser Beruf in den drei Fachrichtungen: Gestaltung und Technik, Beratung und Planung, Konzeption und Visualisierung.

M 17 Die Zukunft der Arbeit

dpa-Infografik 3730; Quelle: IAB

M 18 Berichte aus der neuen Arbeitswelt

a) Zwei Zeitarbeiter berichten

Als Dennis seine Ausbildung zum Bürokaufmann in einem Hotel abgeschlossen hatte, war er ein bisschen verzweifelt. „Im Schichtsystem wollte ich dort nicht arbeiten, eine andere Stelle fand ich aber auf die Schnelle auch nicht", erzählt der 26-Jährige. Ein Freund empfahl ihm, sich bei einer Zeitarbeitsfirma vorzustellen. […] Mittlerweile kann er von Arbeitserfahrungen bei DHL berichten, er bastelte am Onlineauftritt einer Bank mit, klebte Kajalstifte, baute eine Lagerhalle zusammen und arbeitete im Geschäftskundenvertrieb. Seit ein paar Monaten landen Versicherungskunden an seinem Ohr, wenn sie Fragen haben. 400 Gespräche nimmt er pro Tag entgegen. Ein bisschen langweilig, aber immerhin ein Job. […] Der Nettolohn sei mit 1.100 Euro im Monat für eine 35-Stunden-Woche zwar nicht üppig, aber o.k. „Für einen Single wie mich reicht es." Ziel sei natürlich irgendwann eine „richtige Stelle" zu bekommen, aber bislang hat es nicht hingehauen.

„Ich versuche alles, um da wieder rauszukommen", sagt dagegen Andreas. Das Geld reicht hinten und vorne nicht und der ständige Wechsel der Arbeitsstellen ist sehr unbefriedigend. Auch wenn die Unternehmen genug Arbeit hätten und mit seiner Arbeit sehr zufrieden sind, muss er nach einem Jahr wieder gehen. Sonst hätte er den Anspruch auf eine feste Stelle und das Unternehmen damit Verpflichtungen. „Ich bin immer nur eine Übergangslösung."

Verändert nach: Angelika Steffen, Leiharbeit auf www.focus.de vom 2.7.2007

b) Ellen ist selbständig

Ellen berichtet in ihrem Blog von der Organisation ihrer Arbeit als Selbständige:

Wenn man selbstständig ist, hat man meist die verschiedensten Aufgaben zu erledigen und muss seine Arbeitszeit entsprechend einteilen. Als Webdesigner benötigt man neben der Zeit für die eigentliche Designarbeit z. B. auch viel Zeit um Kunden zu betreuen, Projekte zu planen, sich mit Teamkollegen zu besprechen, E-Mails zu beantworten, neue Computerprogramme zu lernen, die eigene Webseite oder den Blog zu pflegen, Rechnungen und Steuern zu erledigen und und und ... Um bei all diesen unterschiedlichen Aufgaben den Überblick zu behalten, und das möglichst ohne dabei in Stress zu geraten, benötigt man als Freelancer auch ein ziemlich gutes Organisationstalent. [...] Vor allem wenn man die meiste Zeit am Computer und im Internet arbeitet, ist es aus meiner Erfahrung auch sehr wichtig, sich für bestimmte Erledigungen feste Zeiten einzuteilen. Wenn man ständig Zugriff auf eingehende E-Mails, Blogkommentare, Twitter-Nachrichten, Facebook-Posts etc. hat, ist man natürlich schnell verleitet, neue Nachrichten sofort zu lesen und zu beantworten. Schließlich macht die Kommunikation im Netz ja auch viel Spaß und ist wichtig für jeden Freelancer. Um die wichtigsten Arbeiten dennoch möglichst effizient erledigen zu können, habe ich mir inzwischen feste Zeiten am Tag für E-Mails, Twitter & Co. eingerichtet.

Auf: www.elmastudio.de vom 30.5.2011

M 19 Welches Arbeitsverhältnis ist „normal"?

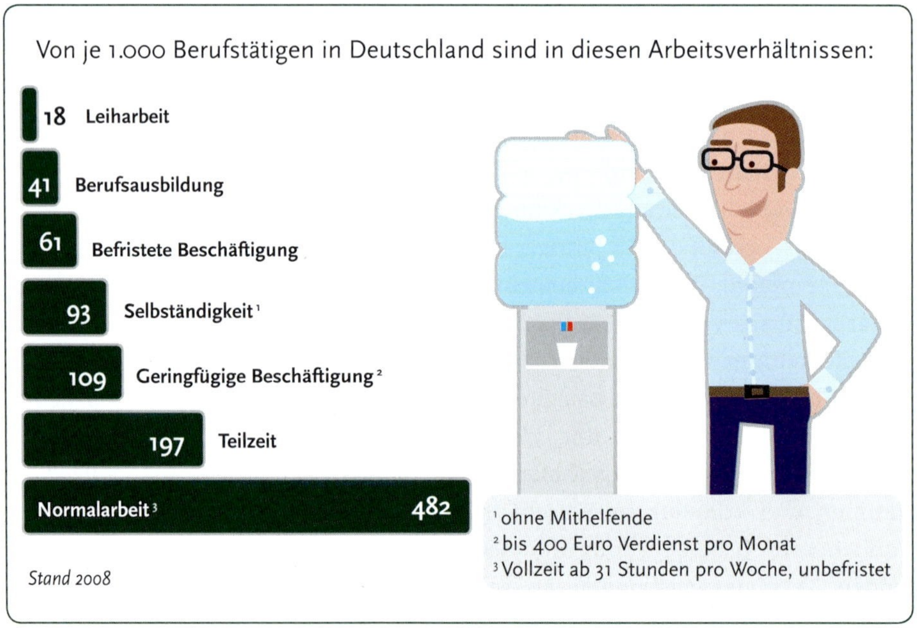

dpa-Infografik 4388; Quelle: eigene Berechnungen nach IAB, BA, BIBB

Leiharbeit
Ein Leiharbeitsverhältnis liegt dann vor, wenn der Arbeitgeber den Arbeitnehmer an einen Dritten für eine begrenzte Zeit verleiht. Der Begriff „Zeitarbeit" bedeutet das gleiche.

M 20 Trends in der Arbeitswelt

A Flexible Arbeitszeiten
Für 200 Mitarbeiter des IT-Konzerns IBM begann die Zukunft schon 1991. Sie verloren von heute auf morgen ihren festen Arbeitsplatz. Freiwillig. Das Unternehmen wurde damit zum Pionier für Telearbeit. Heute können alle 20.000 IBM-Mitarbeiter in Deutschland jederzeit von zu Hause aus arbeiten - egal, ob sie Geschäftsführer oder Sachbearbeiter sind. Dadurch können die Unternehmen Kosten für Büros sparen.

B Virtuelle Arbeitswelt
Für den Arbeitnehmer der Zukunft ist es essenziell, in allen wichtigen sozialen Netzwerken im Internet vertreten zu sein und dort Kontakte zu pflegen. Sie ermöglichen es den Mitarbeitern produktiver zu kommunizieren - ohne sich persönlich zu treffen. Ein Fünftel der weltweiten Geschäftsreisen könnte durch web-basierte Technologien und Videokonferenzen wegfallen. Allein die IT-Beratung Accenture verzichtete durch virtuelle Besprechungen im vergangenen Mai auf 240 internationale Geschäftsreisen und 120 Inlandsflüge.

C „Multitasking" und die ständige Erreichbarkeit
Mit der modernen Technik verschwimmt weitgehend die Grenze zwischen Beruf und Privatleben. Das Handy ist immer an, berufliche E-Mails werden auch abends und am Wochenende bearbeitet. E-Mails schreiben, chatten, telefonieren, konferieren, Kaffee trinken - am besten alles gleichzeitig? Psychologen warnen davor, es zu übertreiben. Multitasking macht nicht produktiver - es bewirkt das glatte Gegenteil. Die US-Beratungsfirma Basex hat ausgerechnet, dass amerikanische Manager im Jahr 28 Milliarden Arbeitsstunden mit Unterbrechungen verdaddeln, die durch ständiges Wechseln der Tätigkeit verursacht werden.

D Spezialisierung / Fachkräfte
Angebote für einfache Tätigkeiten und für gering Qualifizierte werden künftig in Deutschland von Maschinen oder Arbeitern im Ausland erledigt. [...] Auf der sicheren Seite sind entsprechend Fachkräfte aus dem Bereich der Hochtechnologien, wie Licht- und Lasertechnik, Bio- und Nanotechnologie oder auch der Werkzeugmaschinenbau sowie die Metallindustrie. [...] Vorteile besitzen aber auch all jene Berufe, in denen körperliche Präsenz erforderlich ist: Alten- und Krankenpfleger genauso wie Erzieher, Kindergärtner und Lehrer.

nach: Daniel Rettig auf www.wiwo.de vom 25.8.08

Aufgaben

1. Beschreibe, über welche Fähigkeiten ein Schriftsetzer bzw. Mediengestalter verfügen muss (M 15, M 16).
2. Analysiere die Grafik zur Zukunft der Beschäftigten (M 17, vgl. Methode Diagramme analysieren).
3. a) Welche Trends aus der Arbeitswelt (M 19, M 20) erkennst du in den Erfahrungsberichten in M 18?
   b) Wähle ein Phänomen aus (z. B. „Zeitarbeit" oder „Multitasking") und begründe, ob du die Entwicklung positiv oder negativ einschätzt.

Was bedeutet Arbeitslosigkeit?

M 21 Jetzt bin ich arbeitslos

Ich bin zwischen den Jahren stecken geblieben. Im Dezember noch war ich gestresster und unbezahlter Praktikant [...]. Heute in der ersten Januarwoche bin ich zu Hause und erkenne, wie lange ein Tag ist.

Ich frühstücke nur spärlich, denn jeder weiß, dass alleine frühstücken dick macht. Außerdem werde ich den ganzen Tag über essen, Tee kochen, aus dem dreckigen Fenster starren und mich doch nicht aufraffen, es endlich zu putzen. [...] Mindestens zwei Bewerbungen am Tag will ich schreiben. Und gestern, als die liebsten Freunde die Küche bevölkerten, erschien mir das auch nicht schwierig. Heute aber, in einer stummen Wohnung in der nur der Weihnachtsbaum glänzt, ist es unmöglich. [...] Ich habe mich eingeigelt, komme nicht raus aus dieser Höhle, die Selbstmitleid und Zukunftsangst heißt. Jeder muss seinen Platz finden, ich fühle mich an meinem Platz nicht wohl. Ich möchte an einen anderen Platz gehen. [...]
Am Wochenende verfalle ich in einen unangenehmen Aktionismus, diese zwei Tage müssen mich fit für die nächste Woche machen. Sie müssen mir das Gefühl geben, dass ich etwas kann, dass ich wer bin, dass mich wer will, und dass das, was ich tue, gut genug ist.

nach: http://www.neon.de/artikel/fuehlen/erwachsen-werden/jetzt-bin-ich-arbeitslos/643948 (5.1.2007)

M 22 Die menschliche Erfahrung mit der Arbeitslosigkeit

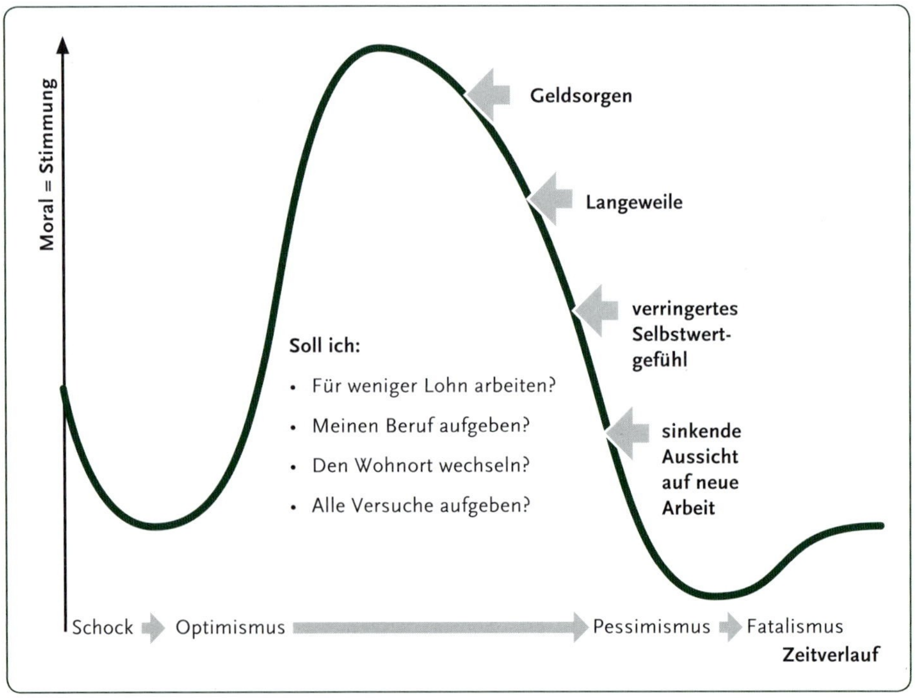

M 23 Die Entwicklung der Arbeitslosigkeit in Deutschland

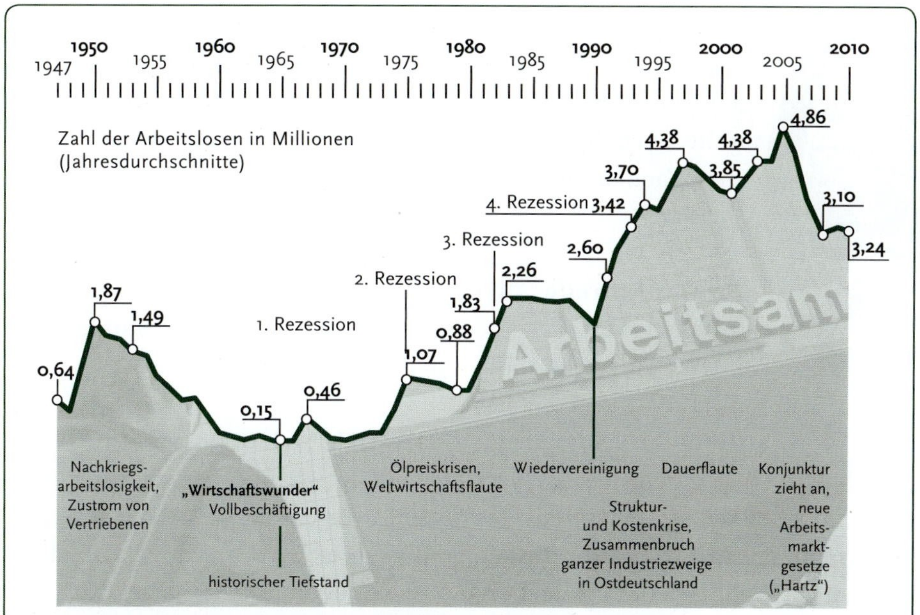

bis 1989 nur Westdeutschland; Quelle: Bundesagentur für Arbeit, ifo

dpa-Infografik 2312

Konjunktur
Unter Konjunktur versteht man die gesamtwirtschaftliche Situation und (kurzfristige) Entwicklungsperspektiven eines Wirtschaftsraums.

Rezession
bezeichnet einen zeitlichen Abschnitt der Konjunktur, in dem die Produktion bzw. die Wirtschaftsentwicklung zurückgeht

M 24 Formen der Arbeitslosigkeit

Es gibt verschiedene Ursachen, die zur Arbeitslosigkeit führen. Allgemein werden unterschieden:

Strukturelle Arbeitslosigkeit

Es zeigt sich, dass sich der Schwerpunkt der wirtschaftlichen Tätigkeit zunächst vom primären Wirtschaftssektor (Rohstoffgewinnung) auf den sekundären (Rohstoffverarbeitung) und anschließend auf den tertiären Sektor (Dienstleistung) verlagert hat. Die damit verbundenen Anpassungsprozesse haben häufig zu struktureller Arbeitslosigkeit geführt, da den in einem Sektor beschäftigten Arbeitnehmern die Qualifikationen zur Arbeitsaufnahme in einem anderen Sektor fehlten und erst in beruflicher Weiterbildung zu vermitteln waren. [Von sektoraler Arbeitslosigkeit spricht man auch bei] Verschiebungen innerhalb der Sektoren. Diese sind sehr häufig verbunden mit technologischen Entwicklungen, beispielsweise der zunehmenden Ersetzung der Arbeitskräfte durch Maschinen oder aktuell insbesondere durch den Wandel von einer Industriegesellschaft zu einer Informationsgesellschaft. Da jene Arbeitskräfte, die bereits arbeitslos sind oder durch die Abnahme der nachgefragten Arbeit in der Industrie arbeitslos werden, von ihrem Qualifikationsprofil nicht

Stillgelegte Industrieanlage im Ruhrgebiet

Auf Baustellen kann im Winter weniger gearbeitet werden.

identisch sind mit jenen, die für die Kommunikations- und Informationstechnologien gebraucht werden, entsteht strukturelle Arbeitslosigkeit (im Fachjargon „mismatch").

Konjunkturelle Arbeitslosigkeit

Sie tritt auf, wenn die Konjunktur schwächer wird und die Nachfrage zurückgeht. Bei einem Mangel an Absatzmöglichkeiten entlassen die Unternehmen Arbeitskräfte, die sie im Aufschwung wieder einstellen. Eine schwache Konjunktur betrifft aber alle Wirtschaftsbereiche, wie das Produzierende Gewerbe, die Exportwirtschaft und die Dienstleistungen, unterschiedlich. Konjunkturelle Arbeitslosigkeit kann ein kurz- oder mittelfristiges Problem sein, sie kann aber auch bei anschließend nur langsam wieder wachsender Wirtschaft zu einem langfristigen Problem werden.

Friktionelle Arbeitslosigkeit

Unter friktioneller Arbeitslosigkeit (auch Fluktuationsarbeitslosigkeit oder Such-Arbeitslosigkeit genannt) versteht man die häufig unvermeidliche Arbeitslosigkeit zwischen der Aufgabe der alten und dem Finden einer neuen Tätigkeit. Sie ist in der Regel nur von kurzer Dauer und auch in Phasen einer Vollbeschäftigung unvermeidlich, im Stukturwandel oft sogar sinnvoll. […]

Saisonale Arbeitslosigkeit

Arbeitslosigkeit, die dadurch entsteht, dass einige Sektoren der Volkswirtschaft jahreszeitbedingt unterschiedlich ausgelastet sind, bezeichnet man als saisonale Arbeitslosigkeit. Diese Form der Arbeitslosigkeit verschwindet üblicherweise wieder im Jahresverlauf. Saisonale Arbeitslosigkeit kann zwar durch gezielte Hilfen wie beispielsweise das Saison-Kurzarbeitergeld (ähnlich dem früheren Schlechtwettergeld) verringert werden, ihre Höhe ist jedoch von der gesamtwirtschaftlichen Situation am Arbeitsmarkt im Allgemeinen weitgehend unabhängig.

Frank Oschmiansky, http://www.bpb.de/themen/KSLF0U,0,Arten_der_Arbeitslosigkeit.html, 1.6.2010

Aufgaben

1. Stelle dar, was Arbeitslosigkeit für den Einzelnen bedeutet (M 21, M 22).
2. Beschreibe die Entwicklung der Arbeitslosigkeit in Deutschland (M 23).
3. Wähle eine Form der Arbeitslosigkeit (M 24) aus und entwirf knapp aber konkret die Situation einer Person, die aus diesem Grund arbeitslos geworden ist. Du kannst z. B. beginnen mit „Ernst (55) war Schriftsetzer …"
4. Entscheide, gegen welche Form der Arbeitslosigkeit man als Betroffener am ehesten selbst vorgehen kann (M 24).

Jugendarbeitslosigkeit in Deutschland und Europa

M 25 Arbeitslose Jugend in der EU

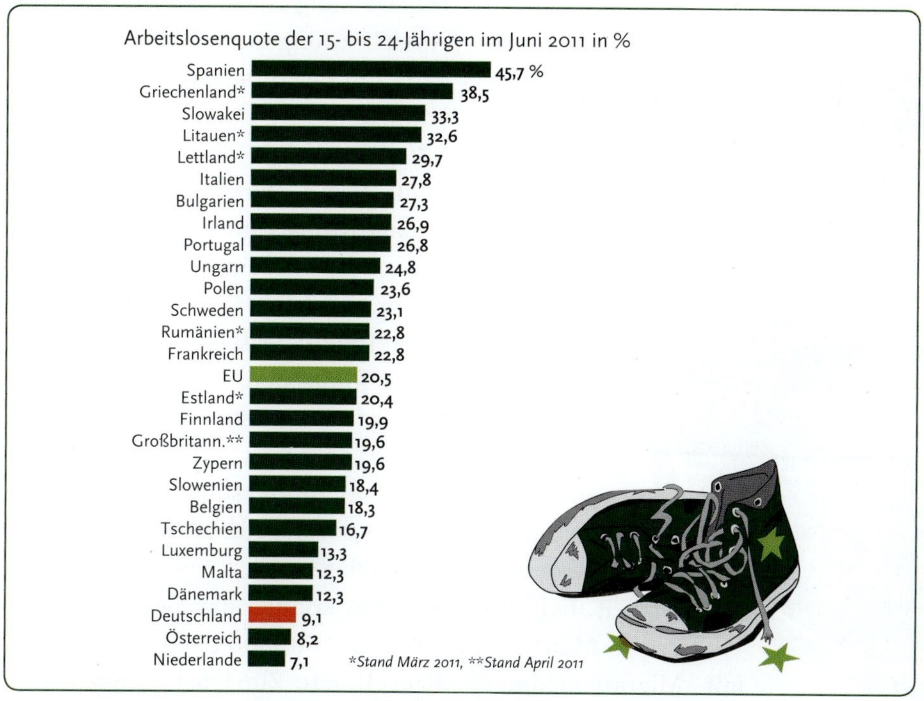

dpa-Infografik 4457; Quelle: Eurostat, Stat. Bundesamt

M 26 Folgen der Jugendarbeitslosigkeit

Viele Jugendliche hangeln sich von Praktikum zu Praktikum, sind Leiharbeiter oder haben gar keinen Job. Der Psychologe Thomas Kieselbach über die dramatischen Folgen von Arbeitslosigkeit, Frustration und Gewalt.

SZ: Herr Professor Kieselbach, die Arbeitslosigkeit ist bei jungen Menschen besonders hoch. Welche Folgen hat das?

Kieselbach: Arbeitslosigkeit begünstigt soziale Ausgrenzung. Wir müssen dafür sorgen, dass junge Menschen in den Arbeitsprozess und damit in die Gesellschaft integriert werden.

SZ: Wer arbeitslos ist, wird von der Gesellschaft ausgestoßen?

Kieselbach: Ja, unsere Forschung auf EU-Ebene hat gezeigt, dass das Risiko insbesondere bei uns sehr hoch ist. Außerdem verstärkt Arbeitslosigkeit vorhandene gesundheitliche Probleme, die der Einzelne unter normalen Bedingungen noch gut bewältigen könnte. Soziale Ausgrenzung hat auch psychosoziale Folgen.

SZ: Zum Beispiel?

Kieselbach: Am häufigsten anzutreffen sind depressive Erkrankungen. Wer arbeitslos ist, fühlt sich oft stigmatisiert, nutzlos. Viele ziehen sich zurück, weil sie sich schämen. Sie verlieren ihr Selbstwertgefühl. Das alles ist der Nährboden für

Depressionen.

SZ: Was bedeutet es für die Gemeinden, wenn dort viele junge Menschen keine Jobs haben?

Kieselbach: Eine hohe Arbeitslosigkeit führt oft dazu, dass der soziale Zusammenhalt zerfällt. Erinnern wir uns nur an die gewalttätigen Auseinandersetzungen in den französischen Vorstädten [im Jahr 2006]. Sie waren auch Folge der hohen Arbeitslosigkeit bei jungen Menschen mit Migrationshintergrund.

In Spanien kam es im Fühjahr 2011 zu Massendemonstrationen für sozialen und politischen Wandel und gegen die hohe Arbeitslosigkeit. Jugendliche errichteten auf einem zentralen Platz in Madrid für mehrere Wochen ein Protestcamp.

SZ: Gibt es einen direkten Zusammenhang zwischen Jugendarbeitslosigkeit und Gewalt?

Kieselbach: Wir stellen vorwiegend fest, dass sich Arbeitslose zurückziehen und isolieren, also eher depressiv werden. Natürlich kann ein Teil der jugendlichen Arbeitslosen mit Gewalt reagieren. Dahinter steckt, dass sie die Kontrolle wiedergewinnen wollen, die sie durch die Arbeitslosigkeit verloren haben. Jobverlust bedeutet Kontrollverlust. Wer Gewalt ausübt, hat Kontrolle über andere Menschen. Man kann aber nicht sagen, dass Jugendarbeitslosigkeit zwangsläufig zu Gewalt führt. Solche Ausschreitungen wie in Frankreich gab es in der Bundesrepublik bislang kaum.

SZ: Wir haben Probleme in Ostdeutschland. Dort verändert sich das soziale Klima gerade auch durch die hohe Arbeitslosigkeit junger Menschen.

Kieselbach: Das ist richtig. Es gibt junge Menschen, die noch nie eine richtige Arbeitsstelle hatten. Diese stehen natürlich außerhalb unserer Gesellschaft und stellen zweifelsohne für das soziale Klima ein erhebliches Risiko dar.

SZ: Wie können die jungen Arbeitslosen ihre Situation ändern?

Kieselbach: Zunächst einmal durch Selbstinitiative, denn Abwarten bringt nichts. Es ist aber vor allem notwendig, dass die Gesellschaft soziale Verantwortung übernimmt. Ich meine damit eine Art sozialer Geleitschutz. Die Schulen sind beispielsweise gefordert. In den Schulen muss vermittelt werden, wie sich junge Leute Informationen über Arbeitsangebote beschaffen und wie sie Netzwerke nutzen können. [...]

Das Interview führte Sibylle Haas, http://www.sueddeutsche.de/karriere/jugendarbeitslosigkeit-einige-reagieren-mit-gewalt-1.267546 (29.01.2008)

M 27 Was kann man zum Schutz vor Arbeitslosigkeit tun?

a) Besser ausgebildet, seltener arbeitslos

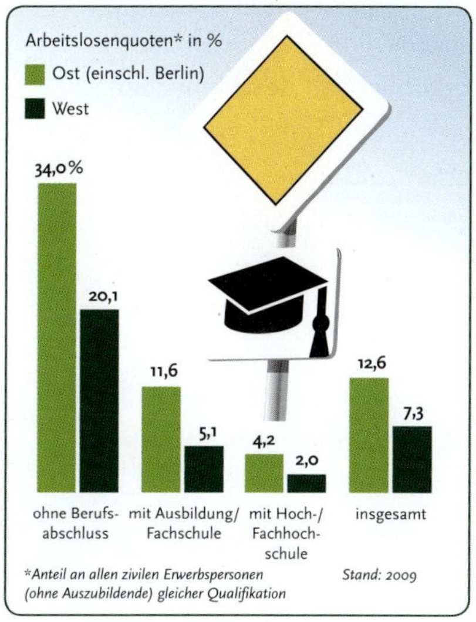

dpa-Infografik 4075; Quelle: IAB

b) Welcher Arbeitsmarkt wartet auf mich?

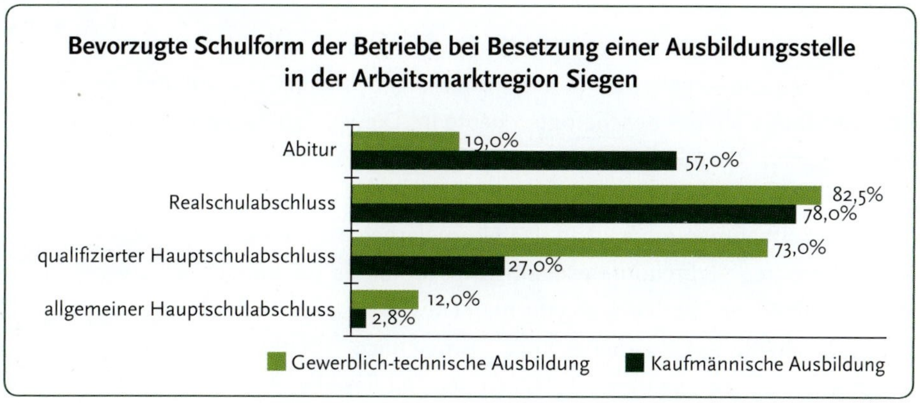

IAB-Regional, NRW, 3/2011; Quelle: Industrie- und Handelskammer Siegen (2010)

Aufgaben

1. Analysiere die Situation der Jugendarbeitslosigkeit in Europa (M 25).
2. a) Erstelle eine Mindmap zu den Folgen der Jugendarbeitslosigkeit (M 26, vgl. Methode Mindmap).
   b) Welcher Form der Arbeitslosigkeit lassen sich höchstwahrscheinlich viele betroffene Jugendlichen in Ostdeutschland zuordnen (M 24, M 26)?
3. a) Welche Schlussfolgerung ziehst du für dich aus den Statistiken in M 27?
   b) Erläutere, in welcher Form du aus der Analyse der Arbeitslosigkeit positive Schlüsse für deine Berufspläne ziehen kannst.

Was wir wissen

Berufsorientierung
M 2, M 3

Den passenden Beruf zu finden, ist nicht einfach. Deswegen sollte man möglichst früh damit beginnen, sich seine Fähigkeiten, Fertigkeiten und Interessen bewusst zu machen. Bei der Berufswahl ist es sinnvoll, die Anforderungen, die ein ganz bestimmter Beruf an die Persönlichkeit des Menschen stellt, mit den eigenen Voraussetzungen zu vergleichen. Dabei kommt es immer auch vor, dass wir Berufswünsche verwerfen und neuen Wegen folgen. Umso wichtiger ist es also, diesen Findungsprozess möglichst früh zu beginnen und sich in den Austausch mit anderen zu begeben. Die Einschätzungen und Hinweise von Freunden und der Familie können dabei hilfreiche Ratgeber sein.

Bedeutung von Arbeit
M 10, M 23

Arbeit als Erwerbsarbeit ist die Grundlage für den materiellen Wohlstand unserer modernen Gesellschaft. Gleichzeitig ist sie aber viel mehr als nur Gelderwerb. Arbeit gibt unserem Leben eine Struktur, vermittelt uns den Kontakt zur Außenwelt, lässt uns unsere Fähigkeiten und unsere Grenzen erfahren. Schließlich bestimmt sie über unsere Stellung innerhalb der Gesellschaft. Deshalb leiden Arbeitslose darunter, aus dem „normalen Alltag“ ausgeschlossen zu sein.

Wandel der Arbeitswelt
M 13, M 17, M 19

Durch die rasante technologische Entwicklung und die Globalisierung befindet sich die Arbeitswelt in einem ständigen Wandel. So arbeitet die überwiegende Zahl der Beschäftigten heute im Dienstleistungsbereich, Tendenz steigend. Computer oder computergestützte Maschinen bestimmen die Arbeitswelt und ermöglichen bzw. fordern eine immer größere Flexibilität der Arbeitnehmer. Auch wenn das Normalarbeitsverhältnis nach wie vor das am meisten verbreitete Beschäftigungsverhältnis ist, hat sich daneben eine Vielfalt neuer Beschäftigungsformen entwickelt: neue Selbständige, befristet Beschäftigte, Leiharbeiter oder Home-Office-Arbeiter. Daneben sind es vor allem die Beschäftigten in Teilzeit und mit flexiblen Arbeitszeitmodellen, die die Beschäftigungslandschaft in Deutschland zunehmend prägen. Dies kann eine bessere Vereinbarkeit von Familie und Beruf bedeuten. Andererseits verschwinden die Grenzen zwischen Beruf und Freizeit zunehmend.

Arbeitslosigkeit
M 23, M 24

Wenn Menschen ihre Arbeit verlieren, so kann das viele Ursachen haben. Man unterscheidet vier Formen der Arbeitslosigkeit, die durch unterschiedliche Maßnahmen bekämpft werden können: Gegen die durch witterungsbedingte Nachfrageschwankungen verursachte saisonale Arbeitslosigkeit kann die Politik nichts unternehmen. Friktionelle Arbeitslosigkeit (Such-Arbeitslosigkeit) kann durch Maßnahmen der Arbeitsmarktpolitik (z. B. schnellere Vermittlung, Umschulung) abgemildert werden. Konjunkturelle und strukturelle Arbeitslosigkeit lassen sich nur durch wirtschaftspolitische Maßnahmen bekämpfen.

Die richtigen Fragen stellen

Berufswahl heißt, Antworten auf Fragen zu finden. Einige wichtige Fragen, die du unbedingt beantworten solltest, findest du hier. Leider sind ein paar Begriffe aus dem Text gerutscht. Aber du kannst die Fragen vervollständigen, indem du die unten stehenden Begriffe in die Textlücken einträgst. Die Buchstaben in den grauen Kästen ergeben in der richtigen Reihenfolge das Lösungswort.

Welchen _ _ _ _ _ _ _ _ _ _ _ _ _ _ brauche ich für meine Wunschausbildung?

Welche _ _ _ _ _ _ _ _ _ _ _ _ _ _ _ muss ich außerdem erfüllen?

Wie viele _ _ _ _ _ dauert die Ausbildung?

Wie hoch ist die _ ?

Wo finde ich überhaupt freie _ _ _ _ _ _ _ _ _ _ _ _ _ _ _ _ _ _ ?

Entstehen mir bei der Ausbildung _ _ _ _ _ _ ?

Finde ich nach der Ausbildung voraussichtlich auch einen _ _ _ ?

Bestehen in diesem Beruf gute Chancen auf einen _ _ _ _ _ _ _ _ ?

Kann ich mit meinen erlernten Kenntnissen und Fertigkeiten später vielleicht berufliche _ _ _ _ _ _ _ _ _ _ _ _ _ nutzen?

Lösungswort: _ _ _ _ _ _ _ _ _ _ mann / -frau

ALTERNATIVEN
AUFSTIEG
AUSBILDUNGSPLÄTZE
JAHRE
VORAUSSETZUNGEN
AUSBILDUNGSVERGÜTUNG
KOSTEN
SCHULABSCHLUSS
JOB

Wilfried Dorsch, Heinz Klippert, Wirtschaftslehre mit Pfiff, Bd. 1, Stuttgart 2011, S. 37

Lösung am Ende des Buches

Politikmaßnahmen gegen Arbeitslosigkeit

1 Gegen diese Form der Arbeitslosigkeit können die Arbeitsagenturen arbeitsmarktpolitische Maßnahmen (Information über offene Stellen, Unterstützung bei der Bewerbung, Mobilitäts- und Umzugsbeihilfen) einsetzen, um die Vermittlung geeigneter Arbeitsloser auf offene Stellen zu befördern.

2 Diese Form der Arbeitslosigkeit betrifft vor allem das Baugewerbe. Sie ist von der Witterung abhängig, weshalb auch keine Maßnahmen zu ihrer Beseitigung getroffen werden können. Allerdings können die Auswirkungen durch gezielte finanzielle Hilfen abgemildert werden.

3 Diese Form der Arbeitslosigkeit betrifft alle Branchen gleichermaßen und ist durch eine mangelnde Nachfrage bedingt. Deshalb kann die Regierung zum Beispiel Steuerentlastungen beschließen oder die Staatsausgaben (Investitionen in die Infrastruktur, Subventionen, Kurzarbeitergeld) erhöhen, um die staatliche Nachfrage und damit das Wachstum anzukurbeln.

4 Bei dieser Form der Arbeitslosigkeit versucht der Staat, verbesserte Rahmenbedingungen für die Nachfrage nach Arbeit zu schaffen, zum Beispiel in Form von verringerten Kostenbelastungen der Unternehmen und Abbau von Regulierungen. Außerdem können Bildung und Forschung in Zukunftsbranchen gefördert und Arbeitslose gezielt weiterqualifiziert werden.

Aufgabe

Ordne die genannten Maßnahmen gegen Arbeitslosigkeit den entsprechenden Formen in M 11 zu und begründe deine Entscheidung.

5.2 Die Welt der Unternehmen

Wie wird man Unternehmer?

M 1 Junge Gründer

Metin: „Hallo Olli, gut, dass ich dich treffe. Vielleicht hast du es ja schon gehört, ich habe die Idee, ein Fahrradgeschäft zu eröffnen. Da gibt es viel zu tun, und ich dachte, vielleicht könnten wir uns zusammentun?"

Olli: „Mensch, das ist ja toll. Das wusste ich noch gar nicht. Hast du dir das auch gut überlegt? So als Selbständiger hat man ja doch viel zu tun."

Metin: „Ja, das stimmt schon. Aber ich möchte doch ganz gerne mein eigener Chef sein. Und vor allem: Ich möchte gerne, dass so richtig Knete rüberkommt."

Olli: „Und wo willst du das Geschäft aufmachen?"

Metin: „Och, da hatte ich wirklich Glück mit den Geschäftsräumen. Die liegen ganz dicht bei meiner Wohnung, in der Goethestraße."

Olli: „Was, da redest du von Glück? In der Straße gibt es doch schon ein Fahrradgeschäft. Das bedeutet doch Konkurrenz für dich. Und außerdem ist das doch auch ziemlich weit ab vom Schuss. Meinst du, dass da überhaupt genug Kunden hinfinden?"

Metin: „Einerseits hast du Recht. Aber auf der anderen Seite: Ich habe schon viele Leute klagen hören, dass die dort nur am Verkaufen interessiert sind. Wenn's danach Probleme mit dem Rad gibt, wird der Kunde eher im Stich gelassen. Ich sehe da also durchaus eine Chance."

Olli: „Hm, stimmt auch wieder. Ich sehe, du hast dir schon deine Gedanken gemacht. Aber bevor ich mitmache, müssen wir doch noch ein paar Dinge klären. Zum Beispiel: Wie kommen wir denn zu unserem Material? Das kostet doch auch etwas. Woher sollen wir das Geld nehmen? Und wie teilen wir es zwischen uns auf, wenn wir überhaupt einen Gewinn machen?"

Metin: „Jetzt sei mal nicht zu ängstlich. Schließlich ist doch dein Vater bei der Bank. Der kann uns bestimmt Tipps geben, wie wir geschickt an das nötige Startkapital kommen können. Außerdem habe ich ja auch etwas gespart ..."

Olli: „Gut, gut. Aber so hundertprozentig bin ich noch nicht überzeugt: Dürfen wir das denn überhaupt, so mir nichts dir nichts ein Geschäft aufmachen? Wen können wir denn da fragen?"

nach einer Idee des Instituts für Ökonomische Bildung, Oldenburg

M 2 Erfolgsfaktoren für Existenzgründer

Persönliche Voraussetzungen
Bereitschaft, 50–60 Stunden in der Woche zu arbeiten und zunächst auf Freizeit und Urlaub zu verzichten

Erfolgversprechende Geschäftsidee
Die Geschäftsidee muss eigene Stärken und Schwächen berücksichtigen und die Markt- und Konkurrenzsituation im Auge behalten. Entscheidend ist die Orientierung an den Kundenwünschen.

Unternehmenskonzept
Das Unternehmenskonzept zeigt bereits im Vorfeld, wo Stärken und Schwächen der geplanten Existenzgründung liegen.

Finanz- und Liquiditätsplanung
Die Einnahmen und Ausgaben des Betriebes müssen sorgfältig geplant und permanent überwacht werden.

Marketing
Sie kennen Ihren Markt, die Konkurrenz und die Wünsche Ihrer Kunden.

Erkennen von Marktlücken
Freundlicher Umgang mit Kunden, gute Beratung und ein umfangreiches Serviceangebot sind letztlich auch Marktnischen und Erfolgsfaktoren für viele Existenzgründer.

nach: Handwerkskammer Region Stuttgart, o. J.

Tipp
Unter *www.impulse-gruenderzeit.de/gruenderzeit/ideen/geschäftsideen* findet sich eine Datenbank für Geschäftsideen. Sucht euch eine Idee aus und begründet, warum ihr sie für überzeugend haltet.

Aufbau eines Businessplans
Businessplan ist der englische Begriff für Firmenkonzept. In ihm wird vor einer Unternehmensgründung festgehalten, was für das Arbeiten wichtig ist. Er soll auf folgende Fragen Antworten geben:

Geschäftsidee
Wie genau soll das Geschäft aussehen? Welche Produkte oder Dienstleistungen sollen wem angeboten werden? Wie soll der Betrieb organisiert sein?

Produkte / Dienstleistungen
Wie genau sollen die Podukte / Dienstleistungen aussehen? Wie sollen sie produziert werden?

Marktanalyse
Wie sieht der Markt für die Geschäftsidee aus? In welche Nischen passt die eigene Idee? Welche Trends sind zu erkennen? Welche Hürden sind zu nehmen?

Konkurrenzanalyse
Welche Konkurrenzen gibt es? Wo sind diese, welche Marktanteile haben diese, welche Stärken und Schwächen?

Marketing
Mit welchen Mitteln wird das Produkt am Markt platziert und der Verkauf gefördert?

Standortwahl
Wo wird produziert und wo verkauft? Nähe zu Kunden, Verkehrswegen, Lager ...

Kapitalbedarf
Wie viel Kapitel (Geld) wird benötigt, wofür soll das (verfügbare) Geld eingesetzt werden? Was soll das Angebot kosten und bleibt Gewinn übrig?

Aufgaben

1. a) Bildet Zweiergruppen in der Klasse und führt den Dialog fort. Geht dabei auf die Erfolgsfaktoren für Existenzgründer ein (M 1, M 2).
   b) Haltet eure Ergebnisse in einer Mindmap fest (vgl. Methode).
2. Beurteilt abschließend die Erfolgschancen von Metins Fahrradladen, indem ihr Chancen und Risiken gegenüberstellt.

Was braucht man zum Produzieren?

M 3 Metin und Olli – was brauchen sie?

Metin und Olli wollen ihre Idee in die Tat umsetzen. Sie überlegen, was sie brauchen, damit ihr Fahrradgeschäft funktionieren kann. Zunächst brauchen die beiden einen Geschäftsraum, in dem sie die neuen Fahrräder ausstellen und vor den Augen des Kunden Fahrräder reparieren können. Dieser Geschäftsraum und eine alte Garage, die sie als Lager nutzen, sind der Standortboden, den Metin und Olli zur Produktion ihrer Dienstleistung dringend benötigen. Daneben brauchen sie ein Telefon und eine Registrierkasse, außerdem Werkzeuge und Einrichtungen, um die Fahrräder reparieren zu können. Diese Dinge stellen ihr Sachkapital dar. Um dieses Sachkapital zu erwerben und außerdem die Fahrräder beim Großhändler einkaufen zu können, müssen Metin und Olli ihr erspartes Geld und einen Kredit von der Bank verwenden. Sie brauchen also Geldkapital.

Entscheidend für den wirtschaftlichen Erfolg der beiden ist neben dem Kapital natürlich ihre Arbeitskraft. Dazu gehören eine Vielzahl von Fähigkeiten, z. B. die höfliche und zugewandte Art, mit den Kunden umzugehen, das handwerkliche Geschick, ein defektes Rad in kurzer Zeit zu reparieren usw. Arbeit, Boden und Kapital – ohne diese Produktionsfaktoren würde der Fahrradladen nicht existieren können.

M 4 Die Produktionsfaktoren

Bezieht man sich auf die Wirtschaft als Ganzes (Volkswirtschaft), so werden diese Produktionsfaktoren unterschieden:

Volkswirtschaftliche Produktionsfaktoren		
Arbeit	**Boden**	**Kapital**
– leitende Arbeit – ausführende Arbeit	– Anbauboden (Landwirtschaft) – Abbauboden (Rohstoffe) – Standortboden (für Betriebsstätten)	– Geldkapital (Kredit) – Sachkapital (Maschinen)

Tipp:
Erinnerst du dich an den einfachen Wirtschaftskreislauf? Im Güterkreislauf verläuft der Pfeil von den Haushalten zu den Unternehmen und meint damit die Faktorleistungen (oder Produktionsfaktoren) Arbeit, Boden und Kapital.

Bezieht man sich auf die Güterproduktion im Betrieb, so wird folgende Einteilung der Produktionsfaktoren vorgenommen:

Betriebswirtschaftliche Produktionsfaktoren		
Betriebsmittel, die im Umsatzprozess genutzt, aber nicht verbraucht werden (z. B. Maschinen, Gebäude)	**Werkstoffe** (Roh-, Hilfs-, Betriebsstoffe), Halb- und Fertigprodukte, die in das hergestellte Produkt eingehen	**Arbeitsleistungen**, d. h. die von Menschen im Unternehmen zu erbringenden Leistungen

M 5 Welcher Produktionsfaktor ist das?

Produktionsfaktor	Betriebsmittel	Werkstoff	Arbeitsleistung
Fahrradschlauch			
Hilfskraft zur Fahrradmontage			
Schrauben + Muttern			
Werkzeugbank			
Verkaufsräume			
Steuerberater			
Schraubenzieher			
Werkstatt			
Glühbirnchen für Fahrradlichter			
Telefon			
Kettenöl			

Aufgaben

1. Ordne die Produktionsfaktoren der betriebswirtschaftlichen Einteilung zu (M 3, M 4, M 5).
2. In der betriebswirtschaftlichen und häufig auch volkswirtschaftlichen Einteilung werden Informationen als eigener Produktionsfaktor genannt. Erläutere, warum Informationen wichtig für die Produktion sind.

Welches Hauptziel hat ein Unternehmen?

M 6 Ziel des Betriebs: Gewinn erwirtschaften

Metin und Olli haben es geschafft. Vor einem Jahr hat ihr Fahrradgeschäft eröffnet und sie hatten das Gefühl, dass es gar nicht so schlecht läuft. Am Ende bewegt sie natürlich die Frage, die sich ihnen schon zu Beginn ihres Abenteuers gestellt hatte: Wie viel Gewinn haben wir erzielt?
Die Einnahmen des Geschäfts, der sogenannte **Erlös** (oder Umsatz), ergeben sich aus dem Verkauf der Fahrräder und dem Verkauf von Zubehör und Ersatzteilen und damit verbundenen Dienstleistungen wie Reparaturen.
Doch sind dem Fahrradgeschäft auch **Kosten** entstanden. Die Fahrräder mussten von den Produzenten eingekauft werden. Es mussten Löhne bezahlt werden. Außerdem mussten Betriebsmittel wie Strom und Werkstoffe wie z. B. Werkzeuge und Öl eingekauft werden. Zudem haben die beiden noch einen Kredit abzuzahlen. Die Kosten sind vom Erlös abzuziehen, dann ergibt sich der **Bruttogewinn**. Doch auch das ist nicht der Betrag, der den beiden zur Verfügung steht, schließlich erhebt der Staat auch Steuern auf Gewinne und so müssen die beiden Steuern entrichten. Erst der **Nettogewinn** (nach Abzug der Steuern) steht ihnen dann wirklich zur Verfügung.
Da Olli und Metin so viel zu tun hatten, haben sie es versäumt, über ihre Ausgaben und Einnahmen ordentlich Buch zu führen. Sie finden am Jahresende einen Stapel Schriftstücke, den sie nun sortieren müssen.

Stadtwerke | Neuhaus
Rechnung: 29.8.2011
Strom, Wasser, Gas für Metins Fahrradladen
8.700 Euro

Konto-Nr. 778899 — Bank
Datum: 26.11.2010
Erläuterungen: Zahlungseingang Verkauf 280 Tourenräder Sunrise XP à **1.200 Euro**

Sunrise Fahrräder
1.1.2010
Rechnung:
Einkauf
300 Tourenräder Sunrise XP à **700 Euro**

Finanzamt Stadt Neuhaus
Steuernr: 111/111/11111 (bitte bei Rückfragen angeben) 12.08.2010
Metins Fahrradladen
Schätzung der Gewinnsteuer: 25.000,-

Überweisung 30.11.2010
Begünstigter: FAHRRADMONTEUR
Betrag: 12X2000,- EUR
Verwendungszweck: LOHNZAHLUNGEN

Rechnung: 3.7.2010
– Set Schraubenschlüssel
– Montageständer f. Fahrräder
– Schmieröle
Summe: 3.000 Euro

Konto-Nr. 778899 — Bank
Datum: 30.12.2010
Erläuterungen: Bankeinzug: Kreditzinsen **1.000,-**

M 7 Preiskalkulation des Einzelhändlers – was vom Gewinn übrig bleibt

Der Preis für eine Leistung beziehungsweise ein Gut, das man verkaufen möchte, muss mindestens so hoch sein wie die Kosten für dessen Herstellung. Entsprechend muss man als Unternehmer bei der Preisgestaltung kalkulieren. Warum kostet das Fahrrad im Geschäft 820,70 €?

M 8 Welche Ziele sollen es sein?

Aus der Sicht eines Unternehmens in einer Marktwirtschaft ist es das oberste Ziel, einen möglichst hohen Gewinn zu erzielen. Der Unternehmensgewinn ist eine Art Risikoprämie für das Wagnis des Kapitaleinsatzes und der Lohn für die Tätigkeit des Unternehmers. Unterziele, die der Gewinnmaximierung direkt oder indirekt dienen, sind: Umsatzsteigerung, Sicherung und Vergrößerung des Marktanteils, Kostensenkung, Streben nach Ansehen und Prestige. Es ist allerdings umstritten, wie hoch der Gewinn eines Unternehmens sein soll, um diese Ziele zu erfüllen, und ab wann andere Ziele, wie zum Beispiel die Sicherung oder Schaffung von Arbeitsplätzen, eine gerechte Entlohnung von Mitarbeitern, menschenwürdige Arbeitsbedingungen, Gewinnbeteiligung der Arbeitnehmer oder ökologische Ziele damit in Konflikt geraten. Viele Unternehmen finden es auch wichtig, sich gesellschaftlich zu engagieren, zum Beispiel durch Spenden oder Stiftungen. Auch Olli und Metin stellt sich also die Frage, was sie mit ihrem erwirtschafteten Gewinn machen sollen.

Aufgaben

1. Sortiere die Schriftstücke in M 6 nach Ausgaben und Einnahmen und berechne folgende Größen: Erlös, Bruttogewinn, Nettogewinn.
2. Stelle für M 7 eine Erlös-Kosten-Rechnung nach der Beschreibung in M 6 auf. Kontrolliere, ob du auf dieselben Zahlen wie in der Abbildung kommst.
3. Ermittle, wie viele Fahrräder der Fahrradhändler in M 7 pro Monat verkaufen muss, wenn er auf einen Bruttogewinn von 2.000 € kommen möchte.
4. Metin und Olli haben ihr Hauptziel erreicht. Sie konnten so viel Gewinn erzielen, dass ihnen am Ende noch ein sehr schöner Betrag zur Verfügung steht. Jetzt müssen sie entscheiden, welche Ziele sie damit verfolgen wollen. Sammelt die in M 8 genannten Unternehmensziele und diskutiert, wie Metin und Olli ihr Geld verwenden sollen.

Wie arbeitet ein Betrieb?

M 9 Das Beispiel einer Fahrradfabrik

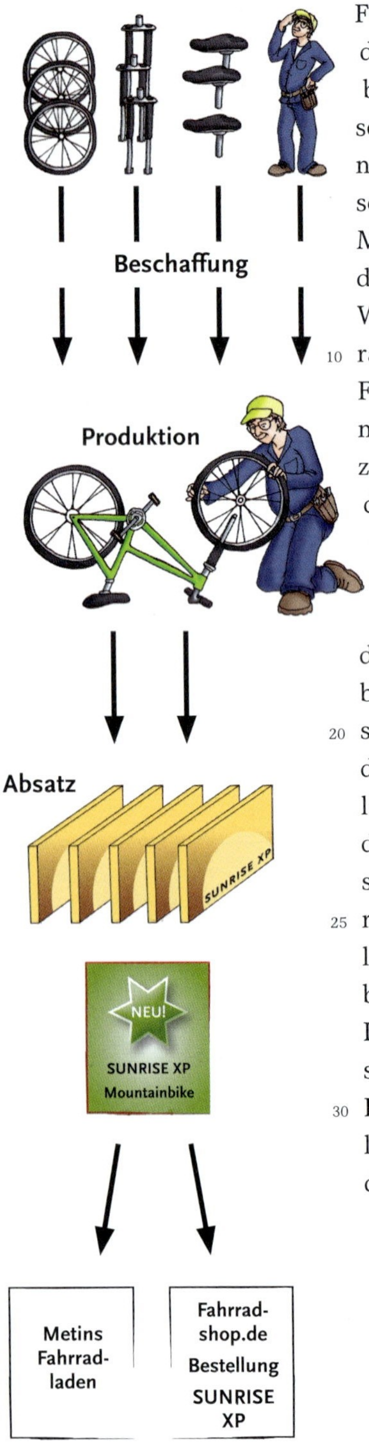

Für die Produktion muss ein Betrieb die notwendigen Vorprodukte, Arbeitskräfte und Betriebsmittel beschaffen. Erst dann kann damit ein neues Produkt erstellt werden. Dieses wird auf dem Markt verkauft. Mit dem eingenommenen Geld wird die weitere Produktion finanziert.

Werfen wir einen Blick in eine Fahrradfabrik:

Für die Fertigung von Fahrrädern muss eine große Anzahl an Teilen zugekauft, das heißt beschafft, werden: Schwerpunkte sind Gabeln sowie Lenker, Sattel, Rahmenrohre, Felgenprofile, Reifen, Naben und Speichendraht. Außerdem werden die entsprechenden Maschinen benötigt, um die Teile zusammenzusetzen. Auch sind Facharbeiter nötig, die die Maschinen bedienen und Teile montieren können. Probleme bei der **Beschaffung** können darin bestehen, dass benötigte Teile in unzureichender Menge oder Qualität geliefert werden oder nur schwer zu beschaffen sind. Deshalb muss die Lagerhaltung entsprechend organisiert werden.

Produktion bedeutet die Herstellung des Produkts Fahrrad. Der Produktionsprozess besteht in der Verbindung von Betriebsmitteln und Werkstoffen durch Arbeitskräfte. Der Produktionsprozess kann in einzelne Produktionsabschnitte zerlegt sein, die auf verschiedene Produktionsstätten verteilt sein können (zum Beispiel Endmontage, Rahmenbau, Laufradfertigung). Fertig montierte Fahrräder werden anschließend ins Fertigwarenlager überstellt. Dort werden sie zu Lieferungen zusammengestellt und für den Versand an den Händler vorbereitet.

Die produzierten Güter, hier die Fahrräder, müssen am Markt verkauft werden. Die Fahrräder werden an regionale Großabnehmer oder direkt an die Kunden verkauft. Hierfür betreibt die Fahrradfabrik eigene Marketingaktivitäten, um den **Absatz** zu steigern. Dazu gehören die Produktgestaltung (Design, Qualität, Ausstattung), Werbung und Preisgestaltung. Ziel ist die Steigerung beziehungsweise Erhaltung der Attraktivität des Unternehmens, um bestehende Kunden zu binden und neue Kunden zu gewinnen.

Übergeordnete Funktionen im Betrieb sind die **Leitung und Verwaltung** und die **Finanzierung** des Unternehmens.

M 10 Beschaffungs- und Absatzmarkt

Jedes Unternehmen ist von zwei Seiten mit dem Wirtschaftskreislauf verbunden, und zwar mit den Beschaffungs- und den Absatzmärkten.

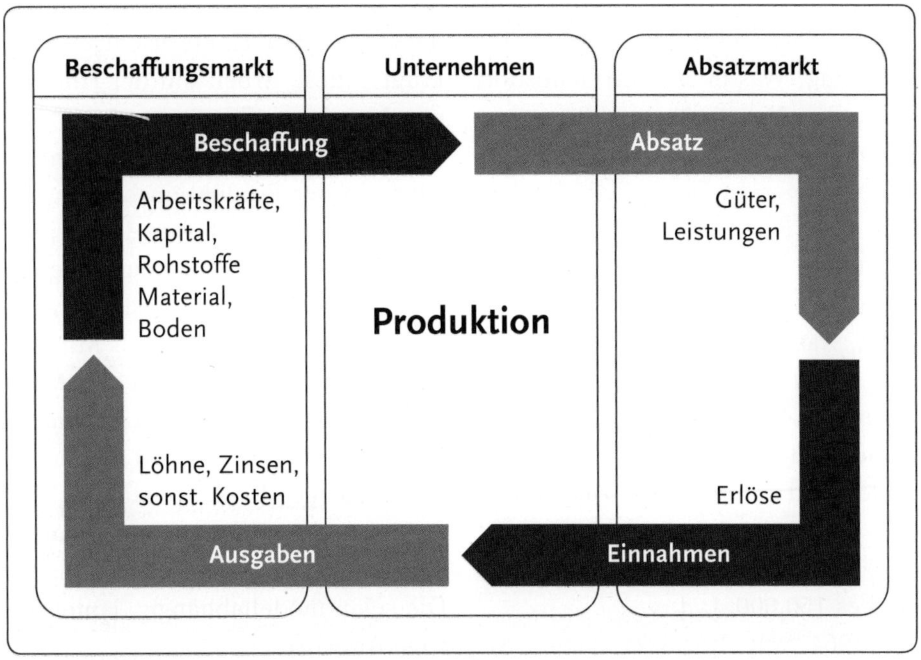

Unter **betrieblichen Grundfunktionen** versteht man die Beschaffung, die Produktion und den Absatz.

M 11 Die moderne Fahrradproduktion

Markenräder aus Deutschland sind häufig Welträder: Der Rahmen kommt aus Taiwan, die Schaltung aus China und die Akkus für die E-Räder aus Kanada. Diese Globalisierung hat die 125 Jahre alte Marke Diamant gerettet – das Geschäft boomt. „Kein Werksverkauf", steht auf der gläsernen Eingangstür in Hartmannsdorf gleich über dem geschwungenen Namenszug „Diamant". 150.000 Fahrräder bauen die Mitarbeiter der sächsischen Fahrradmanufaktur hier im Jahr zusammen – Tendenz steigend. Will jedoch einer der Mitarbeiter ein Diamantrad kaufen, muss er es im zehn Kilometer entfernten Chemnitz beim Händler bestellen. Hartmut Rogotzki, seit 45 Jahren im Betrieb und damit dienstältester Mitarbeiter bei Diamant, schüttelt darüber schmunzelnd den Kopf: „Im Extremfall baut der Kollege sein Rad selbst zusammen, verpackt es in einen Karton und schiebt es auf den Lastwagen." Der fährt es zur Vertriebsgesellschaft in die Niederlande, die es retour zu einem Chemnitzer Händler schicken. Dort kann der Kollege dann sein Rad abholen.

So funktioniert der Weltmarkt. Und auf dem mischt das 125 Jahre alte Traditionsunternehmen erst mit, seit Trek Bicycle es vor acht Jahren gekauft hat. Die Diamant-Fahrradwerke standen damals vor dem Aus, weil

Die **Diamant-Fahrradwerke** in Sachsen gehören weltweit mit zu den ältesten Fahrradherstellern. Die Brüder Nevoigt gründeten 1885 in Chemnitz eine Fabrik und stellten Platinen, Schreibfedern und Fahrräder her. Nach der Wende kaufte der Schweizer Tabak- und Fahrradhersteller Villiger die Diamant-Fahrradwerke. 2002 übernahm Trek Bicycle Corporation sowohl Diamant als auch Villiger.

Fließbandfertigung
Bei der Fließfertigung werden die Roh- und Betriebsstoffe, Fertigteile usw. zum Produkt gebracht. Dabei wird das zu fertigende Produkt über ein Fließband transportiert und arbeitsteilig zusammengesetzt. Dieses Verfahren eignet sich für die Massenfertigung.

Werkstattfertigung
Bei der Werkstattfertigung kommt das zu fertigende Werkstück zu den Arbeitsplätzen, die nach Tätigkeitsbereichen organisiert sind. Diese Fertigungsweise eignet sich für die kundenindividuelle Produktion.

die Produktion im Vorjahr massiv eingebrochen war. [...] Das US-Unternehmen krempelte das ostdeutsche Werk um. „Mittlerweile sind wir ein reiner Produktionsstandort", erklärt Geschäftsführer Michael Mittag. Was er in Hartmannsdorf unter den Namen Trek, Villiger und Diamant baut, entwerfen drei Produktdesigner in den Niederlanden. Das spart Ressourcen, ist aber ungewöhnlich. [...] Für Diamant fällt jedoch Trek weit entfernt die Entscheidung, was und wie viel gebaut wird. Die Amerikaner testen die Prototypen, das Marketing ist in Schweizer Hand, und Mittags Team lackiert die Räder und schraubt sie zusammen. [...] Vor sechs Jahren hat Diamant 35.000 Räder im Jahr gebaut, heute sind es 150.000. [...]
Ab 1964 war Rogotzki dabei. Als Schlosserlehrling und später als Leiter der Instandhaltung sorgte er dafür, dass die Bänder liefen und die Maschinen funktionierten. Er sah, wie die Kollegen die Rahmen löteten und Speichen in die Nabe der Laufräder einfädelten. Heute erledigen zwei Frauen diese Arbeit mit der Hilfe einer Maschine. Ein Laufrad pro Minute schaffen sie. Die Arbeiterinnen sitzen in der Produktionshalle wenige Schritte entfernt von den beiden Laufbändern. 16 Monteure stehen sich dort gegenüber. Fast unmerklich bewegt sich das Band. Mit wenigen Handgriffen ziehen die Männer Lager fest, fädeln Lichtdrähte ein, ziehen Ketten auf und montieren Schutzbleche. In einer Stunde bauen sie rund 30 Fahrräder zusammen. Genaue Stückzahlen nennt niemand. Die seien modellabhängig, lautet die vage Antwort.

Andrea Reidl, Spiegel online, 23.4.2010

M 12 Absatz: der Marketing-Mix

Ein Unternehmen muss nicht nur gute Produkte herstellen, es muss sie auch verkaufen. Die Marketingmaßnahmen, die dem Konsumenten am meisten auffallen, stammen aus dem Bereich der Werbung. Tatsächlich sind es aber sehr vielfältige Maßnahmen, die das Unternehmen einsetzt, um seine Kunden zu erreichen. Diese Maßnahmen werden oft in vier Bereiche eingeteilt – entsprechend der englischen Bezeichnungen in die „4 P" des Marketing. In allen vier Bereichen sind zahlreiche Entscheidungen zu treffen, die auch für die anderen Bereiche relevant sind. Es würde keinen Sinn machen, nur eine dieser Maßnahmen einzusetzen, z. B. nur auf eine aufwändige Fernsehwerbung zu vertrauen, ohne diese durch andere Maßnahmen zu unterstützen, wie z. B. eine entsprechende Produktgestaltung. Da diese Maßnahmen gut aufeinander abgestimmt – also gut „gemischt" – sein müssen, spricht man auch vom „Marketing-Mix". Bei allen Maßnahmen ist die erwartete Wirkung mit den durch die Maßnahme verursachten Kosten in Bezug zu setzen. Entscheidend für die Wirkung einer Marketingmaßnahme ist unter anderem, ob es ihr gelingt, die richtige Zielgruppe anzusprechen. Dies ist besonders wichtig bei Produkten, die für jugendliche Konsumenten bestimmt sind.

P Product	Place P
Produktpolitik Wie wird das Produkt gestaltet? (Design, Funktionen etc.) Wie ist die Verpackung gestaltet? Ist das Produkt in ein Sortiment eingebettet („Marke“)? Welcher Produktname ist geeignet?	Distributionspolitik Wie gelangt das Produkt zum Kunden? (Vertrieb über Einzelhandel, Großhandel, Internet, Vertreter ...) Wie wird das Ladenlokal gestaltet?
Marketing-Mix	
P Price	**Promotion P**
Konditionenpolitik Wie hoch ist der Preis? (Anpassung an die Konkurrenz, Deckung der Stückkosten) Gibt es Sonderpreise für bestimmte Kundengruppen? Wie werden Rabatte gestaltet?	Kommunikationspolitik Welches Werbekonzept verspricht am meisten Erfolg? (Medien, Botschaft, Budget) Wie kann das Image des Unternehmens verbessert werden? (Public Relations, z. B. Sponsoring, Zusammenarbeit mit Schulen)

Aufgaben

1. Überlege für Metins Fahrradgeschäft, welche Schwierigkeiten in den Bereichen Beschaffung, Produktion und Absatz auftreten könnten (M 9, M 10).
2. Stelle dar, wie Produktion und Absatz der Diamant-Fahrräder organisiert sind (M 11).
3. Bildet Gruppen. Sucht euch aus M 12 ein Marketinginstrument aus und entwickelt für Metins Fahrradladen eine geeignete Maßnahme aus einem der Bereiche.

Welche Rechtsform braucht ein Unternehmen?

M 13 Wie findet man als Existenzgründer die richtige Rechtsform?

Auch Metin und Olli müssen ihrem Unternehmen eine bestimmte Rechtsform geben, die bei der Gründung festgelegt werden muss. Diese hat rechtliche, finanzielle und steuerliche Folgen. Für die Wahl der Rechtsform sind folgende Überlegungen entscheidend:

Aufgaben

1. Übertrage die Tabelle in dein Heft und fülle sie mithilfe der Texte in M 14 aus.
2. Versetzt euch in die Lage von Metin und Olli und findet die passende Rechtsform für das Fahrradgeschäft der beiden. Begründet eure Einschätzung (M 13, M 14).

	Einzel-unternehmen	GbR / OHG (Personen-gesellschaft)	GmbH (Kapital-gesellschaft)	AG (Kapital-gesellschaft)
Gründung				
Geschäftsleitung		Ins Heft		
Haftung				
Finanzierung				

juristische Person
Zusammenschluss von Personen (und Vermögen) zu einer Institution mit eigener Rechtspersönlichkeit (z. B. Verein oder Unternehmen)

M 14 Die wichtigsten Unternehmensformen

Einzelunternehmen

Besonders gut für den Einstieg geeignet ist die Einzelunternehmung: Sie kommt ohne weitere Formalitäten allein durch Aufnahme der Geschäftstätigkeit (üblicherweise nach Erteilen des Gewerbescheins und einer Mitteilung gegenüber dem Finanzamt) zustande. Dafür ist kein Mindestkapital erforderlich. Als Einzelunternehmer ist der Gründer uneingeschränkt „Herr im Haus". Gewinne fließen ungeteilt in seine Taschen – er muss dafür aber auch bei Verlusten oder Schäden in vollem Umfang mit seinem Privatvermögen geradestehen.

Gesellschaft bürgerlichen Rechts (GbR) und Offene Handelsgesellschaft (OHG)

Schließen sich mindestens zwei Gesellschafter zur Führung eines Geschäftsbetriebes zusammen, ohne dabei eine neue juristische Person zu gründen, so kommt die Rechtsform der GbR in Betracht. Alle Gesellschafter sind geschäftsführungs- und vertretungsbefugt. Sie haften neben dem Gesellschaftsvermögen persönlich und unbeschränkt für die Verbindlichkeiten der Gesellschaft. Betreiben allerdings die Gesellschafter einer GbR ein Gewerbe von einer bestimmten Größe, so müssen sie sich in das Handelsregister eintragen. Die Firma wird dann zur Offenen Handelsgesellschaft (OHG). Es entstehen damit weitere Pflichten und Auflagen.

Gesellschaft mit beschränkter Haftung (GmbH)

Die GmbH ist eine Kapitalgesellschaft mit eigener Rechtspersönlichkeit, die von einer oder mehreren natürlichen oder juristischen Personen errichtet werden kann. Nach außen wird die GmbH durch den/die Geschäftsführer vertreten, die Geschäftsführung muss nicht in den Händen der Gesellschafter liegen. Das Haftungsrisiko ist auf das Gesellschaftsvermögen beschränkt. Das Mindeststammkapital der GmbH beträgt 25.000 Euro.

Aktiengesellschaft (AG)

Die AG ist eine Kapitalgesellschaft mit eigener Rechtspersönlichkeit (juristische Person). Eine AG kann durch eine (kleine AG) oder mehrere Personen gegründet werden mit einem Grundkapital von mindestens 50.000 Euro. Dieses Grundkapital wird aufgeteilt in Anteile (Aktien), die für die Anteilseigner oder Aktionäre bestimmte Rechte verbriefen. Die AG haftet mit ihrem Firmenvermögen für Schulden; die Aktionäre tragen nur das Risiko des Wertverlustes ihrer Aktien. Organe einer AG sind der Vorstand als Leitungsgremium der Gesellschaft, der Aufsichtsrat als Kontrollorgan für den Vorstand und die Hauptversammlung als Zusammenkunft der Aktionäre. Aktiengesellschaften werden vor allem dann gegründet, wenn große Mengen Kapital beschafft werden müssen.

Was wir wissen

Unternehmensgründung – Chancen und Risiken
M 2, M 4

Die richtige Geschäftsidee ist wesentliche Voraussetzung der erfolgreichen Unternehmensgründung. Unternehmensgründer sollten sich überlegen, ob ihr Produkt überhaupt benötigt wird, die erforderliche Kaufkraft vorhanden ist (Marktvolumen) und ob dieses Produkt bisher von wenigen oder keinen Mitbewerbern angeboten wird (Marktlücke). Auch eine überlegte Standortwahl entscheidet, ob diese Voraussetzungen erfüllt sind. Außerdem sollte sichergestellt werden, dass der Finanzierungsbedarf mit Eigen- und Fremdkapital gedeckt werden kann, und nicht zuletzt sind qualifizierte Arbeitskräfte wichtig für den Erfolg einer Unternehmung. Für die Produktion werden also die Produktionsfaktoren Arbeit, Boden und Kapital benötigt.

Betriebsziel: Gewinn erwirtschaften
M 6

Der Betrieb produziert mit dem Ziel, Gewinn zu erwirtschaften. Der Gewinn wird so ermittelt: Der Betrieb erwirtschaftet Erlöse, die mit dem Umsatz erzielt werden. Der Umsatz errechnet sich als Produkt aus Einzelpreis und Absatzmenge (= verkaufte Stückzahl). Ein Gewinn ergibt sich aus den Umsatzerlösen aber nur dann, wenn sie größer sind als die Kosten. Kosten entstehen bei der Produktion dadurch, dass neben Betriebsmitteln und Werkstoffen auch Arbeitskräfte und Zinsen zu bezahlen sind.

Betriebliche Grundfunktionen
M 10

In einem Betrieb fallen sehr viele Tätigkeiten und Aufgaben an. Diese Aufgaben und Tätigkeiten werden allgemein in die betrieblichen Grundfunktionen Beschaffung, Produktion und Absatz unterteilt. Beschafft werden müssen Rohstoffe, Halb- und Fertigprodukte. Zur Produktion gehört die Erstellung des eigenen Produkts beziehungsweise der eigenen Dienstleistung, die Koordination der Aktivitäten der Mitarbeiter, die Forschung und Entwicklung neuer Produkte. Zum Absatz gehören alle Maßnahmen, die dazu führen, den Erfolg des Produktes und des Unternehmens am Markt zu sichern, also Marktbeobachtung und -analyse, Werbung, Preispolitik usw.
Bei der Organisation der Produktion im eigenen Betrieb wird versucht, den Aufwand zu minimieren und den Ertrag zu maximieren, indem man effektive Arbeitsabläufe und Entscheidungsstrukturen schafft.

Unternehmensformen
M 14

Bei der Gründung eines Unternehmens muss diesem eine Rechtsform gegeben werden. Die Entscheidung richtet sich vor allem danach, wie viele Personen geschäftsführend tätig sein sollen, wie viel Kapital zur Verfügung steht und ob die Haftungs beschränkt werden soll. Die große Anzahl der Unternehmen in Deutschland sind Einzelunternehmen.

Der Sandwich-Verkauf

Eine Vierergruppe eurer Klasse möchte auf dem Schulfest 50 Sandwiches verkaufen. Für die Herstellung benötigen sie:

Rohstoffe	Kosten in €
Butter	8,50
Gurken	5,40
Salami	40,90
Käse	45,10
Senf	5,90

Aufgaben

1. Nennt alle (weiteren) betrieblichen Produktionsfaktoren, die für die Herstellung benötigt werden.
2. Legt einen realistischen Preis für eure Sandwiches fest. Beachtet dabei, dass an eurem Nachbarstand Bratwurstbrötchen zu 3,50 €/Stück angeboten werden. Berechnet den maximalen Bruttogewinn, den ihr mit dem von euch ermittelten Preis erzielen könnt.
3. Beschreibt, wie die Produktion organisiert werden soll.

Ein Unternehmenskonzept erstellen

Das Konzept ihrer Schülerfirma ist denkbar einfach – und erfolgreich: Die Schüler der Humboldt-Schule in Kiel führen einen Kunstverleih mit Werken aus dem eigenen Hause.
Die Schülerfirma ist nicht nur ein Planspiel, sondern ein reales Projekt. Im Sommer 2009 erarbeitete der Leistungskurs Wirtschaft/Politik der Humboldt-Schule Kiel einen Wirtschaftsplan für eine eigene Firma, eine Schüler-Aktiengesellschaft (sAG). Fachmännische Unterstützung/Beratung erhielt der Kurs vom Unternehmensservice der KiWi, Kieler Wirtschafts- und Strukturentwicklungs-GmbH. Mit viel Elan starteten die Schüler den erfolgreichen Aktienverkauf. Das Grundkapital für die Hu-Schu-Art sAG stand damit zur Verfügung.
Ihr Produktsortiment umfasst Gemälde, Skulpturen und Fotos, die von kunstbegeisterten Schülerinnen und Schülern während des Schuljahres geschaffen werden. [...] Kunstliebhaber und Interessenten können ihre Lieblingsstücke aus dem frisch erstellten Katalog auswählen und entgeltlich mieten. Zu den Kunden zählen bisher Arztpraxen, Rechtsanwaltskanzleien, andere freie Berufe, aber auch private Haushalte.

nach: http://www.kiel-magazin.de (12.1.2011)

Aufgabe

Die Geschäftsführung der Hu-Schu-Art sAG muss vor ihren Aktionären Rechenschaft über ihr Handeln ablegen. Dazu will sie eine Präsentation vorbereiten:

Diese soll Auskunft geben über:

- die Organisation von Beschaffung und Produktion
- eine mögliche Preiskalkulation für das Produkt der Hu-Schu-Art sAG unter Berücksichtigung der voraussichtlich anfallenden Kosten
- eine Absatzstrategie für das kommende Geschäftsjahr, die auf dem Konzept des Marketing-Mix basiert

Erarbeitet in Gruppen eine Präsentation und stellt sie der Klasse vor. Wählt das überzeugendste Konzept.

Kleines Politiklexikon

Arbeit
Der Begriff umschreibt in erster Linie Erwerbsarbeit. Diese sichert die Lebensgrundlage der Arbeitnehmerinnen und Arbeitnehmer und ihrer Familien. Wurde sie in früheren Zeiten vor allem als Mühsal und Plage empfunden, so ist die Arbeit heute ein wichtiger Bestandteil der Identität, denn in der Arbeit kann der Mensch seine Fähigkeiten unter Beweis stellen. Arbeit verleiht dem Leben einen Sinn.

Arbeitsteilung
Aufspaltung der Güterproduktion. Dabei wird ein Produkt nicht mehr von einer Person hergestellt, sondern die Produktion wird in Teilverrichtungen zerlegt, die dann von verschiedenen Personen erledigt werden. Diese Personen können innerhalb eines Betriebes, in verschiedenen Betrieben oder gar in verschiedenen Ländern an der Erstellung eines Produktes arbeiten (innerbetriebliche, zwischenbetriebliche, internationale Arbeitsteilung). Die Arbeitsteilung führt zu einer Steigerung der Produktivität.

Bedürfnis
Bedürfnis ist der Wunsch, einen Mangel zu beseitigen. So liegt dem Bedürfnis zu trinken Durst als Mangelempfinden zugrunde.

Beruf
Tätigkeit, die ein Mensch in der Regel gegen Entgelt erbringt bzw. für die er ausgebildet, erzogen oder berufen ist. Im Allgemeinen dient die Ausübung eines Berufes der Sicherung des Lebensunterhaltes.

Bürgerinitiative
Lockerer, zeitlich befristeter Zusammenschluss von Bürgerinnen und Bürgern, die wegen eines bestimmten Anliegens Einfluss auf die Politik nehmen möchten.

Bürgerliches Gesetzbuch (BGB)
In ihm stehen die wichtigsten rechtlichen Regelungen, die das Zusammenleben der Bürger betreffen, z. B. zu den Rechten und Pflichten beim Kaufvertrag.

Bund (Bundesstaat)
Der Zusammenschluss mehrerer Staaten zu einem Gesamtstaat, zum Beispiel die Bundesrepublik Deutschland mit allen Bundesländern.

Bundesrat
Der Bundesrat ist ein Teil der Legislative. Über ihn wirken die Länder an der Gesetzgebung des Bundes mit. Der Bundesrat muss bei Gesetzen, die Länderinteressen berühren oder die Verfassung ändern, zustimmen, damit diese in Kraft treten können. Bei anderen Gesetzen kann er Einspruch erheben, der aber vom Bundestag überstimmt werden kann.

Bundestag
Name des deutschen Parlaments, s. dort!

Clique
Die Clique (Peergroup) ist eine Gruppe von meist Gleichaltrigen, die sich zusammengehörig fühlt. Die Mitglieder zeigen ihre Zugehörigkeit, indem sie gemeinsam etwas unternehmen, eine bestimmte Kleidung tragen, eine bestimmte Musik hören oder eine eigene Sprache benutzen.

Demokratie
Das Wort stammt aus dem Griechischen und bedeutet Herrschaft des Volkes. Die Beteiligung aller Bürgerinnen und Bürger an allen Abstimmungen kann nur in sehr kleinen Staatsgesellschaften verwirklicht werden (direkte Demokratie). Wo dies nicht möglich ist, wählt das Volk Vertreter (Repräsentanten), die für das Volk handeln (repräsentative Demokratie).

Dienstleistungsgesellschaft
Eine Gesellschaft, in der der größte Teil der Bevölkerung nicht mehr im landwirtschaftlichen und industriellen, sondern im tertiären Sektor arbeitet.

Einkommen
Allgemein meint man damit das Arbeitseinkommen für Erwerbstätigkeit (Lohn, Gehalt, Gewinn). Darüber hinaus gibt es auch Einkommen als Entgelt für die Bodennutzung (Miete, Pacht) oder als Entgelt für die Nutzung von Kapital (Sparzinsen, Kreditzinsen). Einkommen, die der Staat ohne Gegenleistung bezahlt, nennt man Transfereinkommen.

Exekutive
Die ausführende Gewalt, d. h. Regierung und Verwaltung.

Föderalismus
Gliederung eines Staates in Gliedstaaten (in der Bundesrepublik Deutschland die Bundesländer) mit eigener Verfassung, Regierung und Parlament. Bezeichnet auch das Bestreben, die Rechte der Gliedstaaten zu wahren.

Geld
Geld ist ein allgemein anerkanntes und gültiges Zahlungsmittel, mit dem man Waren oder Dienstleistungen erwerben kann. Geld ist Tauschmittel, Wertaufbewahrungsmittel, Wertübertragungsmittel und Recheneinheit.

Gemeinde
Die Gemeinden (Kommunen) bilden das unterste politische Gemeinwesen in der Bundesrepublik Deutschland. Gemeinden besitzen das Recht der Selbstverwaltung (Art. 28 GG) und regeln im Rahmen der Gesetze alle Angelegenheiten der örtlichen Gemeinschaft in eigener Verantwortung.

Generation
Damit meint man alle innerhalb eines bestimmten Zeitabschnitts geborenen Menschen. Der Abstand zwischen zwei Generationen ist der Abstand zwischen den Geburtsjahren von Großeltern, Eltern und Kindern.

Gerechtigkeit
Einstellung, Prinzip, Zustand, bei dem jede Person das erhält, was ihr

zusteht. Wie dieser Zustand zu erreichen ist, ist umstritten. So unterscheidet man Chancengerechtigkeit, Leistungsgerechtigkeit, Bedarfsgerechtigkeit und Teilhabegerechtigkeit.

Geschäftsfähigkeit
Die Fähigkeit, gültige Rechtsgeschäfte abzuschließen. Die beschränkte Geschäftsfähigkeit beginnt mit der Vollendung des 7. und endet mit der Vollendung des 18. Lebensjahres. Mit Vollendung des 18. Lebensjahres erhält man die volle Geschäftsfähigkeit.

Gesellschaft
Eine Gesellschaft bezeichnet einen relativ dauerhaften Verbund von Gemeinschaften/Gruppen, die innerhalb einer politischen und wirtschaftlichen Ordnung leben und gemeinsame Normen und Werte teilen.

Gesetz
Ein Gesetz ist eine verbindliche Vorschrift, die das Ziel hat, das Zusammenleben der Menschen zu regeln. Es muss in einem dafür vorgesehenen Verfahren rechtmäßig zustande kommen. Gesetze werden von den Parlamenten (Bundestag, Landtag, Gemeindevertretung) beschlossen.

Gewaltenteilung
Verteilung der drei Gewalten Gesetzgebung (Legislative), Verwaltung (Exekutive) und Gerichtsbarkeit (Judikative) auf verschiedene, voneinander unabhängige Staatsorgane. In der Regel sind dies Parlament, Regierung und Verwaltung und eine unabhängige Richterschaft. In der Bundesrepublik Deutschland ist die klassische Gewaltenteilung teilweise durchbrochen (Gewaltenverschränkung).

Grundgesetz
Das Grundgesetz ist die Verfassung der Bundesrepublik Deutschland. Sie regelt den Aufbau, die Aufgaben und das Zusammenspiel der Staatsorgane. Im Grundgesetz werden auch die Grundrechte garantiert, die jedem Einzelnen gewährt werden, wie zum Beispiel die Meinungsfreiheit, die Versammlungsfreiheit und die Menschenwürde.

Grundrechte
In der Verfassung garantierte Rechte, die für jeden Einzelnen gewährleistet werden, wie zum Beispiel die Meinungsfreiheit, die Versammlungsfreiheit und die Menschenwürde.

Gruppen
Eine Gruppe ist ein „sozialer Verband" von mehreren Menschen, die durch ein bestimmtes „Wir-Gefühl" miteinander verbunden sind. Es gibt Gruppen, in die man hineingeboren wird (Familie), und welche, die man sich nicht aussuchen kann (z. B. Schulklasse), sogenannte Zwangsgruppen. Für Jugendliche ist der Freundeskreis besonders wichtig. Er übt auch Einfluss auf die eigene Entwicklung aus (sog. Peergroup).

Gruppendruck/Gruppenzwang
Er entsteht, wenn die Mitglieder einer Gruppe auf andere Mitglieder der Gruppe Druck ausüben, um das Verhalten oder die Meinung desjenigen zu verändern und an die Gruppe anzupassen. Es kann durchaus passieren, dass man unter dem Gruppendruck Dinge tut, die man eigentlich nicht tun möchte. Dem Gruppendruck zu widerstehen erfordert Mut.

Haushaltsplan
Die genaue Aufstellung der geplanten Einnahmen und Ausgaben für einen bestimmten Zeitraum (meist das kommende Jahr). Die Einnahmen werden nach den Quellen unterschieden, die Ausgaben nach dem Zweck der Verwendung.

Informationsgesellschaft
Gesellschaft, in der Informationen eine zentrale Bedeutung haben und Abläufe im privaten und beruflichen Zusammenhang prägen.

Integration
Im allgemeinen Sprachgebrauch versteht man darunter die Eingliederung oder Einbindung eines (fremden) Einzelnen oder einer Minderheit in eine größere Gruppe.

Judikative
Die rechtsprechende Gewalt; sämtliche Gerichte der Bundesrepublik Deutschland.

Jugendschutzgesetz
Eine Sammlung von Gesetzen, die zum Ziel hat, Kinder zu schützen. Dazu gehört z. B. das Jugendarbeitsschutzgesetz, das in fast allen Fällen verbietet, dass Kinder unter 15 Jahren arbeiten.

Jugendstrafrecht
Das Jugendstrafrecht ist ein besonderes Strafrecht für Jugendliche, das im Jugendgerichtsgesetz (JGG) geregelt ist. Es findet Anwendung auf Jugendliche zwischen 14 und 18 Jahren. Auf Heranwachsende zwischen 18 und 21 Jahren kann es angewendet werden. Kinder unter 14 Jahre sind strafunmündig. Während Erwachsene mit Haft- oder Geldstrafen bestraft werden, sieht das JGG einen breiten Katalog von Strafmöglichkeiten vor, der Strafzweck der Erziehung steht im Vordergrund.

Kaufvertrag
Wird beim Kauf zwischen Verkäufer und Käufer geschlossen. Er besteht in dem Austausch von Sachen gegen Geld. Der Verkäufer muss dem Käufer das Eigentum verschaffen und dieser den vereinbarten Kaufpreis zahlen und den Gegenstand abnehmen.

Koalition
Zusammenschluss zweier oder mehrerer Parteien, die gemeinsam eine Regierung bilden und Gesetzentwürfe ausarbeiten.

Konflikt
Ein Konflikt ist ein Spannungszustand zwischen zwei oder mehreren Personen. Er entsteht dadurch, dass es zwischen den Personen oder Personengruppen unterschiedliche Zielvorstellungen und Interessen gibt, die zunächst unvereinbar gegeneinander stehen. Wenn man einige Regeln beim Streiten beachtet, können Konflikte leichter gelöst werden.

Kredit
Ein Gläubiger überlässt einem Schuldner Geld unter der Voraussetzung der Rückzahlung.

Legislative
Die gesetzgebende Gewalt; sie wird in der Bundesrepublik Deutschland von Bundestag und Bundesrat ausgeübt (auf Landesebene von den Länderparlamenten).

Markt
Der reale oder virtuelle Ort, an dem Angebot und Nachfrage nach Gütern und Leistungen aufeinandertreffen und Preise gebildet werden (z. B. Automarkt, Börse). Das Grundprinzip des Marktes ist der Tausch.

Marktwirtschaft
In der Marktwirtschaft steuern Angebot und Nachfrage, Wettbewerb und freie Preisbildung den Wirtschaftsprozess. Das Privateigentum an den Produktionsmitteln wird garantiert.

Massenmedien
Sammelbezeichnung für Presse, Rundfunk, Fernsehen und Internet. Allgemein Kommunikationsmittel, mit denen Informationen durch Schrift, Ton oder Bild einseitig an ein sehr breites Publikum übermittelt werden können.

Mediendemokratie
Form der Demokratie, in der die Artikulation und Diskussion von politischen Problemen in erster Linie von den Medien angestoßen und vermittelt wird.

Migration
Im Laufe der Geschichte haben sich immer wieder kleinere oder größere Gruppen von Menschen oder ganze Völker auf Wanderungen begeben. Dies hatte ganz unterschiedliche Gründe: So wurden die Menschen aus religiösen oder politischen Motiven verfolgt, andere waren arm und sahen für sich und ihre Kinder keine Zukunft mehr in ihrer Heimat. Alle diese Wanderungen (lat. migrare = wandern) nennt man Migration.

Mobbing
Mobbing bedeutet, dass jemand z. B. in der Schule schikaniert, belästigt, drangsaliert, beleidigt, ausgegrenzt wird. Wenn man eine negative Handlung als Mobbing bezeichnen möchte, dann muss diese häufig und wiederholt auftreten und sich über einen längeren Zeitraum erstrecken. Das Mobbingopfer ist der Situation häufig hilflos ausgeliefert und leidet stark unter der Situation.

Nachhaltigkeit
Der Begriff bedeutet, dass man nicht mehr von einem Rohstoff (der Natur) verbrauchen soll, als nachwachsen kann. In Bezug auf die Umwelt heißt das, dass man den Ausgangszustand für die folgenden Generationen bewahren soll und die Umwelt nicht durch Abgase und Müll irreparabel schädigen darf.

Ökonomisches Prinzip
Das ökonomische Prinzip besagt, dass die vorhandenen Mittel (Geld, Zeit) optimal eingesetzt werden sollen, um ein bestimmtes Ergebnis zu erreichen. Bei vorgegebenen Mitteln soll ein möglichst hoher Ertrag erzielt werden (Maximalprinzip). Bei einem vorgegebenen Ertrag sollen möglichst geringe Mittel eingesetzt werden (Minimalprinzip).

Parlament
Die Versammlung der vom Volk gewählten Abgeordneten. Das Parlament regt Gesetze an, bewilligt sie und kontrolliert die Regierung. In einer parlamentarischen Demokratie nimmt vor allem die Opposition die Kontrollfunktion wahr, da die Mehrheit im Parlament die Regierung trägt.

Preisbildung
Prozess, in dem sich in einer Marktwirtschaft auf den Märkten die Preise bilden. Preisbildung ist abhängig von Marktform und Anzahl der Anbieter und Nachfrager. Sie vermittelt zwischen Produktion und der Befriedigung bestehender Bedürfnisse.

Pressefreiheit
Garantie für die freie Berichterstattung und Veröffentlichung von Informationen und Meinungen. Sie ist im deutschen Grundgesetz festgeschrieben (Art. 5 GG) und gilt als Grundlage der Demokratie, da sich die Bürger nur mithilfe der Informationen an politischen Entscheidungen beteiligen können.

Produktion
Bezeichnet den Prozess der Herstellung von Produkten durch den Einsatz betrieblicher Produktionsfaktoren. Dies können im weiteren Sinne auch Dienstleistungen (Haarschnitt beim Friseur) sein.

Produktionsfaktoren
Dies sind Güter und (Dienst-)Leistungen, die eingesetzt werden, um andere Güter und (Dienst-)Leistungen herzustellen bzw. zu erbringen. Die klassischen Produktionsfaktoren sind Arbeit, Kapital und Boden. Im betriebswirtschaftlichen Fertigungsprozess unterscheidet man diese Produktionsfaktoren: Betriebsmittel (z. B. Maschinen), Werkstoffe (werden verarbeitet), Arbeit und Informationen.

Rechtsfähigkeit
Mit der Geburt ist der Mensch Träger von Rechten und Pflichten.

Rechtsstaat
Ein Rechtsstaat ist ein Staat, in dem die öffentliche Gewalt an eine objektive Rechtsordnung gebunden ist. In einem Rechtsstaat ist die Macht des Staates begrenzt, um die Bürger vor gesetzloser Willkür zu schützen.

Rolle
Das menschliche Verhalten, das andere Menschen in bestimmten Situationen erwarten. Eng damit verbunden ist der Begriff des Rollenkonflikts, der dann eintritt, wenn an eine Person, die eine Rolle einnimmt, unterschiedliche und auch sich widersprechende Erwartungen gestellt werden.

Soziale Marktwirtschaft
Die Soziale Marktwirtschaft ist eine Wirtschaftsordnung, die den Grundsatz der Freiheit auf dem Markt mit dem des sozialen Ausgleichs verbindet.

Soziales Netzwerk
Der Begriff soziales Netzwerk bezeichnet ein Beziehungsgeflecht, das Menschen mit anderen Menschen verbindet. Menschen sind untereinander zum Beispiel durch Beziehungen in der Familie und Verwandtschaft sowie im Freundeskreis, aber auch mit der Nachbarschaft und in der Arbeitswelt vernetzt. Soziale Netzwerke werden zunehmend im Internet gebildet.

Staat
Mit dem Begriff bezeichnet man eine Vereinigung vieler Menschen (Staatsvolk) innerhalb eines durch Grenzen bestimmten geografischen Raumes (Staatsgebiet) unter einer unabhängigen (souveränen) Staatsgewalt, die von den Staatsorganen (Regierung, Parlamente, Gerichte, Polizei) ausgeübt wird.

Staatsangehörigkeit
Zugehörigkeit zu einem Staat. Als Staatsbürger besitzt man bestimmte Rechte und Pflichten in dem jeweiligen Land. So darf man wählen oder gewählt werden, muss aber auch Steuern bezahlen oder zum Beispiel Wehr- oder Zivildienst leisten.

Steuern
Steuern sind Zwangsabgaben, die der Staat von seinen Bürgern und Unternehmen ohne eine spezielle Gegenleistung erhebt. Sie sind die Haupteinnahmequelle des Staates.

Strukturwandel
Veränderungen der wertmäßigen Beiträge der einzelnen Wirtschaftssektoren (Land- und Forstwirtschaft, verarbeitendes Gewerbe und Dienstleistungen) zur Wirtschaftsleistung eines Landes. Der Anteil des Dienstleistungsbereichs nimmt dabei in Deutschland ständig zu. Beschleunigt und verstärkt wird der Strukturwandel durch neue Technologien sowie den zunehmenden internationalen Wettbewerb.

Subsidiaritätsprinzip
Prinzip, nach dem ein Problem auf der Ebene gelöst werden soll, auf der es entsteht. „Was der Einzelne tun kann, sollen nicht andere für ihn tun." Erst wenn auf dieser Ebene keine Abhilfe möglich ist, soll die nächsthöhere Ebene sich des Problems annehmen (Familie, Gemeinde, Land, Bund, EU).

Taschengeldparagraf
Regelung des BGB, die besagt, dass Geschäfte von Minderjährigen dann wirksam sind, wenn diese mit Mitteln bezahlt werden (in der Regel Taschengeld), die ihm zur freien Verfügung von den gesetzlichen Vertretern (Eltern) überlassen worden sind.

Transfereinkommen
Als Transfereinkommen bezeichnet man Einkommen, welches durch den Staat oder andere Institutionen bereitgestellt wird, ohne dass eine konkrete Gegenleistung erfolgt (Beispiel: Sozialhilfe, Arbeitslosengeld II etc.).

Unternehmen
Dauerhafte organisatorische Einheit zur Produktion bzw. zur Erbringung von Dienstleistungen, die mehrere Betriebe umfassen kann. Je nach Träger werden private, öffentliche oder gemeinwirtschaftliche Unternehmen unterschieden, je nach Rechtsform Einzel-, Personen- und Kapitalgesellschaften.

Verbraucherschutz
Maßnahmen zum Schutz der Gesundheit der Verbraucher und zur Stärkung ihrer Rechte als Konsumenten. Mit bestimmten Gesetzen (z. B. zur Kennzeichnung von Lebensmitteln oder zur Gewährleistung), aber auch durch eine verbesserte Information und Aufklärung (z. B. durch Produktsiegel und Warentests) soll die Position der Verbraucher gegenüber den Anbietern verbessert werden.

Wahlen
Verfahren der Berufung von Personen in bestimmte Ämter durch Stimmabgabe einer Wählerschaft. In Demokratien werden die wichtigsten Staatsämter durch Wahlen besetzt. Demokratische Wahlen müssen die Bedingungen allgemein, frei, gleich und geheim erfüllen. Das genaue Wahlverfahren (Verhältniswahl, Mehrheitswahl) ist meist in Wahlgesetzen geregelt.

Werbung
Im wirtschaftlichen Sinne die Bekanntmachung von Gütern oder Dienstleistungen mit der Absicht, bei den Konsumenten eine Kaufhandlung auszulösen. Wird dies versteckt gemacht, spricht man von Schleichwerbung.

Wirtschaftssektoren
Die Wirtschaftswissenschaften unterteilen die Produktionsbereiche einer Volkswirtschaft in drei Wirtschaftssektoren: Der primäre Sektor beinhaltet die Produktgewinnung der Land- und Forstwirtschaft sowie Fischerei. Im sekundären Sektor werden Produkte hergestellt oder verarbeitet (Industrie und Handwerk, Bergbau und Baugewerbe). Der tertiäre Sektor umfasst die Dienstleistungen, zum Beispiel Handel, Verkehr, Kultur, Bildung und Gesundheitswesen.

Register

Die zentrale Fundstelle eines Begriffes ist **fett** gedruckt.

Bildnachweis

Archiv Gerstenberg, Wietze - S. 68; Baaske Cartoons / Harm Bengen, Müllheim - S. 64; - / Gerhard Mester, Müllheim - S. 124; - / Thomas Plaßmann, Müllheim - S. 102, 119 (2), 171; - / Erich Rauschenbach, Müllheim - S. 13; - / Jan Tomaschoff, Frankfurt - S. 119; Bauer Media Group KG, Hamburg - S. 130; Bergmoser + Höller Verlag, Aachen - S. 13, 20, 28, 30, 35, 45, 73, 110; Bilderbox / Erwin Wodicka, Thening - S. 150; Hermann Bredehorst, Berlin - S. 8; Bundesagentur für Arbeit, Nürnberg - S. 174; CALVIN AND HOBBES © 1986 Watterson. Reprinted with permission of UNIVERSAL UCLICK - S. 14; CARO Fotoagentur / Ruffer, Berlin - S. 146; - / Klaus Westermann, Berlin - S. 138; ddp-images / AP, Hamburg - S. 10, 37; - / AP / Itsuo Inouye, Hamburg - S. 83; - / dapd Polizei, Hamburg - S. 48; Der Spiegel, Hamburg - S. 59; Deutscher Bundestag, Berlin - S. 10; dpa Info-Grafik, Frankfurt - S. 129, 131, 133, 175, 176, 179, 181, 183; dpa Picture-Alliance, Frankfurt - S. 88; - / akg-images, Berlin - S. 8, 174; - / Oliver Berg, Frankfurt - S. 16; - / City Press GbR, Frankfurt - S. 108; - / EFE / Alberto Martin, Frankfurt - S. 182; - / EPA / ANSA / Alessandro Di Meo, Frankfurt - S. 78; - / EPA / Diego Azubel, Frankfurt - S. 78; - / EPA / Nadeen Khawer, Frankfurt - S. 106; - / EPA / Amel Pain, Frankfurt - S. 78; dpa Picture- Alliance / EPA / Maxim Shipenkov, Frankfurt - S. 78; - / EPA / Narendra Shrestha, Frankfurt - S. 16; - / Federico Gambarini, Frankfurt - S. 29; - / Holger Hollemann, Frankfurt - S. 111; - / Kay Nietfeld, Frankfurt - S. 150; - / Photo-Alto / James Hardy, Frankfurt - S. 126; - / Boris Roessler, Frankfurt - S. 86; - / SVEN SIMON / Anke Fleig, Frankfurt - S. 28, 173; - / Heinz Unger, Frankfurt - S. 76; - / Rolf Vennenbernd, Frankfurt - S. 88; - / Ingo Wagner, Frankfurt - S. 16; - / Bernd Weißbrod, Frankfurt - S. 86; - / Sebastian Widmann, Frankfurt - S. 69, 77; - / Zentralbild / Waltraud Grubitzsch, Frankfurt - S. 52; - / Zentralbild / Wolfgang Thieme - S. 169; F1-online - Digitale Bildagentur, Frankfurt - S. 139; Felix Fechenbach Buchhandlung, Lage - S. 132; Fotolia / Orion Roca - S. 124, 134; Getty images / Bongarts, München - S. 108; Sabine Hörold Fotografie, München - S. 170; Hoi Polloi - S. 61; http://www.academic.ru/dic.nfs/dewiki/1534579 - S. 162; http://www.amazon.de - S. 151; http://www.berliner-helden.com - S. 16; http://www.bild.de - S. 72; http://www.eu.blizzard.com - S. 55; http://www.internauten.de - S. 62; http://www.sz-online.de - S. 68; http://www.wdr.de - S. 162; http://www.wikimedia.com - S. 58 (2), 106, 162; http://www.zdf.bilderdienst.de - S. 70; Interfoto / Lookback, München - S. 98; Internationale Gesellschaft für Menschenrechte (IGFM, www.menschenrechte.de) - S. 85; iStockphoto / 4u - S. 50; - / abiseeit - S. 164; - / Yuri Arcurs - S. 86; - / Carmen Martinez Banús - S. 164; - / Becart - S. 86; - / Debi Bishop - S. 96; - / blackwaterimages - S. 178; - / Blaneyphoto - S. 18; - / CostilaL - S. 164; - / ArtisticCaptures - S.164; - / Steve Debenport - S. 124; - / diane 39 - S. 103; - / DomenicoGelermo - S. 120; - / felixR - S. 18; - / Nicolas Hansen - S. 176; - / herkisi - S. 120; - / interlight - S. 179; - / jaconstephens - S. 103; - / jhorrocks - S. 60; - / jpschk - S. 154; - / Juanmomino - S. 115; - / Ingvald Kaldhussaeter - S. 95; - / Igor Kovalchuk - S. 38; - / Laflor - S. 103; - / Linser - S. 132; - / Sean Locke - S. 52, 86; - / masta4650 - S. 103, 164; - / Katya Monakhova - S. 96; - / Darren Mower - S. 180; - / Matt Olsen - S. 96; - / Shelly Perry - S. 18; - / phildate - S. 164; - / pink_cotton_candy - S. 59; - / pixdeluxe - S. 60; - / Peter Randskov - S. 52; - / Daniel Rodriquez - S. 52; - / Angelika Schwarz - S. 52; - / sjlocke - S. 128; - / Skynesher - S. 100; - / STEEX - S. 100; - / tacojim - S. 120; - / vgajic - S. 86; - / vm - S. 56; Junge Union Deutschland, Berlin - S. 16; Keystone Pressedienst, Hamburg - S. 151; Klemm Bernhard, Frankfurt/O. - S. 151; Uwe Kraft Fotografie, Düsseldorf - S. 88; Le Monde diplomatique, Atlas der Globalisierung, 2009, S. 16 - S. 106; Marie Marcks, Heidelberg - S. 94; OSTKREUZ - Agentur der Fotografen / Harald Hauswald, Berlin - S. 98; - / Georg Schönharting, Berlin - S. 98; Presse- und Informationsamt der Bundesregierung, Berlin - S. 88; Preußischer Kulturbesitz / Benno Windshammer, Berlin - S. 162, 172; Regionalverband Ruhr, Essen - S. 162/163; Reporter ohne Grenzen e.V. / Karsten Thielker, Berlin - S. 85; Gesa Sperber, Saarbrücken - S. 88; Stiftung Jugend forscht e.V., Hamburg - S. 88; Süddeutsche Zeitung, München - S. 72; Unilever Deutschland GmbH, Hamburg - S. 134; VISUM / Christopher Clem Franken, Hamburg - S. 38; Your Photo Today, Taufkirchen - S. 38

Lösungen zu den Kompetenzseiten

S. 33 Verfassungsquiz
1. Grundgesetz, 2. Demokratie, 3. Gewaltenteilung, 4. Bundesstaat, 5. Engagement, 6. Rechtsstaat; Lösungswort: Wahlen

S. 51 Jugend und Recht – was gilt?
a) nein, b) nur bis 24h, c) ja, d) nein, e) nein, f) beschränkt strafmündig

S. 67 Satzrätsel
- Mit sozialen Netzwerken lassen sich viele Kontakte pflegen.
- Spielsucht liegt vor, wenn Dauer und Zeitpunkt des Spielens nicht mehr kontrolliert werden können.
- Ego-Shooter-Spiele sind gewaltverherrlichend.
- Beim Chatten sollte man seinen Namen nicht preisgeben.
- Private Daten können für Belästigungen und Mobbing missbraucht werden.
- Mobbing bedeutet, jemanden systematisch zu belästigen und zu schikanieren.

S. 85 Begriffe-Domino
In dieser Reihenfolge müssen die Steine gelegt werden:
Nachricht - Massenmedien - Manipulation - Nachrichtenagentur - Privatsender - Einschaltquote - Internet - Animation - Pressefreiheit - öffentlich-rechtlicher Rundfunk - Infotainment - Objektivität

S. 161 Modell des Marktes
Unternehmen, fragen, Markt, Angebot, Faktoren, Arbeit, Zinsen, Nachfrage
Richtig oder falsch?
1. richtig, 2. falsch, 3. richtig, 4. richtig, 5. richtig, 6. falsch (nur Geldströme)

S. 185 Die richtigen Fragen stellen
Schulabschluss, Voraussetzungen, Jahre, Ausbildungsvergütung, Ausbildungsplätze, Kosten, Job, Aufstieg, Alternativen
Lösungswort: Hotelkauf-